高等院校经济管理规划教材
管理系列

Public Relations

公共关系学

理论、方法与实践

| 第2版 |

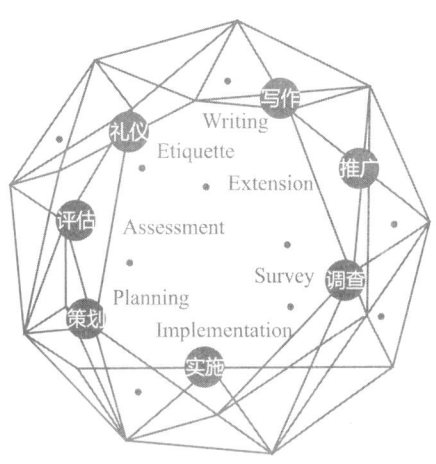

秦勇　陈爽　刘建华 ◎ 主编

图书在版编目（CIP）数据

公共关系学：理论、方法与实践/秦勇，陈爽，刘建华主编. —2 版. —北京：中国发展出版社，2022.7
ISBN 978-7-5177-1296-1

Ⅰ.①公… Ⅱ.①秦… ②陈… ③刘… Ⅲ.①公共关系学—教材 Ⅳ.①C912.3

中国版本图书馆 CIP 数据核字（2022）第 090618 号

书　　　名：	公共关系学：理论、方法与实践（第2版）
主　　　编：	秦　勇　陈　爽　刘建华
责 任 编 辑：	陈学英　龚　雪
出 版 发 行：	中国发展出版社
联 系 地 址：	北京经济技术开发区荣华中路22号亦城财富中心1号楼8层（100176）
标 准 书 号：	ISBN 978-7-5177-1296-1
经 　销 　者：	各地新华书店
印 　刷 　者：	北京市密东印刷有限公司
开　　　本：	787mm×1092mm　1/16
印　　　张：	20.75
字　　　数：	388 千字
版　　　次：	2022 年 7 月第 2 版
印　　　次：	2022 年 7 月第 2 次印刷
定　　　价：	45.00 元

联系电话：（010）68990642　68990692
购书热线：（010）68990682　68990686
网络订购：http://zgfzcbs.tmall.com
网购电话：（010）68990639　88333349
本社网址：http://www.develpress.com
电子邮件：fazhanreader@163.com

※ 版权所有·翻印必究 ※

本社图书若有缺页、倒页，请向发行部调换

前 言

公共关系是人类社会发展的必然产物,是组织营造有利生存环境的重要手段,在现代管理活动中发挥着极为重要的作用,日益受到人们的普遍关注。如今公共关系学已被广泛应用于各个领域,在塑造组织形象、协调与公众的关系以及处理危机事件等方面发挥着重要的作用。

本书第 1 版自出版以来,深受用书教师和读者的好评。不少热心读者和高校同行在使用本书后,向我们反馈了他们的学习收获和教材使用体验,并提出了不少修改建议。在此,我们谨向每一位支持本书的良师益友表示最衷心的感谢。

本书第 2 版延续了第 1 版的编写风格,即以公共关系学的基本理论为编写基础,强调方法与实践的重要性。本次再版我们对全书的篇章结构进行了调整,精简了篇幅,更新了知识,并替换了大部分案例和阅读资料。再版后全书共计 13 章,包括导论、公共关系组织机构与人员、公共关系调查、公共关系策划、公共关系实施、公共关系评估、公共关系广告、公共关系中的文书写作、公共关系语言艺术、公共关系专题活动、公共关系社交礼仪、公共关系危机管理和公共关系的 CIS 战略。

本书可作为高等院校公共关系学课程的授课教材，也可作为各类公关机构的培训教材和广大读者的自学用书。

本书由秦勇、陈爽和刘建华主编，麻菁菁、于洁、闫键和夏清智任编委。具体分工为：秦勇负责起草编写大纲，并承担第1章、第2章、第3章、第7章、第11章、12章和第13章的编写工作。陈爽编写第4章，刘建华编写第5章和第6章，麻菁菁编写第8章，于洁编写第9章，闫键和夏清智合作编写第10章。全书由秦勇、陈爽和刘建华三位主编共同定稿。

本书为用书教师提供丰富的教学资源，包括PPT授课课件、补充教学案例、教学大纲、题库、教学实施计划、章节导学、课后习题答案、试卷等，并不断更新。请有需要的老师与中国发展出版社联系。

本书参考和借鉴了众多学者的研究成果，编者在此表示诚挚的敬意。另外，鉴于书中所引用的部分案例和阅读资料流传较广，引用较为频繁，作者无法确定最初出处，因而未能一一标注出处，在此谨向这些材料的原创者致以真诚的谢意。

由于编者学识有限，书中定会有疏漏和不足之处，敬请各位专家和广大读者批评指正。

编　者

2021年5月

目 录

第1章　导　论 ··· 1
　　1.1　公共关系的定义与构成要素 ··· 2
　　1.2　公共关系的特征与功能 ··· 7
　　1.3　公共关系的起源及其在中国的发展 ······································· 12
　　1.4　学习和研究公共关系学的方法 ·· 20
　　本章习题 ·· 22
　　案例讨论　2017年海底捞"老鼠门"事件 ····································· 24

第2章　**公共关系的组织机构与人员** ·· 26
　　2.1　公共关系的组织机构 ·· 27
　　2.2　公共关系人员 ··· 36
　　本章习题 ·· 43
　　案例讨论　顺丰快递小哥被打事件 ··· 44

第3章　**公共关系调查** ··· 46
　　3.1　公共关系调查概述 ··· 48
　　3.2　公共关系调查的内容 ·· 52
　　3.3　公共关系调查的方法 ·· 54

  3.4 公共关系调查报告 ········· 64
  本章习题 ········· 68
  案例讨论 宝洁公司玉兰油香氛活肤沐浴乳的公关调查 ········· 69

第4章 **公共关系策划** ········· 71
  4.1 公共关系策划的含义与原则 ········· 73
  4.2 公共关系策划的程序 ········· 77
  本章习题 ········· 81
  案例讨论 阿婆炖品的公关促销活动 ········· 83

第5章 **公共关系实施** ········· 85
  5.1 公共关系实施概述 ········· 87
  5.2 公共关系实施各阶段的工作 ········· 89
  5.3 影响公共关系实施的因素分析 ········· 92
  本章习题 ········· 99
  案例讨论 百事可乐"把乐带回家"公关活动 ········· 101

第6章 **公共关系评估** ········· 104
  6.1 公共关系评估概述 ········· 105
  6.2 公共关系评估的流程与方法 ········· 108
  6.3 公共关系评估报告 ········· 114
  本章习题 ········· 117
  案例讨论 杜嘉班纳辱华事件 ········· 119

第7章 **公共关系广告** ········· 121
  7.1 公共关系广告概述 ········· 122
  7.2 公共关系广告的媒体选择 ········· 128
  本章习题 ········· 140
  案例讨论 可口可乐公益广告:不一样的我们,一样的在乎 ········· 142

第8章	**公共关系中的文书写作**	143
	8.1 公关文书概述	144
	8.2 常规性文书写作	150
	8.3 新闻类公关文书	166
	本章习题	169
	案例讨论 中芯国际全面量产14nm芯片	171

第9章	**公共关系语言艺术**	172
	9.1 公共关系演讲	173
	9.2 公共关系谈判	181
	9.3 公共关系说服	196
	本章习题	203
	案例讨论 谈判专家的语言技巧	204

第10章	**公共关系专题活动**	206
	10.1 公共关系专题活动概述	208
	10.2 赞助活动	215
	10.3 庆典活动	222
	10.4 展销会	228
	10.5 新闻发布会	232
	10.6 参观活动	236
	10.7 宴会	238
	本章习题	246
	案例讨论 2018年俄罗斯世界杯上的"中国军团"	247

第11章	**公共关系社交礼仪**	249
	11.1 公共关系礼仪概述	250
	11.2 公共关系的常用礼仪	256
	本章习题	272
	案例讨论 称呼不当引外宾不满	273

第12章	公共关系危机管理	275
	12.1 公共关系危机概述	276
	12.2 公共关系危机产生的原因	279
	12.3 公共关系危机处理的原则和方法	280
	12.4 公共关系危机管理流程	282
	本章习题	285
	案例讨论 三星Note7召回事件	286
第13章	公共关系的CIS战略	288
	13.1 CIS概述	290
	13.2 CIS设计	298
	13.3 导入CIS实施的程序	309
	本章习题	313
	案例讨论 当太阳升起的时候，我们的爱天长地久	315

参考文献 319

第 1 章 导 论

本章导读

公共关系是人类社会发展进步的必然产物,是组织营造有利的生存环境的重要手段,在现代管理活动中发挥着极为重要的作用。本章是全书的开篇章节,主要讲述公共关系的定义与构成要素、公共关系的特征与功能、公共关系的起源与发展以及学习和研究公共关系学的方法等内容。通过本章学习,我们对公共关系学这门学科有一个较为清晰的总体认识,为进一步学习后继内容奠定良好的基础。

知识结构图

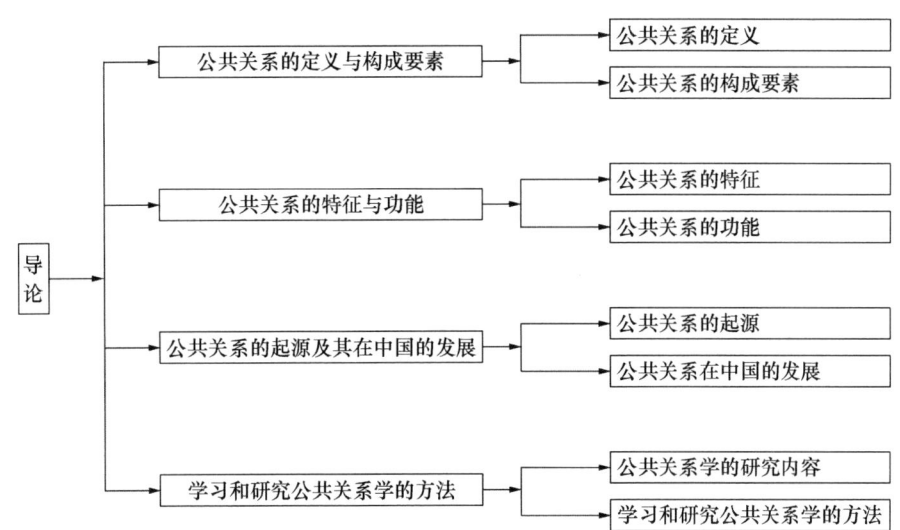

【开篇引例】　　　　　　　"一个人"的旅行

英国航空公司所属波音 747 客机 008 号班机准备从伦敦飞往日本东京时,因故障推迟起飞 20 小时。为了不耽误在东京等候此班机回伦敦的乘客行程,英国航空公司及时帮助这些乘客换乘其他公司的飞机。共 190 名乘客欣然接受了英航公司的安排,分别改乘别的班机飞往伦敦。但其中有一位日本老太太叫大竹秀子,说什么也不肯换乘其他班机,坚决要乘英航公司的 008 号班机。无奈之下,原拟另有飞行安排的 008 号班机只好照旧到达东京后飞回伦敦。

一个罕见的情景出现在人们面前:东京—伦敦,航程达 13000 公里,可是英国航空公司的 008 号班机上只载着一名旅客,这就是大竹秀子。她一人独享该机的 353 个飞机座位以及 6 位机组人员和 15 位服务人员的周到服务。有人估计说,这次只有一名乘客的国际航班使英国航空公司至少损失约 10 万美元。

从表面上看,这的确是个不小的损失。可是,从深层来理解却是无法估价的收获,正是由于英国航空公司一切为顾客服务的行为,在世界各国来去匆匆的顾客心目中换取了用金钱也难以买到的良好公司形象。

1.1　公共关系的定义与构成要素

"公共关系"一词源于美国,最早出现于 1807 年美国出版的《韦氏新九版大学辞典》中,其英文为"Public Relations",常简写为 PR。因"Public"一词拥有"公共的""公开的"和"公众的"等多种译法,因此,公共关系又常被称为"公众关系"。随着社会的不断发展,公共关系的作用也日益体现。下面首先对其定义和特征作简要的介绍。

1.1.1　公共关系的定义

由于认识问题的角度不同,学术界关于公共关系的定义并未统一,可谓是众说纷纭。据相关统计,有关公共关系的定义陈述多达 1700 多种(付晓蓉,2009)。借鉴众多学者对公共关系的定义,本书认为:公共关系是指组织为了营造一种有利的生存和发展环境,通过沟通加强和改善与社会公众及内部员工的关系,以实现塑造组织良好形象的科学和艺术。

1.1.2 公共关系的构成要素

公共关系由三个基本的要素构成,分别为作为主体的社会组织、作为客体的公众以及联结主体与客体的信息传播。公共关系的理论研究、实际操作等均是围绕上述三者的关系而层层展开的。

1. 社会组织

社会组织是由具有一定共同目标的人群所组成的、按照分工合作体系有效组合的系统化结构。在公共关系领域,可将社会组织划分为四类:竞争性的营利组织、竞争性的非营利组织、独占性的营利组织和独占性的非营利组织。从实践看,竞争性的营利组织和非营利组织,因为要承受竞争的压力,一般都有比较自觉的公共关系行为,比较重视公共关系工作。而独占性的营利组织和非营利组织则往往忽视公共关系工作,不注意公众舆论,容易发生违背公众利益的行为,以致陷入公众舆论的危机。

2. 公众

公众是组织开展公共关系活动的客体(对象),是指那些与公共关系主体有着某种直接或间接联系的个人、群体和组织。组织的各类公众构成了一个社会关系网络。公共关系工作的根本任务就是组织与公众建立良好的关系。

(1)公众的基本性质[①]。公众并不是习惯上泛指的社会上的大多数人,或是非组织人群。在公共关系的理论体系中,公众必须是对某一组织具有现实或潜在利益关系,并对组织的目标与政策具有相当影响力的个人和团体。简言之,公众与组织之间必须存在相互影响和相互作用。公众具有下述三种基本性质。

①同质性。公众的形成原因是他们面临由组织引起的共同问题,而且该问题对公众成员的生活造成了实际的影响,同时他们具有认识这个问题的能力,并可以采取实际行动求得问题的解决。在现代汉语中,大众、群众和公众是三个近义词,都是指数量巨大的人群。在一般词典中,这三个词还可以相互诠释。但在不同的学科领域,三者又有不同的含

---

① 张践:《公共关系学》,中国人民大学出版社2011年版,第8~9页。

义。在政治学领域，大众总是和人民联系在一起，指某一历史阶段对社会发展起进步作用的社会大多数人，包括不同阶级、阶层、党团。在社会学领域，群众总是和非党非团的异质人群相联系，以区别于因某种原因组织起来的人们。而公众则因同质性与大众、群众的异质性相区别。例如，某化工厂在生产过程中存在着污染问题，它排出的浓烟对半径10公里范围内的居民身体健康造成了伤害。那么，凡是在这个范围内生活的机关、厂矿、学校以及散居居民，便都成了这家企业的公众。这个定义可以很好地说明公众的性质。

②群体性。公众是一个群体，而不是少数个人，必须具有一定的数量。当然在处理实际公众工作时，也可能是和某一两个人打交道，但他们只是众多公众中的一个部分，而不是公众的全部。公共关系所面对的公众群体，大致可以分为三类。第一类，社会组织。即与本组织利益相关的其他社会组织。第二类，初级社会群体组合。即由面对面的交往形成的具有密切人际关系的群体。第三类，同质人群。即指面临有组织行为引起的共同问题，但又不能归入前两类的散居人群。如某化工厂周围10公里内的居民均受到污染的威胁，这些社区内的民众就是企业的环境问题的公众。

③可变性。组织公共关系所面对的公众是一个经常处于变化的群体，一些人因某个问题今天可能会成为某个组织的公众，但是明天问题解决了，他们就不再是那个组织的公众了。但是，可能后天因为另一个问题，他们又会成为另一个组织的公众，甚至成为以前组织的公众。

（2）公众的分类。为了取得良好的公共关系效果，组织应该对公众进行分类，并针对不同的公众制定不同的方针、政策和措施。从不同的角度进行划分，公众可以分为多种类型。

①按照公众对组织的重要程度，可分为首要公众和次要公众。

首要公众是指对组织至关重要并有较强的约束力和影响力，能够决定组织成败的公众。他们与组织联系密切而频繁，对组织有着特殊的意义。首要公众主要由组织的内部员工和重要的顾客、股东、供应商等组成，是组织开展公共关系时要特别注意的群体。有许多企业在开展公共关系时往往忽视内部员工，这是非常错误的做法。因为，企业的价值需由员工来实现，只有提高员工的满意度，才能激发员工为外部顾客提供高水平的服务。

次要公众是指对组织虽有影响，但并不起决定性作用的公众。对次要公众，组织不能放弃，应在保证满足首要公众需求的基础上兼顾次要公众。

②按照组织的内外部对象,可以分为内部公众和外部公众。内部公众由组织的成员组成,如管理者、一般员工以及股东等。外部公众是对组织的生存与发展有现实或潜在影响力的公众,如消费者、竞争者、媒体、政府及社区等。

③按照组织对公众的态度,可将公众分为受欢迎的公众、被追求的公众和不受欢迎的公众。

受欢迎的公众是指完全符合组织的需要并对组织有兴趣和沟通意愿的公众。这些公众对组织的发展起着良好的推动作用,包括主动的投资者、捐赠者、赞助者以及积极为组织采写正面宣传文章的记者、主动为组织刊播有价值的新闻报道的媒体等。

被追求的公众是指那些对组织不感兴趣、缺乏交往意愿,但符合组织利益需要的公众,如社会名流、著名媒体记者等。由于这类公众对组织缺乏沟通热情,有一定的沟通障碍,需要组织制定特定的沟通策略,主动与这类公众建立良好的关系。

不受欢迎的公众是指那些违背组织的利益和意愿,对组织构成潜在或现实威胁的公众,是组织应当回避的公众。如某些行业协会对组织的发展毫无帮助,却一味地收取各种会费,最终成为企业的负担。对于此类公众,组织当然是敬而远之。

④按照公众对组织的态度,可将其分为顺意公众、逆意公众和边缘公众。

顺意公众是指那些对组织的政策、行为、产品和服务持肯定、支持和赞同态度的公众。这类公众是组织的宝贵财富,对提高组织的知名度和美誉度有着极为重要的作用。

逆意公众是指对组织的政策、行为、产品和服务持否定、批评、反对甚至是敌对态度的公众。这类公众对组织发展非常不利,应该正视,并积极采取主动、有效的沟通策略,澄清事实,消除误解,化敌为友,争取将其转化为顺意公众。

边缘公众是指处于顺意公众和逆意公众之间,对组织持中间态度的公众,这是组织应该积极争取的对象。

⑤按照公众发展过程的阶段,可将公众分为非公众、潜在公众、知晓公众和行动公众四大类。

非公众是指处在组织公共关系工作视野之外,与组织不存在任何相互关系的社会群体。由于没有交集,非公众的观点、态度和行为不受组织的影响,也不会对组织产生相应的影响。事实上,非公众不是组织的公众。将非公众划分出来,主要是为了使组织能够集中资源服务于真正的公众,提高公共关系公众的准确性和针对性,避免不必要的浪费。但需要注意的是，非公众也有可能发展成为潜在公众。

潜在公众是指将来有可能与组织发生直接利益关系的公众。例如，一家大型购物中心商圈范围之内的消费者都是它的潜在公众。对组织而言，预见潜在公众，并通过卓有成效的公关工作促使他们从潜在公众变为现实公众，是公共关系的重要任务之一。

公众的分类方法还有很多，如按照稳定程度可将公众分为流散型公众、周期型公众以及稳定型公众等。但值得注意的是，现实中的公众往往会有多重公众的身份。如有些公众既是外部公众，同时也可能是行动公众、稳定公众、顺意公众等。在实际的公共关系活动中，组织应有针对性、有重点地选择公众对象，以便于利用有限的资源取得最好的公关效果。

3. 信息传播

传播是连接组织与公众的纽带，是进行有效沟通的工具，也是实现公共关系目标的唯一手段。信息传播是公共关系的三大基本要素之一，必须要认真研究。

（1）传播模型。根据媒介的不同，公共关系传播可以分为两类。一类是大众传播，主要的媒介为广播、电视、报纸、杂志和网络等；另一类是人际传播，主要通过交际、会议、演讲、专题活动等形式。传播的手段主要包括我们所熟悉的符号传播（文字、图片、音像制品等）、实物传播（产品）和人体传播。无论采用哪种传播形式，其基本的原理都是相同的。下面我们通过传播模型来进行说明，见图1-1。

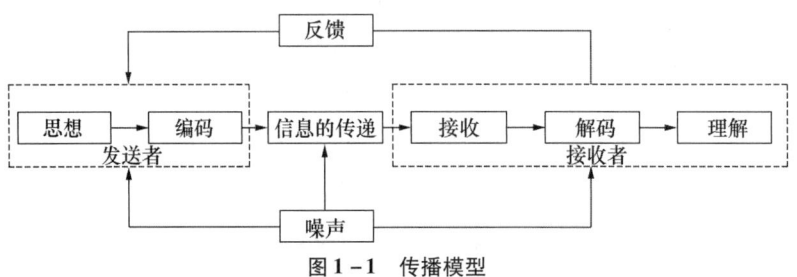

图1-1 传播模型

传播是一个过程，可以划分为发送者、接收者和信息的传递三个部分。发送者部分又可以划分为思想、编码两个部分，接收者可以划分为接收、解码、理解三个部分。由图1-1可知，信息沟通始于信息的发送者。发送者有信息需要发送并具备发送的欲望，为了使接收者能够准确地理解和领会其意图，发送者必须进行有效的编码，将其想要发送的信息准确地表达出来。我们经常说"我找不到准确的词语来描述"，实际上就是在编码过程中出现了问题，编码可以通过文字、语言、密码等来表达。发送者进行编码后，要通过一定的渠道发送给接收者，如信件、电信系统、组织的沟通系统等渠道。至此，发送者发送信息的工作已经完成。接下来是解码，接收者能够准确无误地接收到发送者的编码并力图理解其含义，这就是解码。之后，接收者对解码结果进行理解从而完成了信息从发送者到接收者的过程。但这并不是沟通过程的结束，接收者在理解后还要对发送者进行信息的反馈，至此才完成了一个完整的沟通过程。反馈同样可以以多种方式和渠道进行，如电信等。有的时候接收者并不对发送者进行反馈，在沟通的具体环境下，没有反馈这一信息本身就是一种信息反馈，发送者在某种程度上能够了解这一信息的意义。

需要注意的是，在传播过程中会受到各种噪声的干扰。在发送的过程中，翻译造成的歧义、语言本身的歧义都会成为沟通过程中的噪声，从而影响沟通质量；传播渠道中的噪声随着渠道的不同而更加多样化，例如在利用电子邮件进行沟通的过程中，邮件的丢失、邮件文字编码的错误、附件的丢失都会成为沟通中的噪声；传播的接收者方面的噪声同发送者方面的噪声基本相同。

（2）引起沟通障碍的主要因素。沟通对于管理者来说非常重要，但是管理者所进行的沟通并不是每次都能收到满意的效果，这是因为在沟通的各个环节中存在着噪声。噪声是影响沟通的一切消极、负面因素。通常可以把沟通噪声定义为妨碍信息沟通的任何因素。它存在于沟通过程的各个环节，并有可能造成信息损耗或失真。典型的噪声主要包括发送噪声、传输噪声、接受噪声、系统噪声、环境噪声、背景噪声和数量噪声七大噪声。这就造成了沟通信息的曲解和丢失，使得沟通不能产生预期的效果。

1.2　公共关系的特征与功能

1.2.1　公共关系的特征

公共关系的特征由其自身的性质所决定，概括起来主要有以下几点。

1. 公共关系的主体是社会组织而非个人

公共关系的主体是社会组织而非个人，这是其与人际关系的重要区别。普通人际关系的双方均为主体,并且主体都是个人,人际关系谋求的是个人的生存环境。人际关系还包含大量与组织无关的私人关系,主要依靠个人的交际技巧和能力。而公共关系谋求的是组织的生存环境,强调运用大众媒体进行沟通,是组织的一种管理活动。

当然,公共关系与个人关系也存在着一定的联系,良好的人际关系有助于组织公共关系的成功。这是因为个体对象包含在社会公众之中,公共关系实务离不开各种人际传播方法。

【阅读资料1-1】　　　　　公共关系与庸俗关系的区别

庸俗关系就是平常所说的"拉关系""走后门"等庸俗的社会现象,它是一种非正常的、不健康的、庸俗化的人际关系。它以损公肥私、侵占他人利益及危害社会利益为特征,是一种赤裸裸的私利关系。由于公共关系引进中国的时间不长,人们对公共关系的含义理解得不够准确,一些人认为公共关系就是"拉关系""走后门"的学问,这就是把公共关系误解成了庸俗关系。

1. 两者产生的社会基础不同

公共关系是市场经济条件下的产物。在激烈的市场竞争条件下,企业从对商品的竞争转向对公众的竞争,谁拥有公众,谁就能在竞争中取胜,而对公众的竞争实质上就是组织形象的竞争。所以,一个社会组织塑造良好的形象,构建良好的公共关系已成为其赖以生存和发展的必要前提;而庸俗关系则是生产力低下、卖方市场和经济落后的表现。当经济落后、商品数量短缺时,即使劣质产品和服务往往也供不应求,公共关系对于组织还没有成为需要;同时,人们的活动范围也狭小,在固定的地域中,社会关系具有浓厚的宗族关系、地域关系的性质,人们习惯于生活在同族、同乡的熟人世界中,并对外人产生排他性。局外人想从这个关系网中分享利益,获得某些商品或服务,就必须与其中的某个人建立关系,"拉关系""走后门"的根源就在于此。

2. 两者代表的利益不同

公共关系将组织利益和公众利益有机地结合在一起。公共关系所追求的是组织在公众心目中的良好形象,强调通过组织的政策、行动来赢得公众的理解和支持。任何一个组织,只有在组织利益和公众利益相互协调、互利互惠的前提下才能得到发展,因此组织利益和公众利益是一致的。而庸俗关系背离广大公众的利益，所追求的是小团体特别是个人的私利，甚至为了一时的既得利益，不惜损人利己、损公肥私，危害社会和公众的利益。

3. 两者的手段不同

公共关系活动以事实为基础，利用大众传播媒介，通过双向信息交流，协调组织与公众的关系，以取得公众对组织的了解和支持，因此公共关系人员采用公开的、合法的、符合社会道德准则的手段来塑造组织的良好形象，实现组织与公众的共同利益。而庸俗关系为逃避公众舆论的谴责和法律的制裁，总是采取隐蔽的、不正当的、不合法的手段进行私下交易，通过投机钻营达到不可告人的目的，如行贿受贿、徇私舞弊等，因此被形象地称为"走后门"。

4. 两者性质不同

公共关系对于组织的生存和发展具有重要意义，因此公共关系已成为现代组织应予重视、研究和应用的一门新兴管理学；而庸俗关系则是一种不正之风，它损害国家和集体的利益，我们应借纠正党风、反腐倡廉之机，对其进行坚决抵制、反对和肃清。

5. 两者产生的效果不同

公共关系通过有计划的一系列活动，使社会组织在与社会整体利益一致的前提下不断发展，其结果是组织、社会、国家和公众都受惠；为社会创造一种以诚相见、讲求信誉、提高声望的良好风气，促进社会的发展。庸俗关系则将人际交往商品化，使人们变得唯利是图、目光短浅，整个社会充满市侩气，个人中饱私囊，而国家和公众的利益却遭到损害。因此，庸俗关系严重污染社会风气，毒化人们的心灵，破坏正常的人际关系，降低社会的文明程度，对社会产生恶劣的影响，阻碍社会进步。

资料来源：百度文库。

2. 公共关系的客体是公众

公共关系以公众为传播对象，这些公众是与公共关系主体相互联系的组织、群体或个人。公众的分类方法很多，大致有以下几种：①按公众的组织结构划分，可分为个体公众和组织公众；②按公众与组织的关系的重要程度划分，可分为首要公众和次要公众；③按公众的态度和意向来分，可将公众分为首要公众和次要公众；④按公众与公共关系主体的隶属关系来分，可将公众分为内部公众和外部公众。

3. 公共关系的目标是塑造组织良好的形象

公共关系作为组织的一种管理职能，谋求的既不是一种政治关系，也不是一种经济关系，而是在公众心目中的良好声誉和形象。这是组织重要的无形资产，对于组织的生存与发展有着重要的意义。以企业为例，良好的组织形象可以赢得消费者的认可和信赖，从而对企业的产品或服务产生忠诚。

4. 公共关系遵循组织与公众的互惠原则

组织在开展公共关系活动时，必须要遵循与公众互惠的原则。尽管利益最大化是组织的追求，但绝不可为一己私利而损害公众利益。因为利益从来都是相互的，给予公众的越多，组织从公众那里所获的越多。遵循互惠原则，有利于实现双方共赢。

5. 公共关系以目光长远为方针

公共关系的建设是一个系统的工程，需要通过协调沟通、树立组织形象、建立互惠互利关系等多重环节，绝非一朝之功，必须经过长期艰苦的努力。企图一夜之间树立良好的公众形象无异于天方夜谭，急功近利，只会适得其反。

6. 公共关系以诚实守信为基石

诚实守信是公共关系的基石，自从"现代公关之父"美国人艾维·莱德拜特·李（Ivy Ledbetter Lee）提出讲真话的原则以来，告诉公众真相便一直是公关工作的首要原则。在当今信息开放的互联网时代，任何组织都无法长期封锁消息、控制消息，以隐瞒真相，欺骗公众。正如美国总统林肯所说，你可以在某一时刻欺骗所有人，也可以在所有时刻欺骗某些人，但你绝对不能在所有时刻欺骗所有人。天下没有不透风的墙，谎言迟早会被揭穿。当公众感觉到被愚弄、被欺骗之后，他们会产生强烈的愤慨。因此，公共关系强调真实原则，要求公关人员实事求是地向公众提供真实信息，以取得公众的信任和理解。

下面这个小案例有助于加深我们对公共关系诚信原则的认识与理解。

案例 1-1　　　　　　奔驰公司对"砸奔事件"的处理

某年 12 月 19 日，武汉森林野生动物园花 89 万元在北京宾士汽车销售中心购买了一台德国原装进口的 SLK230 型奔驰车。次年 3 月初，发现该车出现方向机漏油、汽车动力不足和汽车电脑程序紊乱等问题。经过奔驰公司 5 次修理，问题依旧没有得到解决。12 月 26 日上午，他们用两把大铁锤砸毁了这辆奔驰车。发生这一事件后，奔驰公司的反应是：“我们对有关人士在这件事件上所采取的极端的、没有必要的行为深表遗憾。”非但没有表现出处理这一事件的诚意，而且还推卸责任般地指出：问题的原因已被查明是由于客户使用非指定的燃油所致。一时间"砸奔事件"在全国引起了轩然大波。从北京、武汉、山西等地纷纷传来了针对奔驰汽车的投诉，接下来奔驰公司便疲于应付来自各地的质量投诉和铺天盖地的媒体压力。

从上述案例中我们不难看出，在公共关系活动中组织必须要坚持诚实守信的原则，自作聪明、欺骗公众的伎俩必将会被公众所识破，其也必将得到应有的惩罚。

1.2.2 公共关系的功能

公共关系的功能广泛而复杂，概括起来主要有以下几个方面。

1. 信息收集功能

如今信息已日益成为组织发展不可或缺的重要战略资源。组织不是在真空中存在，而是受到环境的影响和制约。公共关系在组织的经营管理活动中，首先要发挥信息情报的收集、整理、分析、评估的作用。公共关系作为组织的预警系统，对于与组织有关的社会环境和公众舆论环境保持高度的敏感性，特别是对环境中的潜在问题和危机及时发出预报，以便组织能及时调整自己的政策和行为。

2. 信息传播功能

公共关系在组织管理中的另一个重要职能是有效地制造舆论，强化舆论和引导舆论，及时传播推广与组织有关的信息，赢得公众对组织的信任与好感，从而为组织创造有利于生存与发展的环境和时机。

3. 咨询建议功能

公共关系咨询建议是指公共关系专业人员向组织管理者提供有关公众方面的有价值的意见和建议。公关人员通过为决策层提供建议，帮助决策者提高决策的有效性和科学性。在组织的决策过程中，公众部门以提供咨询建议的方式，成为决策者的"智囊"，起到良好的参谋作用。

4. 协调关系功能

公共关系的双向信息传播与沟通可以起到为社会组织疏通渠道、发展关系、减少摩擦、调节冲突等作用。公共关系架起了组织与公众之间的沟通桥梁，有效的公关活动构建了组织与公众之间的良好关系，是协调组织与公众关系的润滑剂。

1.3 公共关系的起源及其在中国的发展

公共关系是人类社会发展进步的必然产物。作为一种客观存在的社会关系和思想与活动方式，公共关系有其久远的历史。作为一门学科，公共关系却是近代市场经济、民主政治和传播技术等发展的结果。通过对本节的学习，可以了解公共关系的起源及其在中国的发展历程。

1.3.1 公共关系的起源

公共关系是现代社会的产物。随着市场经济、民主政治和传播技术的发展，公共关系越来越成为现代社会的一种普遍现象。但是，公共关系作为一种客观存在的社会关系、思想与活动方式，却源远流长。

公共关系的源流可追溯到古代社会。古代的埃及、巴比伦和波斯的统治者虽然更多的是用武力、恫吓等手段来控制社会，但舆论手段在处理与民众的关系上占有相当重要的地位。这些古代的帝王都曾动用大量的金钱和人力去建造雕像、寺院、金字塔等，用精湛的艺术描述他们东征西讨的英雄勋绩，树立统治者的声誉，宣扬自己伟大和神圣的身份。当年，君王们制造舆论、控制舆论的意图属于原始公共关系思想的萌动。

古希腊的民主政治导致公众代表会议和陪审团制度的形成，它为公众提供了对话的讲坛，演讲逐步引起人们的重视。公元前4世纪，一批从事法律、道德、宗教、哲学研究与宣传的教师和演说家在社会上十分活跃，他们被史学家们称为诡辩学者，其代表人物有苏格拉底、柏拉图和亚里士多德。其中，亚里士多德利用严谨的思维逻辑和科学的研究方法写出了《修辞学》，强调语言修辞在人际交往和宣讲中的重要性。他认为，修辞是沟通政治家、艺术家和社会公众相互关系的重要手段与工具，是寻求相互了解与信任的艺术。他还提出，在交往沟通中，要用感情的呼唤去获取公众的了解与信任，要从感情入手去增强宣讲和劝服艺术的感召力与真切可靠性。为此，西方的一些公共关系学者视亚里士多德的《修辞学》为人类历史上最古老的公共关系经典之作。

古罗马时代，人们对民意有了更深的认识。古罗马人注重发展各种影响人的传播技术，改进诗歌形式，使它更加精练，并巧妙地把宣传意图渗透进艺术的表现之中。例如，由于城市的发展，当时大量向往城市生活的农民涌进城市，罗马城一时人满为患。为了减轻城市的人口压力，同时也为了稳定农业人口，政府曾委托诗人写诗来协助宣传，维吉尔所写的《田园诗》就是其中之一。诗歌通过赞美乡村生活、新鲜的空气、纯净的水流，以及身处大自然之中的乐趣，来吸引人们对乡村生活的向往，潜移默化，使人们受到艺术美的熏陶，最终达到宣传的目的。在恺撒时代，手抄小册子的流行促使恺撒发行了世界上最早的日报——《每日记闻》，作为自己与臣民沟通的工具。而由恺撒写作的《高卢战记》，记载了他的业绩和功德，成为一部纪实性的经典之作。国外的公共关系学者称这部书是出色的公共关系实务宣传的佳作。

中国古代的公共关系萌芽早于古希腊和古罗马。在春秋战国时期，中国的思想与言论是较为自由活跃的，那时便出现了百家争鸣、百花齐放的文化盛世。当时产生的士阶层，在社会上举足轻重，深受各诸侯君王们的器重与信赖，形成策士游说成风、舌战宣讲艺术发达的历史局面。《文心雕龙·论说》曾描述道："战国争雄，辩士云涌，纵横参谋，长短角势；《转丸》聘其巧辞，《飞钳》伏其精术。一人之辩，重于九鼎之宝；三寸之舌，强于百万之师。"战国的游说者，足智多谋，口才雄辩；战国的游说，以闻名中外的纵横之争达到最高境界。

中国古代十分强调争取"民心"在事业成功上的重要性。老子《道德经》第六十六章说："江海之所以能为百谷王者，以其善下之，故能为百谷王。是以圣人欲上民，必以言下之；欲先民，必以身后之。是以圣人处上而民不重，处前而民不害。是以天下乐推而不厌。"此即得民心者得天下，失民心者失天下。取信于民是中国古代争取民心的一种常用的方法。孔子曾讲过，人与朋友交，要"言而有信""人而无信，不知其可"；国家则"民无信不立"，如果失去了人民的信任，这个国家将无法生存下去。孔子的核心思想是"仁"，即仁爱、爱人，他看重人、宽厚待人、信赖人，主张施民以惠，以教育说服人、感化人。他提倡和为贵，礼为尚。他用"己所不欲，勿施于人""君使臣以礼，臣事君以忠""德不孤，必有邻"等信条来处理相互关系。

春秋战国时期，秦国宰相商鞅推行变法，为了取信于民，特地在城门口放了一根树干，并贴出告示：谁能将此树干从这个门口扛到另一个门口，就可以赏其十金。开始人们都不相信，但有一个人完成了此事，真的得了赏金。第二天，许多希望这样轻松得到赏金的人又聚集到城门口，但这时没有了木头，而贴出了政府变法的公告。变法因商鞅"言必行，行必果"，从此在民众心目中树立了威信，这可以看成是一次成功的公共关系策划，在历史上被称为"徙木立信"。

虽然人类社会早期就存在着公共关系的某些观念和某些类似的活动，但这些仅仅是零星的观念和技巧而已，始终没有出现过自觉地研究、推行公共关系的需要，更谈不上形成系统的公共关系理论和产生有一定目标、规模和系统的经常性的公共关系活动。

具有现代意义的公共关系活动可追溯到北美殖民地人民反对君主专制，为争取独立的斗争。当时的领袖们都是很好的公共关系宣传家，他们利用报纸、小册子、传单，传递事件、集会、辩论等呼吁独立的主张。比如，萨缪尔·亚当斯为了攻击英国，塑造美国形象，于1750～1783年出版了1500多种小册子，利用这些"现代传播手段"反对英国的殖民统治，为美国革命制造舆论。

具有现代意义的公共关系活动的另一个源头，是企业界利用报纸进行的富有戏剧性的新闻广告宣传。19世纪30年代，在美国，由《纽约太阳报》领头掀起了一场"便士报运动"。便士报的诞生，使报纸的影响力迅速扩大。随着报纸发行量猛增，广告费随之上涨，这使得一些急于宣传自己的公司不得不考虑如何控制广告费成本。于是他们便雇用专门人员制造新闻，制造公司神话来引起公众的兴趣，扩大公司及其产品和服务的影响。这使公共关系从它过去的模糊状态走了出来，进入一个新的天地之中，并形成新闻机构的公共关系、广告宣传部门的公共关系和企业界的批评与改革的公共关系三个主要分支[①]。

19世纪50年代，美国的一些铁路和土地开发者利用公共关系及其他宣传手段吸引人们到西部去。1888年，互助人寿保险公司聘用查尔斯·史密斯为其撰写新闻稿或文章，以塑造公司的形象，在公司首设新闻宣传部。1889年，美国发明家、实业家乔治·威斯丁豪

---

① 李道平等：《公共关系学》，经济科学出版社2000年版，第35～38页。

斯在他的电气公司成立公共关系部门，雇用记者 E. H. 海因希斯来协助宣传交流电的知识，让公众了解他的公司。通过努力，他们成功地排除了当时某些人阻碍交流电发展的企图，使交流电的观念为社会所接受。

可见，具有现代意义的公共关系活动比古代社会那种零星的公共关系活动有较大的进步。其最主要的标志在于这些活动的目的更明确、计划更严密、活动规模更大，现代的媒介、大众传播方式也被公共关系活动广泛采用。特别指出的是，19 世纪的最后 20 年里，企业界公共关系活动的发展和公共关系部、新闻宣传部的设立，带来了现代公共关系的新开端。这些具有现代意义的公共关系活动的出现，为现代公共关系事业的诞生奠定了深厚的理论与实践基础。

1.3.2 公共关系在中国的发展

1. 中国公共关系产生与发展的社会环境

公共关系在中国兴起和发展是历史的必然。在古代各个时期，中国的准公关活动和思想就有着极其丰富的内容。20 世纪 80 年代以来，伴随着改革开放和市场经济的实施，现代意义上的公共关系在中国产生并迅速发展。这是多方面原因促成的，有它的客观必然性[①]。

（1）政治环境——改革开放。党的十一届三中全会以后，改革开放成为国家的基本政策。这在客观上要求中国无论是政治还是经济都要随之变革，而经济体制的改革需要公共关系，政治体制改革也需要公共关系，对外开放则更需要公共关系。

（2）经济环境——社会主义市场经济的实施。1992 年市场经济体制目标的确立，激活了中国经济生活的方方面面，也为公共关系在中国的迅速发展创造了良好的条件。第一，市场经济为公共关系开辟了广阔的领域；第二，市场经济为公共关系主体增添了新的活力；第三，市场经济有效地促进形成自主公共关系行为。

（3）文化环境——社会主义精神文明。以社会主义精神文明为主题的社会文化环境，为公共关系在中国的健康发展提供了坚实基础，而公共关系的健康发展反过来又能促进社会主义精神文明的建设。第一，公共关系要求公关人员提高自身的文化素质，塑造良好的

---

① 马凌、张宏山、毛文莉等：《公共关系学》，吉林人民出版社 2006 年版，第 57 页。

自身形象；第二，公共关系有利于优化社会环境，转变社会风气，为社会主义精神文明创造良好的社会环境；第三，公共关系在认识和处理组织与公众关系时，要求自觉遵守民主、平等、互利原则，坚持诚实守信、讲究信誉的原则；第四，公共关系要在建设精神文明中实现自身价值。

（4）国际环境——国际交流与合作。改革开放特别是加入WTO，更标志着中国对外开放发展到了一个崭新的历史阶段。随着中国经济参与国际竞争与合作不断深入，人们对公共关系的需求也进一步加强。第一，加强国际交流与合作，需要公共关系为公众及时提供组织信息；第二，加强国际交流与合作，需要公共关系协调和沟通与跨国公司的关系，形成相互信任的合作与竞争机制；第三，加强国际交流与合作，需要培训一批具有团队精神、熟练公关业务的专业人才。

2. 中国公共关系的发展

现代公关是伴随着中国改革开放的政策"走进来的"，在中国的产生和发展大致可分为三个阶段。

（1）开创时期（20世纪80年代初~1986年）。早在20世纪60年代，中国台湾与香港地区较早地接受了公共关系思想的洗礼。1963年，一些跨国公司在台湾地区的分公司纷纷把母公司的体制和管理方式引进来，随之公关理论和实务迅速流行开来。在香港地区，1963年出现了第一家专业的公共关系公司，叫韦特公共关系公司。1975年，台湾地区的魏景蒙先生创办了第一家中国人自办的公共关系专业公司"联合国际公司"。20世纪60~70年代，香港、台湾两地区的公共关系已进入职业化阶段。

1978年党的十一届三中全会开启了中国改革开放和社会主义现代化建设的新时期，公共关系赢得了良好的发展契机。这一时期中国公共关系的发展可以概括为以下两大特点。

①公共关系部挂牌。1982年，深圳竹园宾馆成立公共关系部，开展以招徕顾客为目标、旨在扩大影响的服务性公共关系活动；1983年，中外合资的北京长城饭店成立公共关系部，并因成功策划接待美国总统里根访华而名扬海内外；1984年，广州中国大酒店设立公共关系部（后来，广东电视台以宾馆、酒楼的公共关系活动为题材，拍摄了中国第一部反映公共关系理论与实践的电视连续剧《公关小姐》）；同年9月，中国国有企业的第一家公共关系部——广州白云山制药厂公共关系部正式成立。

②国外公关公司进入中国。随着改革开放向纵深发展，中国的经济发展吸引了全世界的目光。美国一家媒体曾报道说"中国是一块肥沃的公关市场"，这对国际大型公关公司无疑是一个振奋人心的好消息。国际公关界摩拳擦掌冲入中国市场，捷足先登的是希尔—诺顿公关公司，1984年率先在北京设立了办事处。1986年，世界上最大的公共关系公司之一博雅与中国新华社下属的中国新闻发展公司联手成立中国第一家公共关系公司——中国环球公共关系公司。

（2）自主发展时期（1986~1993年）。经过近5年的公关引进，作为舶来品的公关已开始落户中国大地，到20世纪80年代中期，公关事业的发展蔚然成风、遍地开花。众多迹象表明，公关作为"拿来"的事业经过本土的消化吸收已有了良好的发展势头和发展氛围，有效地促进了公关事业的职业化和公关研究的学科化。

①公关行业协会成立。1986年1月，中国第一个公共关系民间团体——广东地区公共关系俱乐部成立，这是中国第一个公共关系机构；同年6月，第一家由官方组织的公关机构——上海市公关协会成立；1987年6月22日，中国公共关系协会在北京成立，这标志着公共关系在中国得到了正式确认和接受；1991年4月26日，中国国际公共关系协会在北京成立，前任美国大使柴泽民任会长。这些协会的成立，对于公关理论的研究和公关事务的运作都起到了极大的推动作用。

②公关出版物问世。这一时期，出现了中国第一部公共关系学专著——《公共关系学概论》（塑造形象的艺术），这是中国最早的一部全面、系统地论述公共关系理论和实践的专著；1988年1月31日，中国最早的公共关系专业报纸《公共关系报》创刊；1993年8月，550万字的《中国公共关系大辞典》问世。

③公关教育体系形成。自20世纪80年代中期开始，公共关系的教育培训初具规模，规范化、系统化的正规职业教育和学历教育逐步形成。早在1985年9月，深圳大学首先设立了公共关系专业，从此，公关开始步入高等学府的讲坛；1987年，国家教委（现教育部）正式把公共关系列入行政管理、工业经济、企业管理、旅游经济、市场营销、广告学、新闻学等专业的必修课；1994年，经国家教委批准，中山大学创办了中国第一个公共关系本科专业，同时在行政管理专业的硕士点招收公共关系研究方向的硕士研究生，从而形成了中国高校从研究生、本科、专科、成人教育到函授培训班等多层次、多形式的公共关系教学与培养的体系。

④公关实践繁荣。20世纪80年代中后期,随着中国公共关系教育和实践的迅速发展,一大批有识之士结合中国的政治、经济和文化的特点来探索中国公共关系的一些重大理论问题,每年召开公共关系理论与实践问题的研讨会。始于1993年,每两年举行一届的中国最佳公共关系案例大赛,至2019年已举办了15届。每一届的获奖案例均汇集成册并正式出版。

⑤公关交流活跃。自1991年中国国际公关协会成立以来,本着"让世界了解中国、让中国走向世界"的宗旨,致力于加强中国公关界与国际公关界的联系和交流,每两年一届的中国国际公共关系交流大会均取得了巨大的成就。

(3)成熟发展时期(1993年至今)。1993年11月,中国共产党第十四届中央委员会第三次会议通过了《中共中央关于建立社会主义市场经济体制若干问题的决定》,中国社会主义市场经济的步伐全面启动,这给中国公关业带来了勃勃生机,中国公关业进入全面的整合时期。公关业作为一种智力产业,经过了市场经济优胜劣汰的大浪淘沙之后,开始步入更加职业化和专业化阶段,开始进入成熟发展时期。具体表现在以下几个方面。

①公关职能部门渗透到各行各业。公共关系事业经过近十年的"冲浪",开始步入稳步发展时期,随之,进入各种形式的企业和经济实体,并扩展到各种社会组织和行业,如社会团体、科研机构、银行、学校和党政部门等。人们开始重视运用公共关系来加强对组织的公众关系和公众舆论的管理,各行各业出现了各种各样组织实施公共关系的职能部门。这些部门尽管名称各异,如公关宣传部、公关营销部、公关策划部、公关发展部等,但它们的功能大同小异,都不同程度地发挥着公共关系的功能。

②公共关系市场稳步增长。中国国际公共关系协会在北京发布的《中国公共关系协会2018年度行业调查报告》显示:近年来中国公关行业市场保持较快的增长速度,2011~2018年中国公关行业的营业额增长率始终保持在10%以上的高增长水平。2011年中国公关行业营业额首次突破200亿元,达到210亿元,行业市场规模迅速增大。到2018年,整个市场的年营业规模已超过600亿元,增长率约为11.9%。

③部分公关公司成功转型。中国国际公共关系协会2019年发布的调查报告显示,当前信息技术与公关的融合让一些公关公司成功转型,这些公司结合新媒体的特点,运用互联网技术进行精准有效的传播,不仅创造出有价值的内容,更让品牌和消费者进行良好的沟通和互动,在拓展业务范围的同时也提升了客户的满意度。

④公共关系正式成为一种职业。到20世纪末，公关从业人员已达数万，但从业人员的职业身份长期以来没有得到正式确认。1999年5月，国家劳动和社会保障部（现人力资源和社会保障部）为适应形势发展的需要，正式将"公关员"作为一种新职业列入《中华人民共和国职业分类大典》，将其定义为"从事组织机构信息传播、关系协调与形象管理事务的调研、策划、实施和评估以及咨询服务的从业人员"。这标志着公共关系在中国进入了成熟发展时期。2000年，公关员被国家劳动和社会保障部列为必须持职业资格证书上岗的90个工种之一。2000年12月3日，在全国范围内举行了第一次公关员职业资格上岗全国统考。

3. 中国公共关系的最新发展动态

作为一门实践性很强的学科，公共关系也伴随着社会政治、经济、技术、文化等方面的发展而发生相应的变化。中国公共关系已经或即将呈现如下发展态势。

（1）公关市场国际化。中国公关行业经过引进、自主发展到进入成熟发展阶段，无论是公关理论还是实务都得到了长足的发展。中国是世界第二大经济体，也是全球最具经济活力的国家之一。中国经济的持续繁荣昌盛，对外经济交往日趋频繁，促成中国本土的公关公司实力日益强大，业务逐渐趋向国际化。

（2）公关实务专业化。根据市场细分理论，专门化的公关公司将备受市场青睐。针对不同行业组织的专门化公关公司将层出不穷，如金融公关公司、通信公关公司、旅游公关公司等。这种专门化的公关服务公司将给组织带来更为详尽到位的全方位服务，它们的目标是在某一个或若干个行业的公关市场里做精、做深。

（3）公关手段现代化。根据中国互联网络信息中心（CNNIC）发布的数字，截至2021年6月，中国网民规模为10.11亿，互联网普及率达到71.6%。这些网民的受教育程度和收入相对较高，是极具活力的市场消费群体，当然也是各类社会组织梦寐以求的公众资源，是组织形象、品牌塑造的理想主力公众。随着网民数量的进一步增多，网络公共关系将越来越受到各类组织的重视。网络公共关系就是组织以互联网为手段，针对网络公众进行的传播活动。其主体是组织，传播媒体主要是互联网，客体是网络公众。实际上，网络传播已经实实在在成为一种主流媒体支持着公关传播的开展，如网络直播、微信、微博、博客、电子邮件、网上新闻发布、网上展览、网上公关调查等，使得公关传播的平等性、双向性、反馈性得到更大程度的提升。信息传播双方已成为真正意义上的平等交流伙伴，实现了更深层次含义上的双向互动。

（4）公关地位战略化。当前，组织的形象竞争呈白热化状态，公共关系作为一种重要的传播手段，其战略性地位日益加强。组织对公共关系的重视程度越来越高。例如，深圳市政府为了加强对市民呼声、社会难点和热点的反应速度，塑造政府良好形象，协调政府和市民的关系，设立了公共关系处，把公共关系连同人力、物力、财力、科技等要素当作深圳市的重要战略资源，以争取更多的合作伙伴，得到所需要的各种外部支持。

（5）公关教育规模化。随着公关市场的扩大以及组织对公关这一化解危机、塑造形象的艺术的日益重视，对公关人才的需求数量也将持续增长，全球公关业对公关从业人员的质量也提出更高的要求。针对这种情况，高校、公关团体及各种培训机构将根据市场需求有目的地培养各类公关人才，公关教育将越来越趋向规模化。

1.4　学习和研究公共关系学的方法

公共关系学是一门研究社会组织与公众之间有效沟通的学科。公共关系学不同于精确的自然学科，也不同于某些社会学科，其在研究对象和研究方法等方面与这些学科存在明显差异。作为一门独立的综合型学科，它具有两个显著的特点：一是高度的综合性。公共关系学是一门综合性、交叉性的学科，主要以管理学、传播学为依托，同时涉及广告学、行为学、社会学、经济学、营销学、伦理学等多门学科。二是很强的应用性。公共关系学既是一门科学，又是一门艺术。其科学性体现在公共关系活动具有一定的规律性，在开展活动时有一些必须遵守的规则；其艺术性体现在公共关系学还具有很强的实践性和灵活性，解决问题不存在唯一的手段，需要融入决策者的智慧。不同的决策者可能会做出不同的选择。

1.4.1　公共关系学的研究内容

公共关系学的研究内容大致包括公共关系的历史、公共关系的理论以及公共关系的应用三个方面，下面简单予以介绍。

1. 公共关系的历史

主要探讨公共关系形成的原因与条件，研究公共关系的孕育阶段、职业化阶段及学科化阶段等不同时期公共关系的发展历程。

2. 公共关系的理论

公共关系的理论主要包括两个方面：一是基础理论，二是核心理论。基础理论主要是构成公共关系学的相关学科的理论，如管理学、传播学、广告学、行为学、社会学、经济学、营销学、伦理学等理论知识。尽管这些内容并非公共关系学本身，但它们为公共关系学的发展和应用奠定了坚实的基础。核心理论主要是指公共关系自身的理论体系，包括公共关系的组织、对象、传播、职能、手段与方法等内容。基础理论和核心理论共同构成了公共关系完备的理论体系。

3. 公共关系的应用

公共关系的应用主要包括公共关系的实务和技巧部分，主要用来指导公共关系运用者的实际操作，以保证公共关系活动的正常展开。随着社会的不断进步和发展，组织间的竞争也日趋激烈，各类组织对公共关系活动的依赖也越来越大。因此，公共关系应用的广度、深度、力度也在不断拓展，在政治、经济、军事等诸多领域均发挥着重要的作用，并有着极为广泛的应用前景。

1.4.2 学习和研究公共关系学的方法

1. 系统的方法

系统的方法就是要求组织必须具备系统思维和整体观念，要能够识别各种公共关系理论、活动之间的内在联系，运用全局观点协调各方面的关系，制定行之有效的行动方案。在学习和研究公共关系学时，我们要运用系统的方法，从整体上思考公共关系问题，避免片面的观点。

2. 权变的方法

公共关系学既是一门科学又是一门艺术，这就要求不论是理论还是管理实践都必须注重权变的方法。在公共关系实践中往往会存在两难困境问题，这就要求决策者采用权变的方法灵活处理问题。

3. 案例方法

公共关系理论来自实践，每个组织的公共关系经验都存在可借鉴的地方，但是对所有组织的公共活动进行个案研究是不可能的，所以我们可以从中选择具有代表性的个案，从某个角度进行切入分析，进而发现可借鉴的、有价值的规律或原则。案例方法是学习和研究公共关系学十分重要和有效的方法，正日益为我们所重视。需要注意的是，案例分析不是进行简单的经验总结，它强调的是分析成功或失败的原因，鼓励人们思考并根据案例资料作出自己的决策。

4. 理论联系实际法

公共关系学是理论与实践相统一的科学。因此，在学习和研究公共关系学时一定要熟练掌握公共关系学的基本理论，同时还要将理论知识与公共关系的具体实践结合起来。没有理论作指导的公共关系活动必然带有一定的盲目性；反之，没有经过实践的理论是空洞的理论。

本章习题

一、单选题

1. "公共关系"一词，源于（　　），最早出现于1807年出版的《韦氏新九版大学辞典》中。

  A. 中国　　　　　　　　　　B. 美国
  C. 英国　　　　　　　　　　D. 日本

2. 公共关系学科的主要特点是（　　）。

  A. 实用性强　　　　　　　　B. 理论性强
  C. 历史悠久　　　　　　　　D. 抽象性强

3. 按照公众对组织的（　　）进行分类，可将其分为顺意公众、逆意公众和边缘公众。

  A. 态度　　　　　　　　　　B. 行为
  C. 意念　　　　　　　　　　D. 意识

4. （　　）是指那些对组织不感兴趣、缺乏交往意愿，但符合组织利益需要的公众。

A. 逆意公众 　　　　　　　B. 顺意公众

C. 被追求的公众 　　　　　D. 首要公众

5. 1987 年 6 月 22 日，中国公共关系协会在（　　）成立，标志着公共关系在中国得到了正式确认和接受。

A. 北京 　　　　　　　　　B. 上海

C. 广东 　　　　　　　　　D. 天津

二、多选题

1. 公共关系的三个基本构成要素是（　　）。

A. 社会组织 　　　　　　　B. 企业

C. 公众 　　　　　　　　　D. 媒介

E. 信息传播

2. 公众与组织间的关系是一个不断发展的过程。根据不同的阶段，可将公众分为（　　）四大类。

A. 非公众 　　　　　　　　B. 潜在公众

C. 知晓公众 　　　　　　　D. 行动公众

E. 流散公众

3. 学习和研究公共关系学的方法主要有（　　）。

A. 系统的方法 　　　　　　B. 权变的方法

C. 案例方法 　　　　　　　D. 理论联系实际法

E. 定量研究法

三、名词解释

1. 公共关系　　2. 公众　　3. 非公众　　4. 潜在公众　　5. 顺意公众

四、简答及论述题

1. 引起沟通障碍的主要因素有哪些？
2. 公共关系的特征主要有哪些？
3. 公共关系主要包括哪几个方面的功能？
4. 公共关系在我国大致可以分为哪几个发展阶段？
5. 试论述学习和研究公共关系学的方法。

案例讨论

2017年海底捞"老鼠门"事件[①]

2017年8月25日上午,《法制晚报》下属的"看法新闻"发表了一篇标题为《记者历时4个月暗访海底捞:老鼠爬进食品柜 火锅漏勺掏下水道》的文章。文章中,记者卧底了北京海底捞劲松店和太阳宫店,发现两家店的厨房都出现了不良现象。其中在劲松店后厨发现有老鼠爬进食品柜子,工作人员将扫帚簸箕抹布与餐具一同清洗。而在太阳宫店,记者发现火锅漏勺用作掏下水道垃圾的工具。

企业应对:

对于"老鼠门"危机,海底捞这次的危机公关被业内人士称为"教科书般的操作",在既有负面事件不变的情况下,将舆论导向迅速反转。在事件爆发3个小时左右,海底捞迅速做出了两份回应,一份对内,一份对外。有人将海底捞的危机公关策略概括为:锅我背、错我改、员工我养。

2017年8月25日14点46分,海底捞在其官方微博和官网发布致歉信(对外)。其内容包含:

1. 首先承认了曝光内容属实。
2. 提供过往处理类似事件的查询通道。
3. 感谢媒体和群众的监督,表示愿意承担相关的经济和法律责任。
4. 承诺已经布置在所有门店进行整改,后续将公开发出整改方案。

8月25日17点16分,海底捞在其官方微博和官网发布处理通报(对内)。内容包括对事件门店的停业整改处理,所有门店开启卫生排查,接受公众、媒体的监督,安抚涉事事件的员工,董事会主动揽责。

8月27日15点04分,海底捞在其官方微博和官网发布《关于积极落实整改,主动接受社会监督的声明》。内容上,海底捞除了表明加强员工培训、落实整改措施,还承诺将在全国门店实现后厨操作可视化。

[①] 资料来源:梅花网。

危机公关结果：

事实上，在海底捞发布了致歉信和处理通报之后，因为反应迅速、道歉态度诚恳而平息了不少消费者的怒火。致歉信发布之后，大众的关注点集中在海底捞这次"危机公关的成功"，不少公众号开始一条条分析"海底捞"危机公关的成功之处；也有公众号借海底捞事件强调危机公关预案的重要性等。整个事件的角度被成功转移。

根据之后的报道，海底捞在全国门店完成了整改内容，其中全国60多家老店是改造重点，单店平均花5万元升级监控。此外，海底捞增加后厨展示区域，北京所有门店后厨实时直播，并且海底捞在门店设置参观卡，消费者可申请参观后厨。

思考讨论题

1. 在此次危机事件中，海底捞公司的公关应对措施有哪些值得学习？
2. 您认为海底捞公司能否做得更好？如果有，请谈谈您的建议。

第 2 章

公共关系的组织机构与人员

本章导读

公共关系活动离不开公共关系组织机构和从业人员,其中公关组织是开展公关活动的部门保障,人员是公关活动的策划者和实施者。本章主要介绍实现组织公关职能的内部公共关系机构、独立运营的公共关系公司、公共关系团体,以及实施公共关系活动的公关人员的素质要求、培养机制、选拔程序等具体内容。

知识结构图

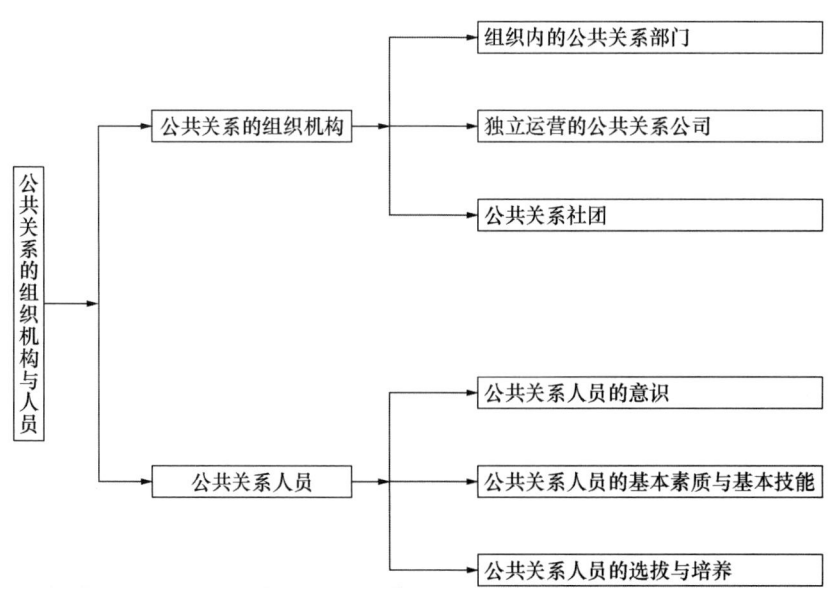

【开篇引例】 新加坡航空公司的完美公关

新加坡航空公司（以下简称新航）多年来在竞争激烈的国际航空业中独占鳌头，多次被国际民用航空组织评为优质服务第一名。新航的服务有很多独特之处，他们把先进的管理技术与殷勤待客的传统有机地融合在一起，把"乘客至上"的公关思想贯穿于服务的全过程。

新加坡航空公司的公关属于服务型公关模式。它是以提供各种实惠的服务工作为主，目的是以实际行动获得社会公众的好评，树立组织的良好形象。

新航注重每一个服务的细节，对所有乘客都一视同仁。乘客在订票时即可得到座位号，在登机时会受到乘务人员热情接待。乘客乘机后，新航员工会悉心照顾乘客休息和用餐，让乘客们有宾至如归的感觉。以上公关措施的实施，使新航在国际航线上赢得了声誉，赢得了顾客，因而能够在激烈的国际竞争中胜人一等。

2.1 公共关系的组织机构

公共关系的组织机构大致可以分为三种类型，一是组织内部设置的公共关系部门，二是独立运营的公共关系公司，三是非营利性的公共关系团体。下面分别予以介绍。

2.1.1 组织内的公共关系部门

公共关系部门是指设置在组织内部、专门负责处理公共关系工作的职能机构。其称谓很多，如公共关系部、公共事务部、公关策划部、传播企划部等，为求一致，本书统称为公共关系部门。

1. 组织内部设立公共关系部门的必要性

组织内部设立公共关系部门的必要性主要体现在以下几个方面。

（1）在组织内部设立公共关系部门有利于决策者集中精力解决重大问题。在组织内部设立公共关系部门，行使相应的职能，可大大减轻高层决策者的工作负担，使其从大量的接待、应酬、协调等琐事中解脱出来，集中精力去思考那些涉及组织长远发展的战略性、全局性问题。

（2）组织内部设立公共关系部门有利于协调组织内部利益关系。组织内部设立公共关系部门之后，可有效地解决未设之前各部门处理公共关系时容易从本部门利益出发从而降低组织公关整体效果的问题。设立公共关系部门之后，组织就可以从全局出发、整体统筹，有效协调各部门的利益关系，从而形成合力，以利于更好地实现组织的公共关系目标。

（3）组织内部设立公共关系部门能够发挥外部公关机构无法替代的部分职能。首先，对情况熟悉，工作针对性更强。由于是组织内部设立的部门，工作人员对本组织的整体情况非常了解，不仅熟知组织的历史和现状，也了解组织一些内情，因而在开展工作时，能够迅速而准确地找到问题的症结所在。其次，组织内部的公共关系部门可及时、主动地参与组织的决策咨询。相对于外部的公共关系机构而言，内部公关部门就是组织的一个组成部分，其重要的职能之一就是要及时、主动地将对组织发展有意义的信息提供给各层次的决策者并提供相关的建议及对策。而外部公关机构主要是接受组织的委托解决其所遇到的公关问题，一般不会参与到组织其他问题的决策中。再次，组织内部设立公共关系部门可以有效地保证组织有计划地开展各项公关活动。组织内设的公关机构能够根据组织的整体发展战略和总体目标，制定不同时期的公关目标，据此制订相应的公关计划并予以实施。这样有效地减少了公关工作的盲目性，从而更好地实现组织的总体目标。

【阅读资料 2-1】　　　　　　公共关系部门的功能

公共关系是组织内部专门负责处理公共关系工作的职能部门，与企业中其他部门一样，同样具备自身特有的功能。

1. "情报"功能

企业要适应复杂多变的社会关系和激烈竞争的市场环境，就必须有专门的机构充当"耳目"，检测社会环境的变动。企业公关部门因善于利用与社会公众的广泛联系，从不同渠道收集信息，担负起企业检测站与"情报"收集重任。一般来说，一个企业所要收集的信息大致可以分为技术信息和形象信息，公关部负责的是形象信息。在形象信息中，最重要的是来自用户的信息，这对于改进产品和开拓市场至关重要。

2. "参谋部"功能

现代社会中,一个企业的兴衰存亡与其所处的环境有着密切的关系,因此,企业做决策时除考虑技术因素外,还必须考虑社会关系因素。企业公关部门正是决策者把握社会脉搏的"参谋部",这种参谋作用体现在以下几个方面。

(1) 评价企业的知名度和美誉度。公关部人员根据公众的反馈意见,公正评价企业形象,为决策提供正确依据。

(2) 参与制定企业经营方针、策略等。

(3) 把握社会公众心理活动规律,为企业品牌和营销决策提供建议。例如,消费者受传统观念、民族习惯影响的习俗心理需要、优越心理需要、新奇和偏爱心理需要等。同时,人们的购买心理随着消费者的购买能力、性别、年龄、职业的不同,呈现出不同的特点。

3. "外交"功能

在中国古代思想中,就有"礼之用,和为贵"。现代企业要取得社会公众的理解和支持,就必须不断向外界传递信息。公共关系就负责企业与社会公众之间的沟通,减少企业与外部环境之间的摩擦,为企业创造一种"人和"的氛围。这样通过各种社会交往,企业可以广交朋友,获取公众的良好评价。另外,公关部还起着以下统筹协调的作用。

(1) 协调企业内部关系,减少内耗,提高效率。

(2) 协调企业与外部关系,避免或缓解冲突,提高企业适应外界变化的能力。

4. "消防队"功能

公共关系部门在必要时还须处理公关事故。所谓公关事故,是指企业由于产品质量或其他方面的原因所引起的公众的不满情绪和行为。其中,有的属于公众误会,有的则实属企业失误。公关事故的发生有如房子失火,若不及时扑灭,必然会阻碍企业的正常运转,严重的还会导致企业倒闭。例如,广东大亚湾核电站建设过程中曾遇到香港公众的联名反对,该电站公关部做了大量宣传、协调工作,消除了公众忧虑,才使工程得以顺利进行。

资料来源:龚荒:《公共关系》,清华大学出版社、北京交通大学出版社2009年版,第57~58页。

2. 公共关系部门的类型

组织内设的公共关系部门根据所隶属的对象不同有多种设置，常见的有部门隶属型、部门并列型、最高层直接负责型和职能分散型四种模式。

（1）部门隶属型。部门隶属型是指公共关系部门隶属于某一职能部门，其职能的发挥与所依托的部门相关。常见的归属关系有以下五种：①公共关系部门归属于办公室，这种设置有利于组织从整体上对公共关系进行灵活掌握和管理；②公共关系部门归属于销售部，这种设置的目的在于最大限度地发挥公共关系的促销作用；③公共关系部门归属于广告宣传部，其目的主要是强调公共关系的传播功能；④公共关系部门归属于经营部门，这种设置主要是为了突出公共关系在企业经营活动中的作用；⑤公共关系部门归属于外事部门，其设置目的在于强调公共关系在社会交往中的作用。

部门隶属型的公共关系部门设置可用图2-1来表示。

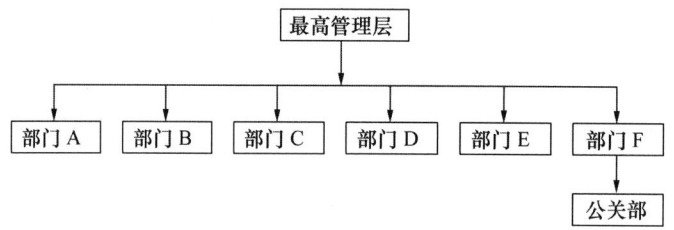

图2-1　公共关系部门隶属于某一职能部门型

（2）部门并列型。部门并列型是将公共关系部门与其他部门并行排列，由公司高层管理者直接领导，如图2-2所示。

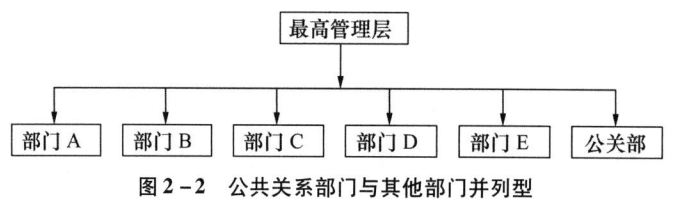

图2-2　公共关系部门与其他部门并列型

由图2-2可以看出，公关部门在组织中的地位较部门隶属型的要高。公关部门在组织中具有一定的独立性，因而在组织中受到的重视程度更高，也更易于发挥重要的作用。在这种结构中，公共关系部门可以直接参与高层决策，这是较大型组织常采用的结构形式。

(3) 最高层直接负责型。最高层直接负责型进一步突出了公共关系部门在组织中的重要地位，参见图2-3。

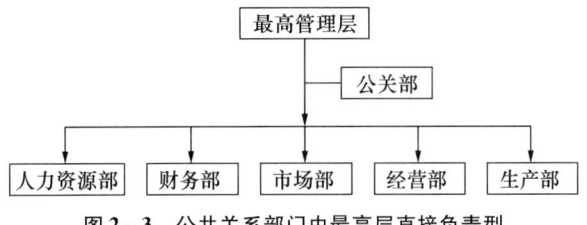

图2-3 公共关系部门由最高层直接负责型

由图2-3可以看出，公关部门独立于其他职能部门且高于职能部门，这样可以拥有较大的权限来协调各职能部门之间的关系。在这种组织形式下，公共关系的各项功能能够充分发挥。

(4) 职能分散型。在一些组织中，虽然也有专人做着公关关系工作，但并没有设立独立的公共关系部门。这种情况在中国比较常见。在这些组织中，公共关系的职能被分解开来，体现在不同部门的相关职能中。如在宣传部门中安排专人负责与新闻媒介的联系，在营销部门中抽出专人从事产品及形象的调研和宣传工作等。

总之，组织在内部设立公共关系部门时一定要根据自身的性质、特点、规模和实际需要来选择最适合的模式。假如条件不具备或不是管理工作所必需的，就没有必要设立专门的公共关系部门。通过指定某职能部门兼管和负责相关公共关系事务，同样是可行的。

3. 公共关系部门的内部结构

公共关系部门内部的结构设置一般有三种模式，即按照公共关系的工作手段设置（见图2-4）、按照公共关系的工作对象设置（见图2-5）、按照公共关系的工作区域设置（见图2-6）。

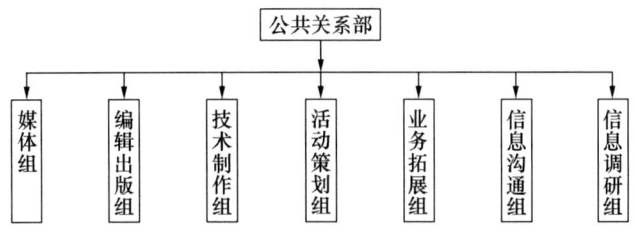

图2-4 按工作手段组成的公共关系部门

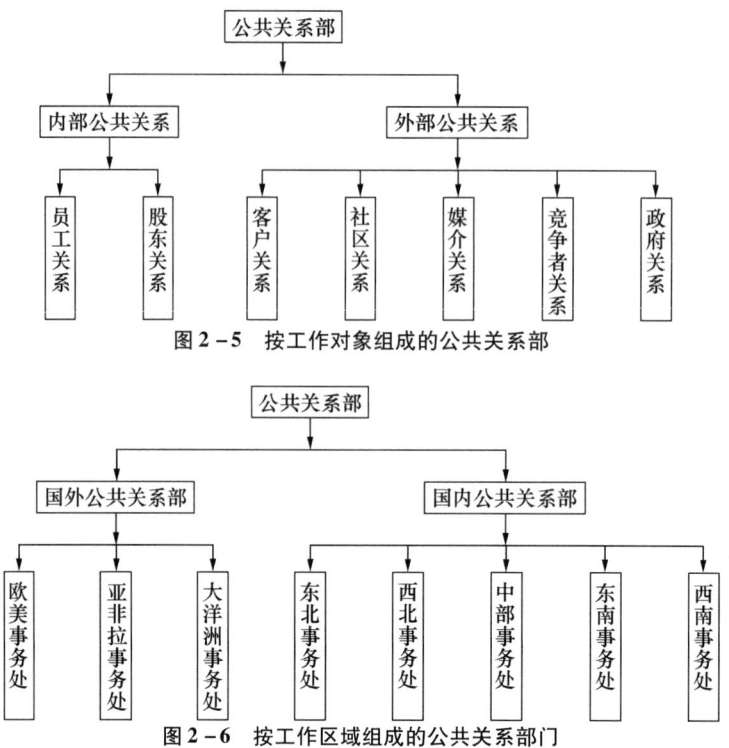

图 2-5　按工作对象组成的公共关系部

图 2-6　按工作区域组成的公共关系部门

【阅读资料 2-2】　　　　组织内部设立公共关系部门的局限性

1. 缺乏客观性

公共关系人员身陷组织的人事、利益关系网络中，在工作中往往更多地考虑组织和自身利益，甚至出现迎合、违心的现象，因而处理问题可能不够客观公正。

2. 工作活动能力有限

与专业的公共关系公司相比，由于工作缺乏挑战性，一般组织不可能招募到非常优秀的公共关系工作人员。大部分公共关系部门的每一个工作人员均需要承担多项专业性不强的公共关系工作，加上缺乏专业训练、活动范围小、社会联系面不广，从而难以开展复杂的公共关系工作，所提的建议也往往得不到组织高层的足够重视。

3. 传播信息处于两难境地

若正面宣传组织的优势，容易给公众留下自吹自擂的印象，宣传效果不理想；而将自身的不足客观地告诉公众，又容易受到组织领导者的误解。

2.1.2 独立运营的公共关系公司

公共关系公司是指独立经营的、接受客户委托，以代理者、实施者的身份专门从事公共关系活动或咨询业务的服务性机构。其组成人员通常是经过一定的专业知识学习和技能训练且具有较为丰富经验的专业人士。自从 1903 年艾维·李创办第一家公关公司以来，众多的公共关系公司如雨后春笋般地涌现出来。如今，在全球各地，尤其是发达国家和地区，公关公司已成为各类社会组织进行公关活动的重要力量。

1. 公共关系公司的具体职能

公共关系公司的基本职能是帮助客户确立公共关系目标、制订并实施公共关系计划，从而帮助客户达到改善公众形象、建立良好形象的目的。其具体的职能主要包括以下几个方面。

（1）公共关系咨询。公共关系公司可根据客户的要求，为其提供经济、政治、科技、社会文化、人口环境等方面的情报以及市场信息、公众态度、社会心理、社区文化习俗等较为具体的分析资料；为客户提供公共关系问题的分析和诊断业务；为客户的公共关系政策或决策等提供意见和建议等。

（2）传播信息。公共关系公司可以代客户进行信息传播活动，如选择媒体，建立良好的媒体关系；撰写新闻、宣传稿件；为客户制作并发布各类宣传材料等。

（3）广告服务。为客户制订广告投入计划，设计制作产品广告及公共关系广告等。

（4）组织活动。协助客户与公众进行有效的沟通，组织各种专题活动，如赞助活动、展览会、参观活动等。

（5）人员培训。公共关系公司可为客户的员工提供有关公关方面的专业知识和技能培训，以帮助其掌握必要的理论知识和技能，以适应组织发展的需要。

2. 公共关系公司的基本类型

公共关系公司的划分方法很多，如根据公司的规模可分为大型公关公司、中型公关公司和小型公关公司；按照经营地域可分为全球性公关公司、全国性公关公司和地区性公关公司；按照资本的性质可以分为外国独资公关公司、中外合资公关公司、本土公关公司等。但比较常见的还是按照公关公司的业务范围来进行划分，形成所谓的综合服务型公关公司、专项服务型公关公司和顾问型公关公司。

（1）综合服务型公关公司。综合服务型公关公司可以为客户提供全面的公共关系服务，业务范围涵盖咨询诊断、联络沟通、信息收集、新闻代理、广告代理、产品推广、活动策划、危机处理、培训服务等诸多方面。此类公关公司实力强大，联系广泛，一般拥有先进的信息收集和分析系统，同时拥有一大批擅长处理不同公共危机的知名专家。

（2）专项服务型公关公司。专项服务型公关公司主要侧重于为客户提供某一方面特定公共关系服务的公司，其服务项目往往仅限于一种，但比较专业。如专为客户提供企业形象（CI）战略的策划和实施、专为客户进行公众调查等业务。专项服务型公关公司的人员通常是某一领域的专家，在此方面有着很强的实力。这类公司的经营规模和业务范围较综合服务型公关公司要小，但在某些特定的公关服务方面具有一定的优势。

（3）顾问型公关公司。从严格意义上说，顾问型公关公司也是一种专项服务型公司。它所开展的服务一般仅限于为客户提供咨询业务，对客户的公共关系活动提出意见或建议。但顾问型公关公司所提供的意见和建议往往是多方面的，并不局限于某一特定方面，这是与专项服务型公关公司的最大区别，因此，将其单独划分出来。顾问型公关公司的组织成员基本上都是由某一工作领域的专家组成，如公共关系专家、公众关系协调专家、市场分析专家、广告策划专家、新闻媒体专家等。

3. 公共关系公司的服务费用

公共关系公司是营利性企业，提供的是有偿服务，通常是按照项目计费方式，即根据服务项目的具体要求来确定所需的费用。项目所需的费用通常包括项目活动费、项目管理费、咨询服务费和劳务费等，具体见表2-1。

表2-1　　　　　　　　　　　公关公司收费明细

收费项目	具体内容
项目活动费	完成项目实现项目目标而进行的一系列活动所需的费用
项目管理费	用于公司行政管理和办公开支的费用，通常按项目总费用的一定比例提取
咨询服务费	支付公司聘请的项目指导专家的费用
劳务费	项目实施期间所有与项目设计与执行有关的工作人员的工资等

除以上计费方式外，也有按工作日计费的方式，或按照项目进展情况分项、分期的计费方式等。公共关系计费方式与费用标准并没有统一的规定，一般由双方共同商定。因

此，在选择公共关系公司时，收费标准和收费方法是个值得慎重考虑的问题。

4. 选择公共关系公司应考虑的因素

在选择公共关系公司时，组织应该综合考虑，尽可能选择最适合的公关公司，以便于少花钱、多办事、办好事。以下几点因素值得考虑。

（1）专业公共关系公司的实力。包括公司成立的时间、规模、影响力、服务范围；公司组织开展过哪些著名的公共关系活动，影响多大，有无权威人士等。

（2）公共关系公司的人员素质。了解公关公司拥有哪方面的专门人才，从业人员具有哪方面的专业知识、专业技术水平如何、服务态度如何、以往的工作业绩如何等。公共关系人员的素质往往决定公司的业务水平，因此，要慎重考虑。

（3）公共关系公司的收费标准。任何组织都希望少花钱多办事，但信誉好、规模大的公关公司往往收费较高。因此，客户可根据自己的公共关系目标的要求及经费预算，选择适合的公关公司。

（4）公共关系公司的客户情况。主要考察公关公司成立以来为哪些客户服务过，客户的社会地位怎样，客户对公司的服务满意程度如何等。需要注意的是，如有与本组织关系对立的其他组织也委托此公关公司代理公共关系业务，则必须放弃选择该公关公司。

2.1.3 公共关系社团

公共关系社团是社会上自发组织的、非官方的、非营利性的群团组织，主要包括公共关系协会、学会、研究会、专业委员会、俱乐部、沙龙、联谊会等公关关系机构。其主要角色是作为公共关系事业发展的推动者和行业的引导者。公共关系社团的建立和发展，是公共关系成熟程度的一个重要标志。中国最早的公共关系协会是成立于1986年11月的上海公共关系协会。随着1987年6月中国公共协会的成立，全国各省市县都出现了自己的公共关系协会。2009年6月，中国国际公共关系协会获得民政部颁发的行业协会资质证书，成为全国性的公关行业组织，这为中国公关行业更加健康、高速发展奠定了良好的基础。

1. 公共关系社团的任务

公共关系社团的主要任务有：①加强从业人员之间的交流、协调与合作；②维护本行业专业人士的基本权益；③推动公共关系学术理论的发展，编辑出版会刊和专业资料，传播公共关系学知识；④规范本行业的职业道德和行为准则，维护本行业的形象和声誉；⑤培养和训练公共关系从业人员，不断提高业内人士的专业水准；⑥为会员及各界人士提供公共关系专业方面的咨询服务；⑦建立和发展本行业与社会各界及国外同行之间的联系与合作。

2. 公共关系社团的主要活动内容

①联络会员，建立经常性的联系；②规范本行业的职业道德和行为准则，维护本行业的形象和声誉；③将专业培训作为一项经常性的工作；④普及知识，向公众宣传和介绍公共关系；⑤编辑出版公共关系方面的书籍、报刊。

2.2 公共关系人员

公共关系人员是指以公共关系理论研究、教学和实践为职业的人员。中国人力资源和社会保障部为公共关系职业所下的定义是：专门从事组织机构公众信息传播、关系协调与形象管理事务的调查、咨询、策划和实施的职业。由此可见，公共关系是一项复杂、高级的劳动，绝非任何人都可以胜任的，需要从业人员具备较高的基本素质和职业技能。

2.2.1 公共关系人员的意识

公共关系意识是个人或组织对公共关系的本质属性、特征、作用及活动规律方法等形成的理性认识和概括性简介，是公共关系人员的思想灵魂[①]。

公关意识有三层基本含义：对公众地位、作用的认识；对影响和争取公众的必要性和能动性的认识；对公共关系如何影响公众的认识。公关意识指导和约束着从业人员的行为，良好的公关意识有助于从业人员始终处于一种积极的工作状态，可创造性地完成各项公关任务；反之，则不然。

公共关系人员应该具有的公关意识主要有尊重公众的意识、塑造形象的意识、真诚互惠的意识、传播沟通的意识和创新的意识等。

---

① 刘军：《公共关系学》，机械工业出版社2010年版，第69页。

1. 尊重公众的意识

公众是公关人员服务的对象,在公共关系活动中,要尊重公众的需求;在为公众服务时要有高度的热情和负责到底的精神。

2. 塑造形象的意识

良好的形象是组织重要的无形资产,也是公共关系活动所追求的目标。只有树立坚定的形象意识,才能使公关人员在公关活动中敏锐发现组织形象中存在的问题,自觉维护组织的形象。

3. 真诚互惠的意识

"真诚互惠"是公关人员开展工作的原则,主要表现为在公关活动中要处处考虑回报那些信任、理解和支持组织的公众的利益。

4. 传播沟通的意识

传播沟通是一个双向的信息传递和分享的交流过程,是实现组织形象塑造、知名度及美誉度提升、消除公众误会等的必要手段。因而,公关人员必须树立积极的传播沟通意识。

5. 创新的意识

公共关系工作是一项富有挑战性和创造性的工作,每一个公共关系活动都不可能是先前工作的简单重复,其策划、设计和执行都要有所突破,有所创新。

2.2.2　公共关系人员的基本素质与基本技能

1. 公共关系人员的基本素质

要成为一名合格的公共关系人员,必须具备一些基本的素质,如全面的知识、扎实的专业技能、和善的性格、高尚的品德、丰富的经验、广博的阅历、敏锐的思维、战略的胆识、幽默的谈吐和进取的精神等[①]。

(1) 全面的知识。做好公共关系工作,首先必须具备比较全面的知识。

①基础科学知识。公共关系从业人员的基础科学知识包括哲学和思想史等。哲学是从

---

① 刘军:《公共关系学》,机械工业出版社 2010 年版,第 71~74 页。

世界观和方法论的高度对公共关系的学科研究和具体实践进行宏观指导。思想史可对认识人类社会发展历程与规律给予一定的启示。公共关系人员的基础理论知识越深厚扎实，其思维空间就越开阔，创造性也就越强。

②背景科学知识。政治学、经济学、社会学、心理学、法学等为公共关系人员提供了完整的文化知识背景，这对于提高其理论修养和分析现实问题的能力是十分重要的。一个不懂政治或经济的人很难成为一个出色的公共关系专家。

③专业学科知识。公共关系专业的学科知识包括：公共关系基本概念、公共关系历史与发展、公共关系要素、公共关系职能、公共关系传播、公共关系协调、公众分析、公共关系策划及工作秩序、公共关系实务知识及 CI 战略（指企业形象战略）等。专业学科知识是从事公共关系工作需直接运用的知识。公共关系人员必须掌握这些知识并在实际工作中灵活运用，才能做好公共关系工作。

④相关学科知识。公共关系工作所涉及的领域是多方面的，单一的学科知识是不能满足实际工作需要的，一些与之密切相关的学科知识，公共关系人员也应熟知和掌握，如管理学、传播学、市场营销学、文化学、民俗学和人际关系学等。

⑤操作性学科知识。操作性学科知识对提高公共关系人员的实际工作能力有直接的帮助，如广告学、写作、演讲、社会调查学、计算机应用与社交礼仪知识等。

以上几个方面的学科知识是专业公共关系人员所必备的。公共关系人员或有志于从事公共关系工作的青年学生，可以通过学历教育或专业培训获得知识补充或进行系统学习。

（2）专业的技术。公共关系活动涉及一些较为专业的工作，需要从业者具备某些特定的技能，如摄影技术、新闻写作技术、信息传播技术、美工技术、网络技术等。组织只有拥有这些专业人士，才能完成既定的公共关系活动。

（3）和善的性格。理想的公共关系人员并非夸夸其谈、性格外向、善为人师之人，因为这种性格的人在与公众的交往中，很可能会造成紧张的气氛，使公众对他敬而远之，难以建立良好的公共关系；但也并非唯唯诺诺、性格内向、谨小慎微之人，因为这种性格的人在与公众交往中也会造成不和谐的气氛，使公众难以琢磨，更难以深入了解。公共关系工作需要与社会各界公众建立联系，加强往来，因此，要求公共关系人员既要适应环境，善于交际，谈吐动人，有感染力和吸引力，又要善解人意，耐心细致，和蔼可亲，有较强的忍耐力。下面一则故事充分说明了和善的性格对于公共关系的重要性。

案例2-1　　　　　　　　三张票引发的思考

一天，一位顾客来到某宾馆公关部售票台前。"早上好"，公关小姐很有礼貌地站起来招呼。"我要三张后天去上海的91次软卧铺。"客人不耐烦地说。见客人情绪不好，公关小姐立即将订票单取出，帮客人签订，当写到车次时，公关小姐习惯性地发问："先生，万一这趟车订不到，311、305可以吗？它们的始发时间是……"没等公关小姐说完，客人连说："不行，不行，我就要91次。"公关小姐又强调了"万一"，但这番好心反而把客人惹火了："什么万一，万一，你们是为客人服务的，就不能这么说。"这时，公关小姐立即意识到自己的说话方法不妥，立即转换语气说："我们一定尽最大努力设法给您买到。"这时客人脸上才露出了笑容。第二天客人来取票时，根据头天打交道的情况，公关小姐改变了公事公办的态度，笑眯眯地说："先生，您的运气真好，车站售票处明天91次车票好紧张，只剩三张票，全给我拿来了，看来先生您要发财了。"客人闻听此言，立即转身跑去买了一大包糖请公关小姐吃，临走时高兴地说："下次来一定还住这里。"

（4）高尚的品德。公共关系人员往往直接代表组织与外界往来，在协调和处理各种公共关系时，作风正派、行为严谨、品质优良、道德高尚、不谋私利、不徇私情，是公共关系人员顺利开展工作的前提条件。

（5）丰富的经验。公共关系人员丰富的工作经验无疑有助于其更好地开展各项业务工作。当然，一个人在有限的时间内不可能亲身体验到所有工作，这就需要直接经验与间接经验相结合，在条件允许的情况下，尽可能取得直接经验。

（6）广博的阅历。作为公共关系人员，在工作中会接触到不同性格、不同民族、不同职业、不同知识水准的人。公共关系人员一定要对不同地区、不同民族的风土人情有所了解，对各方面的知识、技术要知晓。这样，在与不同的人接触时，可以寻求出不同的谈话线索，达到相互沟通、联络感情的目的。

（7）敏锐的思维。现代企业的公共关系活动是在千变万化的环境中进行的。要适应这种不断变化的环境，公共关系人员必须要善于思考、勤于分析，及时捕捉、鉴别和利用可靠的信息，为企业经营决策奠定强有力的基础。

（8）战略的胆识。公共关系人员在开展公共关系活动时，不仅要想到今天，更要想到明天和更远的未来。因此，要求企业公共关系人员要有胆识，从战略的角度去分析企业目前的公共关系活动，从长远的利益来筹划企业目前的公共关系工作，按照远景规划来指导和要求企业的公共关系工作。

（9）幽默的谈吐。公共关系人员在与外界的交往过程中，很可能会涉及各自的组织利益和个人利益，从而形成双方非对抗性矛盾。而语言交流是解决种种矛盾的最好方法之一。自然轻松又富有幽默感的谈话，可以使紧张的气氛得以缓解，尴尬的局面变得轻松和谐。另外，幽默的谈吐也会吸引更多的公众，协调好各种关系，使公众对公共关系人员，乃至整个组织产生好感。

（10）进取的精神。积极进取、对成功不懈追求是公共关系人员事业成功的重要保障。反之，不思进取、安于现状只会使公关人员难以适应不断变化的新环境的要求，逐渐为这个行业所淘汰。

案例 2-2　　　　　　公关部长的招聘

一家公司准备聘用一名公关部长，经笔试筛选后，只剩下 8 名考生等待面试。面试限定每人在两分钟内对主考官提问做出回答。当考生进入考场时，主考官说的是同一句话："请您把大衣放好，在我面前坐下。"然而，在考试的房间中，除了主考官使用的一张桌子和一把椅子外，什么东西也没有了。

有两名考生听到主考官的话以后，不知所措；另有两名急得直流泪；还有一名听到提问后，脱下自己的大衣，搁在主考官的桌子上，然后说了一句："还有什么问题？"结果这 5 名考生全部被淘汰了。

在剩下的 3 名考生中，一名听到主考官发问后，先是一愣，旋即脱下大衣，往右手一搭，躬身致礼，轻轻地说道："这里没有椅子，我可以站着回答您的问题吗？"公司对这个人的评语是："有一定的应变能力，但创新、开拓不足。彬彬有礼，能适应严格的管理制度，可用于财务和秘书部门。"另一名考生听到问题后，马上回答道："既然没有椅子，就不用坐了。谢谢您的关心，我愿听候下一个问题。"公司对此人的评语是："守中略有攻，可先培养用于对内，然后再对外。"最后一名考生的反应是，当他听到主考官的发问后，眼睛一眨，随即出门去，把候考时坐过的椅子搬进来，放在离主考官前一米

> 处,然后脱下自己的大衣,折好后放在椅子背后,自己就在椅子上端坐着。当时间到的铃声一响,他马上站起来,欠身以礼,说了声"谢谢",便走出考试房间,把门轻轻地关上。公司对此人的评语是:"不著一词而巧妙地回答了试题;性格富有开拓精神,加上笔试成绩俱佳,可以录用为公关部长。"

2. 公共关系人员的基本技能

公共关系人员的基本技能是指公关人员完成某一特定活动的能力,主要包括策划能力、组织与协调能力、写作与宣传能力以及交际与应变能力等。

本节第一部分已经谈到了公共关系人员应该具备的意识,但仅此还远远不够。公共关系人员要有意识,还需要有能力,这样才能真正承担公共关系工作。

2.2.3 公共关系人员的选拔与培养

选拔和培养公共关系人员是组织开展公共关系工作和发展公共关系事业的一项迫切任务。其重要意义在于只有获得高素质、高能力的公共关系人员,才有可能顺利开展公共关系的各项活动。

1. 选拔公共关系人员的原则

选拔时一般遵循因人施任、任人唯贤,广选博择、正视能力,取人之长、忍人之短等原则。

因人施任、任人唯贤原则是指在选用公共关系人员时,选择标准要客观,选择过程要公开、透明,切不可任人唯亲。同时应根据录用者的特点、能力和条件来安排最适合并且乐于接受的工作,要向他提出高标准的要求,从而促使其做好工作。

广选博择、正视能力原则是指在选择公共关系人员时,要有人员选择的更大空间,而不是仅限于少数候选人身上。应该面向社会公开招聘,把那些有志于从事公共关系工作、德才兼备的人才招聘过来。但要注意不可迷恋"远来的和尚会念经",而忽视组织内部优秀的候选人。如果组织内部确有可以胜任公共关系岗位的员工,就应该给他们提供用武之地,使其充分展示自己的才能。

取人之长、忍人之短原则是指最大限度地发挥公共关系人员的长处,容忍其不足之处。通过合理安排工作，使其工作能力得到最大限度发挥。如一个擅长写作、勤于书法的人，就可以安排他在组织的公共关系活动中负责文字宣传工作，即使他不善言辞、行动缓慢，也无关系。

2. 公共关系人员的培养目标

根据公共关系工作的需要，组织对不同的公关人员应该有着不同的培养目标。有两个可以选择的方向：一是培养通才式的公共关系人才；二是培养专才式的公共关系人才。通才式的公共关系人才，是指那些知识面广、头脑灵活、思路开阔、考虑问题周全，并有较全面的智力结构、能力结构和完整的性格结构，在工作中能够独当一面的人，适合担任公共关系工作的组织者和指挥者。而专才式的公共关系人才，需要精通某一方面的公共关系技术，如新闻写作、广告、美工制作、摄影、书法、绘画、市场分析、资料编辑等，是那些踏踏实实从事专业技术工作的人。

3. 公共关系人员的培养途径

公共关系人员的培养途径主要有两种，一是正规的学历教育，二是各种非学历培训班。

正规的学历教育主要以四年制大学本科教育和三年制大专教育为主，也有一些为数较少的中专教育。这类培训，通常有系统和严格的教学计划、教学大纲、专业师资和专业教材，有明确的培养目标和培养方向。学生需考试入学，在规定学习期间内达到毕业条件可获得国家承认的相关文凭。

非学历教育是指各种培训机构提供的公共关系知识培训，时间较学历教育要短，最长不过几个月，最短仅有几天。由于培训时间长短不同，培训对象的情况千差万别，所以各种培训班的教学内容不尽相同。但培训的主要内容是以传授各种业务技能为主，如广告设计、情报调查、危机公关处理、美工摄影等。非学历教育培训的针对性和实用性都很强，是中国公共关系人员培养的重要途径之一。

本章习题

一、单选题

1. 在公关组织机构中，属于非官方、非营利性的群众社团组织的是（　　）。
   A. 公共关系部　　　　　　　　B. 公共关系协会
   C. 公共关系策划部　　　　　　D. 社区关系部

2. 在一些组织中，虽然也有专人做着公关关系工作，但并没有设立独立的公共关系部门。这种情况在（　　）比较常见。
   A. 美国　　　　　　　　　　　B. 中国
   C. 日本　　　　　　　　　　　D. 德国

3. （　　）公关公司主要侧重于为客户提供某一方面特定公共关系服务的公司，其服务项目往往仅限于一种，但比较专业。
   A. 专项服务型　　　　　　　　B. 全面服务型
   C. 顾问服务型　　　　　　　　D. 代理服务型

4. 公共关系活动由公共关系的主体、客体、（　　）三个基本要素组成。
   A. 手段　　　　　　　　　　　B. 方法
   C. 实施　　　　　　　　　　　D. 功能

5. 公共关系人员的（　　）是指公关人员完成某一特定活动的能力，主要包括策划能力、组织与协调能力、写作与宣传能力以及交际与应变能力等。
   A. 全面技能　　　　　　　　　B. 首要技能
   C. 基本技能　　　　　　　　　D. 特殊技能

二、多选题

1. 组织内设的公共关系部门根据所隶属的对象不同有多种设置，常见的有（　　）四种模式。
   A. 部门隶属型　　　　　　　　B. 部门并列型
   C. 最高层直接负责型　　　　　D. 职能分散型
   E. 职能汇聚型

2. 公共关系的组织机构大致可以分为三种类型，分别为（　　）。

A. 社会组织 B. 公共关系部门
C. 公共关系公司 D. 传播媒介公司
E. 公共关系团体

3. 选拔公共关系人员时一般遵循的原则有（　　）。

A. 因人施任 B. 任人唯贤
C. 广选博择 D. 正视能力
E. 取人之长、忍人之短

三、名词解释

1. 公共关系部门　　2. 公共关系公司　　3. 公共关系社团
4. 公关关系人员　　5. 公共关系意识

四、简答及论述题

1. 组织内部设立公共关系部门的必要性是什么？
2. 公共关系公司的具体职能主要有哪些？
3. 选择公共关系公司应考虑的因素有哪些？
4. 试论述公共关系公司的基本类型。
5. 试论述公共关系人员应该具备的基本素质。

案例讨论

顺丰快递小哥被打事件

2016年4月17日，一则关于顺丰快递员被打的视频在微博等社交媒体引发强烈关注。据了解，4月17日上午9时许，在北京市东城区富贵园小区内，一名顺丰快递员驾驶的三轮送货车与一辆黑色京B牌照小轿车发生轻微碰撞，黑色轿车似受到剐蹭。轿车驾驶员下车后抽打顺丰快递员耳光6次，并破口大骂。虽有围观群众劝阻，但也没能阻止快递员被打。

据顺丰公司相关负责人介绍，事发时，黑色轿车阻挡了部分路面，快递员示意其挪动车辆。黑色轿车移动后，快递车穿过轿车车头与路边的空当过程中，黑色轿车突然向右后方倒车，由于车头运动轨迹有弧度，因此与正在通过的快递车发生碰撞。

4月17日晚7点左右,顺丰官方微博对此事回应称:"我们的快递小哥大多是二十几岁的孩子,他们不论风雨寒暑穿梭在大街小巷,再苦再累也要做到微笑服务,真心希望发生意外时大家能互相理解,首先是尊重。我们已找到这个受委屈的小哥,顺丰会照顾好这个孩子,请大家放心。"

当日晚间,有网友在微博上上传了顺丰总裁王卫的微信朋友圈截图。在微信中,王卫表示,"如果这事不追究到底,我不配再做顺丰总裁!"截图中还有对于此次事件处理的一些具体措施,有明确的责任人,有明确的分工,有最新的进展。

事件发生后,北京市公安局通过官方微博"平安北京"两次发出消息,表示关注到此事,并已开始调查。4月18日晚,北京市公安局东城分局通过其官方微博"平安东城"发布通报证实打人者李某被行拘。

❓思考讨论题

结合本案例,请评述此次顺丰快递公司在维护员工权益方面所做的公关活动。

第 3 章

公共关系调查

本章导读

公共关系活动有着自身的规律，需要按照一定的流程开展工作，切不可颠倒次序。本书第3至第6章按照完整的公共关系工作流程对公关活动进行系统的介绍。本章主要讲述公关活动的首要工作，即公共关系调查的内容，主要包括公共关系调查的含义与特点，公共关系调查的意义、原则，公共关系调查的内容和方法，以及公共关系调查报告的书写等。

知识结构图

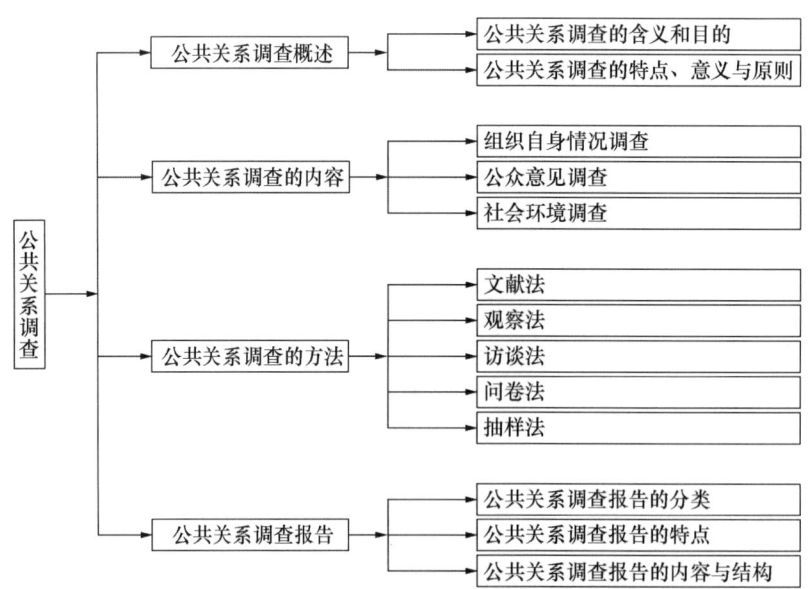

【开篇引例】　　　　　　　长城饭店的全方位公关调查

一提到长城饭店的公关工作，人们立刻会想到那举世闻名的里根总统的答谢宴会、北京市副市长证婚的 95 对新人集体婚礼、颐和园的中秋赏月和十三陵的野外烧烤等一系列使长城饭店声名鹊起的专题公关活动。长城饭店的大量公关工作，尤其是围绕为客人服务的日常公关工作，首先源于它周密系统的调查研究。

长城饭店日常的调查研究通常由以下几个方面组成。

1. 日调查

（1）问卷调查。每天将表放在客房内，表中的 32 项内容涉及客人对饭店的总体评价，再来北京时再住长城饭店的可能性有多大；对十几个类别的服务质量的评价，对服务员服务态度的评价，以及是否加入喜来登俱乐部和客人的游历情况；等等。

（2）接待投诉。几位客服经理 24 小时轮班在大厅内接待客人，随时随地帮助客人、受理投诉、解答各种问题。调查表和投诉意见每天集中收回，由客房部和公关部进行统计整理，其结果当晚交给饭店总经理；决策层及时了解情况，次日早晨在各部门经理例会上通报情况。

2. 月调查

（1）顾客态度调查。每天按等距抽样向客人发送喜来登集团在全球统一使用的调查问卷。每日收回，月底集中寄到喜来登集团总部，进行全球性综合分析，并在全球范围内进行季度评比。根据量化分析，对全球最好的喜来登饭店和进步最快的饭店给予奖励。

（2）市场调查。前台经理与在京各大饭店的前台经理每月交流一次游客情况，互通情报，共同分析本地区的形势。

3. 半年调查

喜来登总部每半年召开一次世界范围内的全球旅游情况调研会，其所属的各饭店销售经理从世界各地带来信息，互相交流、研究，使每个饭店都能了解世界旅游形势，站在全球的角度商议经营方针。

这种系统的全方位调研制度，宏观上可以使饭店决策者高瞻远瞩地了解全世界旅游业的形势，进而可以了解本地区的行情；微观上可以了解本店每个岗位、每项服务乃至每个员工工作的情况，从而使他们的决策有的放矢。

综合调查表明，任何一家饭店，光有较高的知名度是远远不够的，要想保持较高的"回头率"，主要靠优质服务，使客人满意。怎样才能使客人满意呢？经过调查研究和策划，喜来登集团推出了"SGSS"（Sheraton Guest Satisfaction System）方案，中文直译为"喜来登宾客满意系统"，意译为"宾至如归方案"。该方案提出要在3个月内对该店上至总经理、下至一般服务员进行强化培训，不准请假，合格发证上岗。在每人每年100美元培训费的基础上另设奖金，奖励先进。随着这一方案的推行，长城饭店更加闻名遐迩了。

资料来源：曾琳智主编：《新编公共关系案例教程》，复旦大学出版社2006年版。

公共关系活动应该遵循一定的基本规律，需遵守必要的基本程序。公共关系工作程序一般包含公共关系调查、公共关系策划、公共关系实施和公共关系评估这四个步骤，即公共关系从业者口中的"四步工作法"。在这四个步骤中，公关调查是起点，是基础；公关策划是关键，是公关实施的指南和效果评估的标准，离开了公关策划，公关工作就会漫无目标，不得要领，难以协调统一，成效甚微；公关实施是核心，是执行公关策划、取得公关成效的具体行动，离开了公关实施，再好的策划也只是纸上谈兵；效果评估是重要的反馈环节，也是下一轮公关活动的起点。总之，公共关系工作程序的每一步骤都具有阶段性，各步骤之间也具有连续性，每个步骤既有自己的阶段目标，又服从于公共关系的整体目标，四个步骤构成次序分明、联系密切的整体。

3.1 公共关系调查概述

公共关系的工作程序分为四个步骤，即调查、策划、实施、评估，亦称"四步工作法"。调查研究是公共关系工作的第一步，是做好公共关系工作的基础和前提。公关部的经常性任务就是利用自身与各类社会公众之间的广泛联系，开展调查，获取信息，为组织的最高决策层提供信息保障。

3.1.1 公共关系调查的含义和目的

1. 公关关系调查的含义

公共关系调查是指公共关系人员利用科学的方法，有目的、有计划地对某个组织的公共关系历史、现状等进行调查，从而了解影响组织公共关系管理的各种要素，并且预测公共关系未来的发展趋势以及公共关系活动的预期效果。公共关系工作离不开公共关系调查，公共关系调查是公共关系工作的第一个重要环节。美国管理学家和决策理论学派的创始人赫伯特·西蒙说过："不论人们如何表达公共关系活动的流程，调查研究都是举足轻重的。如果把公共关系流程视为一个'车轮'，那么，调查研究便是这个'车轮'的'车轴'。"缺少了公共关系调查这个"车轴"，公共关系这个"车轮"无法运转起来。

2. 公关关系调查的目的

公共关系调查的目的不仅是知己知彼，了解公众意愿，其根本目的在于把握社会环境的发展趋势，为组织开展公共关系活动提供科学依据和基础，为组织制订公共关系计划提供条件。

3.1.2 公共关系调查的特点、意义与原则

1. 公共关系调查的特点

根据公共关系调查的含义，可以看出公共关系调查的特点。

（1）公共关系调查的对象具有广泛的社会性。公共关系调查的第一步就是确定对象。公共关系调查的对象不仅包含了相关公众、组织自身及社会环境，而且随着经济全球化和一体化的发展趋势，公共关系调查研究的对象和范围在逐步扩大，涉及社会经济、政治、文化生活的各个领域。

（2）公共关系调查是有目的的实践活动。公共关系调查人员进行公共关系调查时，必须带有一定的目的，根据调查目的、任务，进行调查方案设计、搜集资料、统计整理资料、撰写调查报告。在进行公共关系调查前必须首先对组织的公共关系状态有一定的估计与分析，初步判定组织在哪个方面存在需要解决的公关问题，并从验证和解决这些问题的需要出发，确定调查的任务、范围、规模和目标。

（3）公共关系调查依靠的是一定的科学方法和技术手段，而不是主观猜测。公共关系调查是公共关系工作的基础，是公共关系部和公共关系咨询公司的专业技能之一。它运用定量分析和定性分析相结合的方法，科学地、准确地调查和预测，检验公共关系的效果。公共关系调查是进行公共关系预测的基础，预测并非凭空想象、主观猜测，而应建立在对

历史和现实考察的基础上,建立在对科学的调查方法和技术手段的运用基础上。

2. 公共关系调查的意义

公共关系调查是整个公共关系活动的基础。公共关系调查是运用定性与定量分析方法,全面、准确地了解组织的公共关系现状,预测公共关系发展的趋势,检测公共关系活动的效果,为管理决策提供科学依据。因此,公共关系调查在公共关系活动中具有重要作用。

(1) 使组织准确地了解和掌握其在公众中的形象地位。组织的形象定位是指用量化方法准确地判定组织在公众中的形象地位。通过形象定位,可以测量出组织自我期望的形象与其在公众中实际形象的差距。公共关系人员可针对这个差距,策划有效的公共关系活动方案。由此,也可以大大加强公共关系活动的目的性。

(2) 广泛及时地收集信息,使组织决策有了科学依据。组织决策的科学与否,关键在于信息是否充足、准确、及时,而调查是获得信息最好的方法。因为只有通过调查,组织才能了解公众要求和愿望,才能做出符合公众要求和愿望的决策。而只有公众的利益要求和愿望得到满足和实现,组织在公众心目中的良好形象才能树立起来。

(3) 使组织及时地把握公众舆论,树立和保持良好的组织形象。公共关系调查可使组织及时地把握公众舆论并适时地作出决策。公众舆论是公众对组织的一种浮动的表层的认识,是自发产生的,并处于不断扩大和缩小的动态中。但是,当少数人的观点扩展为多数人的观点,分散的、孤立的意见集合为彼此呼应的公众整体意见,影响甚微的局部意见变成声势浩大的公众的共同反响时,组织的形象将会受到很大的影响。积极的公众舆论有利于组织塑造良好形象;消极的舆论则有损于组织的形象,甚至会造成组织形象危机。因此,通过公共关系调查,监测公众舆论,并使组织及时扩大积极舆论、缩小消极舆论是十分重要的。

(4) 提高组织公共关系活动的效率。组织在开展某项公共关系活动之前,必须要对现有的人力和物力条件做充分的调查,必要时还要进行现场考察。通过调查,组织对所要开展的公共关系活动的客观条件有了足够的了解,这样才能保证公共关系活动有充分的准备和切实可行的计划,并取得良好的效果。

3. 公共关系调查的原则

公共关系调查是了解和掌握组织的公共关系状态,以发现并确定公共关系问题。组织可能会面临多种问题，存在许多可以调查的方面。但在实际的公关调查中，受组织资源和调查有效性的约束，往往只需要找关键问题，甚至只是问题的关键方面作为研究对象，调查内容也依据关键问题或问题的关键方面来确定。所以，调查原则是很重要的。

（1）科学性原则。科学性原则主要体现在调查方法的选择和运用上。有效的公关调查是通过定性和定量两种分析方法进行的，两种调查技术各有优劣，适用范围各异。长期以来，国内较多采用定性分析方法，定量调查研究较为缺乏。公关调查不仅要针对性地揭示组织特有的公关状态，同时要主动建立完善的信息网络，形成系统的信息数据库。在公关活动中，应将定性分析方法和定量分析方法结合起来，使调查的结果更为可靠。在收集信息后，进行大量的分析、综合、判断、演绎、推理，使处理后的信息更全面、更科学，以提高调查资料的有序化程度，并以科学的公关调查结果为组织的整体战略服务。

（2）经济性原则。在信息社会的今天，每时每刻都有大量的信息出现，如果不加区分地进行调查，将耗费大量人力和财力，这是很多组织无法承受的，现实中也没有这个必要。组织在采集信息时，需要根据组织发展规划或组织迫切需要解决的问题来确定调查的范围、水平和规模，一定要把有限的资源用于收集效用性强的信息，尽可能节约费用开支，考虑投入和产出之间的平衡关系。

（3）可行性原则。公关调查的范围和深度必须符合组织的实际情况，以组织的人力、财力、物力作为条件保证。根据组织具备的调查能力，选择和确定公关调查的内容，是公关调查可行性原则的重要体现。聘请公关专家或专业公关公司帮助完成调查任务，保证公关调查结果的质量，往往是一些公司明智的选择。

（4）真实性原则。公共关系调查人员在调查过程中，应尊重客观事实，实事求是，从客观实际出发，用客观事实说话，不允许有任何虚假成分。要把握公正的客观态度，注意区分公众的客观态度和主观臆想，从而对公众的认识、态度、看法和评价做出科学、准确的判断。同时，调查人员在调查过程中不可以随心所欲地加入主观猜测的成分，从而影响调查结果的客观性、可信性。

（5）系统性原则。公共关系的调查是全面而系统的。首先，公共关系调查的对象是广泛而全面的，选择调查对象时应注意能够代表其目标公众，广泛收集各类公众的意见，否则无法反映社会公众对组织的整体态度；其次，调查的内容是系统而全面的，在进行公共关系调查时，调查者必须真实、准确地记录被调查者对组织的各种意见，包括反对的声音，不能一叶障目，以偏概全。

3.2 公共关系调查的内容

公共关系调查的主要内容包括组织自身情况调查、公众意见调查以及社会环境调查三个方面。下面分别予以介绍。

3.2.1 组织自身情况调查

组织的基本情况是公众评估的主要对象。要准确无误地评估公众意见，就要全面了解组织的历史和现状，这方面的资料是每位公共关系人员必须掌握的。无论是撰写新闻报道、解答公众提问、制作宣传材料，还是向社会公布有关本组织的背景资料，都需要随时查阅和引用这些资料。

这些资料的具体内容是：①组织的总目标、总的指导思想、总的发展战略和方向。②组织业务情况，主要包括：组织建立的时间；组织历史上的重大事件，这些事件在社会和舆论界的反应及在公众舆论中造成的影响；组织的经营目标和经营宗旨；组织的文化，包括组织的价值观念、行为准则、经营理念等；组织对社会做出的贡献，以及正在做的有利于社会公众的事情；组织产品市场分布、市场占有率、竞争对手及其主要情况，重要工程和重大工作项目情况，产品、服务、价格特点；组织的经营管理状况和特点。③员工队伍状况，主要包括：员工队伍变化情况；目前员工的一般状况，如年龄构成、职称结构、文化程度、家庭生活、专业特长、兴趣爱好；对组织做出重大贡献的员工，如革新能手、劳动模范的成就与经历；组织主要负责人的情况等。

3.2.2 公众意见调查

公众意见调查是公共关系调查的主要内容，其调查结果决定公共关系的效果、对策和发展进程。公众意见调查包括组织形象、公众动机、活动效果、传播效果和内部公众意见等。

1. 组织形象

组织形象是社会公众对一个组织的客观认识、看法和评价。组织形象调查的内容一般包括组织成员形象、组织管理形象、组织实力形象、组织产品形象等。

2. 公众动机

公众动机是造成公众如何评价组织的主要原因。一般而言，不同的公众，由于动机不同，对组织的评价往往见仁见智。公众动机调查包括公众对组织是否抱有偏见或有特殊的感情，组织的工作方式、社会活动、产品服务等是否与公众意愿相冲突，或与公众的某种嗜好相吻合，或与某种社会流行相一致等。

3. 活动效果

了解公众对组织公共关系专项活动的评价。活动效果的好坏，标志着公共关系活动的成功与否。公共关系人员或公共关系组织机构每举行一次公关活动，都希望取得满意的效果。活动结束后，公众是否满意，满意程度如何，公众如何评价，都需要通过调查得到答案。

4. 传播效果

公共关系的传播效果调查，是了解组织通过传播媒介（主要是宣传和新闻媒介）进行内外传播后的效果，也就是公众接受传播信息后在感情、思想、态度和行为等方面所发生的变化，包括调查某种媒介的覆盖面、受众构成、收视（听）率，公众对传播内容的态度和产生的行为等。

5. 内部公众意见

内部公众意见调查是组织协调内部公众关系的主要内容。重视内部公众意见，才能促进组织的合作与团结，才能有助于内部公众关心组织的发展，重视组织利益，珍惜组织的荣誉和形象，使组织在发展中处于有利地位。内部公众意见调查包括对组织及组织工作的评价、人际关系评价、领导行为评价等。

3.2.3 社会环境调查

公共关系调查还要广泛调查、收集一切同组织有关的社会环境资料。

1. 政策环境

同组织活动，特别是同公共关系问题有关的法规和法律，是公共关系调查的内容。例如，《经济合同法》《环境保护法》《劳动法》及有关报道，都可列为专题，进行追踪调查研究。

2. 社会问题

公众意见受到种种经济的、政治的、社会的、思想的因素的影响。社会上发生的重大事件、产生的社会思潮，都会影响公众的意见。重大的社会问题，如人口与就业问题、生态平衡与自然资源问题，不但影响公众意见，而且关系到组织的生存与发展。社会对这些问题的反应，往往形成不可抗拒的社会趋势，同样是公共关系调查密切关注并追踪研究的问题。

3. 其他组织的公共关系情况

调查其他组织的公共关系情况，可以获得其在公共关系方面的经验，并根据自己的实际情况加以借鉴，发展自己，完善自己，避免走他人失败之路。

以上介绍的只是公共关系调查的主要内容。在实际操作中，要根据组织的实际需要，结合具体情况确定每一次调查的内容。

3.3　公共关系调查的方法

公共关系调查的方法有文献法、观察法、访谈法、问卷法、抽样法和组织形象调查法。

3.3.1　文献法

文献法是从有关的各种文献资料中搜集信息的调查方法。使用文献法主要是为了整理、积累资料，并迅速查出已经发表过的有关资料，分析其中的事实和观点，为我所用。

文献资料包括图书、报刊、会议文献、产品样本、档案资料、光盘、磁盘等，可到互联网、图书馆、档案馆等资料集中的地方搜集，以节省时间，提高效率。收集的资料要求既丰富，又准确。调查人员摘取其中与调查目的和任务相关的情报，归类、汇总，然后予以分析，进而得出结论，为策划工作提供参考依据。

在现代信息社会中，大众传媒提供了浩瀚的知识和信息，其中有许多可以为公关人员所用。如何科学、合理地利用这些有关的信息资源，成为公共关系调查中一项重要内容和经常性工作。

公关人员进行文献调查时，首先应确定文献资料的范围、来源、类别及信息的取舍和评价标准，同时还要注意平时积累，养成经常阅读相关书籍、报刊、报表和定时收看电视新闻、收听广播的习惯，并随手记录。定期对所累积的文献资料进行归类、编目、检索和分析，提炼出与组织有关系和有利用价值的信息，一旦有什么需要，可以马上查找到相关文献信息。这样既节省了时间和精力，提高了速度和效率，同时也可以通过经常查阅文献资料，给自己补充知识和信息，开阔眼界和思路，激发创造的灵感。

3.3.2 观察法

观察法是调查人员亲临现场通过仔细察看获取信息的调查方法。在公共关系调查中，观察者可以参与被观察者的活动进行观察，也可以以旁观者的身份进行观察。观察法可以掌握第一手资料，观察者不仅可以感受当时当地的情境和气氛，还可以把握整个现场情况，而且观察在很多情况下是在自然环境中进行的，对研究对象扰动较小，可以得到真实资料。但观察法的主观性和情感性较强，易受观察者价值观和感情因素的影响，同时由于观察者个人的感官和思维能力有限，观察所得的结论会有误差。所以，在公共关系调查中，常将观察法与其他调查方法同时使用。

观察法按照观察者进入环境的程度，可分为完全参与观察、半参与观察和非参与观察。

1. 完全参与观察

完全参与观察是指观察者对被观察者隐瞒自己的真实身份，以"普通成员"的身份加入对方群体和环境中进行观察。例如，现在一些公司为了了解雇员的服务态度和顾客对其产品和服务的反应，常常派调查员以普通顾客的身份不定期地到店里购物，进行观察。

2. 半参与观察

半参与观察是指观察者将自己的身份告诉观察对象，以"外人"的身份边参与对方的活动边进行观察。这种观察法让观察者公开保持客观立场，但同时也难免会对被观察者行为的真实性产生一定影响。

3. 非参与观察

非参与观察是指观察者不参与观察对象的活动，只是作为局外人冷眼旁观，如实记录。有时可通过闭路电视等在另外的地方进行观察。

3.3.3 访谈法

访谈法是通过与调查对象面对面交谈，从而收集资料的一种调查方法。访谈法是一种最古老、最普遍的收集资料的方法，也是调查中最重要的调查方法之一。访谈的对象包括组织内部与外部公众中的典型代表，或对组织有相当影响的重要人物，通过他们，了解本组织公共关系的状况。访谈法具有真实、灵活、直观等优点。

1. 访谈法的分类

访谈有标准化访谈（又称结构性访谈）、半标准化访谈、非标准化访谈（又称非结构性访谈）、集中访问和个别访问之分。

标准化访谈是按照调查者统一设计的访问表，询问被调查者。使用这种方法时，调查者易于控制过程，便于比较和量化分析，但较呆板。

半标准化访谈是使用事先拟订的提纲和主要问题，具体发问时根据访谈过程灵活而定。它克服了标准化访谈过多的束缚，同时也便于汇总。

非标准化访谈是一种自由漫谈形式，访问者可以围绕一个主题自由地提问并自由试探被访问者叙述中含糊的部分，可能会涉及某些敏感问题。为消除被访问者的防卫心理，这种形式一般采用事后记录的方法。

集中访问指通过集体座谈的方式搜集资料，了解情况。在公共关系调查中，座谈会是使用频率较高的一种访谈法。它将调查对象集中起来进行共同讨论，不仅调查者与被调查者之间可以进行互动，调查对象之间也可进行互动。这种方式可以集思广益，但被访问者易受相互影响和牵制，不讲真话。

个别访问可以排除干扰和从众的心理压力，被访问者会讲真话，利于深入讨论某个主题。

2. 访谈法的实施过程

访谈实施过程大致有以下四个步骤。

（1）访谈准备。访谈准备包括思想准备、拟订调查提纲、地区划分与人员安排、访谈必备工具等。

（2）访谈开始。访谈法多数是从陌生人那里取得材料，而这些材料又往往不是陌生人主动、乐意提供的，同时不同的人有不同的个性特点，因此访谈者要完成调查任务，需要注意一定的方法和技巧。访谈的方法一般有引导法、发问法、追询法和记录法四种。引导法是通过开门见山、投石问路等方法，获取被访问者的配合，消除其顾虑，当对方进入话题后，再按照预定的内容和设计的次序进行发问，谈话最好在融洽、轻松的气氛中进行。

（3）访谈高潮。当问到调查中的核心问题时，应力求详细、具体，并设法引导被访问者谈出更深刻的看法，力求促成访谈高潮的到来。

（4）访谈结束。如果调查内容已经完成，要恰到好处地结束访谈。如果被访问者谈兴仍浓，可以谈论些建立友谊的话题，以此来结束。最后再对访谈内容的记录进行整理。记录时要做到客观真实、字迹清楚、内容完整、数据确凿。

3.3.4 问卷法

问卷法是指用书面提问的方式直接了解公众的需要，了解其对组织或企业产品、服务及相关问题的认识、看法、意见等。调查者将事先设计好的问卷或调查提纲，通过邮件或其他方式交给调查对象，让调查对象在规定时间内回答完毕，寄回或由调查者收回，进行汇总分析，以取得所需的调查资料。

问卷法在公共关系调查中已得到广泛的应用。其适用于调查范围较广、不易当面的调查者，调查对象的文化水平较高，而且问卷的回收率在65%以上最为理想。问卷的设置，少则一两页，多则数十页。

1. 问卷的结构

问卷作为问卷调查的一种测量工具，需具备统一性、稳定性和实用性的特点。在长期的调查实践中，人们逐渐总结出一套较为固定的问卷结构。问卷一般包括以下几个部分。

（1）调查问卷的抬头部分。主要包括问卷名称、问卷编号等信息。调查表的名称是调查内容的概括，应简明扼要，通过调查表的名称，被调查者对问卷的内容一目了然，最好一类调查内容设计一份表格，避免内容过于庞杂，引发被调查者的排斥心理。

（2）问卷的介绍。这部分要解释调查的目的、意义，让被调查者相信调查者的研究对他是无害的,并保证调查得到的信息仅供研究使用而不会泄露出去,以取得被调查者的信任和合作。这部分的内容主要包括调查者的身份,调查目的、意义,主要调查内容及信息保密的保证等。自填式问卷的介绍通常要比访谈式问卷的介绍复杂些,还需要把填表的要求、方法、寄回的时间等内容写进去。

(3) 过滤部分。这部分的主要功能是对被调查者进行甄别,如调查中要求被调查者为30~45岁、月收入在5000元以上的女性,可以把不符合要求的调查对象过滤掉。

(4) 问卷主体部分。这部分是调查问卷最主要的部分,包括调查者需要了解的所有内容。

(5) 背景资料部分。一般包括受访者的性别、年龄、婚姻状况、家庭人数、家庭/个人收入、职业、教育程度等信息,以测量被调查者的基本情况。通常是各种问卷必不可少的一部分。设计背景资料部分的目的主要是:第一,保证问卷主体部分填写完整、正确,便于核查、填补和更正;第二,可以对研究对象的分布进行简单的描述。

(6) 结尾部分。调查问卷的结尾部分一般包括调查员签名、调查日期、实际调查花费的时间。这一部分主要用于明确调查者责任,针对调查表开展逻辑检查、错误校正、缺项补充,以便事后的进一步随访等。

案例3-1　　　　　　　　**格林莱企业形象客户调查问卷**

尊敬的客户您好:

为使格林莱对您的服务更优质,市场信息反馈更及时,更为树立格林莱高端、专业的品牌形象,我们对您进行一次问卷调查,希望就此听取您的意见。请根据实际情况,提供真实的意见和想法。

十分感谢您对问卷调查的配合!

请问您所从事的行业:_____。

1. 请问您是否进入过格林莱企业网站 (http://www.gll.cc/)。

　　A. 进入过　　　　　　　　B. 印象不深

　　C. 从来没有

2. 请问您对格林莱的企业网站印象如何:_____ (多选)。

A. 信息易懂 　　　　　　　B. 信息量丰富

C. 新鲜感 　　　　　　　　D. 有个性

E. 先进性 　　　　　　　　F. 高质量

G. 非常出色 　　　　　　　H. 其他（请注明）_____

3. 您认为格林莱的企业网站应加以重视的要点是什么：_____（多选）。

　　A. 容易找到信息 　　　　　B. 信息量丰富

　　C. 信息新颖独创 　　　　　D. 内容易懂

　　E. 版面设计容易阅读 　　　F. 采用闪光画面等在显示方法上下功夫

　　G. 版面设计新颖 　　　　　H. 其他（请注明）_____

4. 请问您对格林莱的标志有无印象：_____。

　　A. 印象深刻 　　　　　　　B. 印象模糊

　　C. 没印象 　　　　　　　　D. 其他（请注明）_____

5. 请问你在日常生活中有没有见过格林莱的广告：_____。

　　A. 有 　　　　　　　　　　B. 无

6. 请问格林莱广告给您留下的印象如何：_____。

　　A. 印象深刻 　　　　　　　B. 印象模糊

　　C. 没印象 　　　　　　　　D. 其他（请注明）_____

7. 请问格林莱的产品给您留下的印象如何：_____。

　　A. 专业程度（高端/中端/低端）　B. 产品品质（优/良/差）

　　C. 公司信誉（非常好/很好/较差）D. 产品系列（健全/一般/不健全）

　　E. 性价比（高/一般/低）　　　　F. 售后服务（非常好/很好/一般/较差）

8. 请问下列格林莱的成功案例中哪些适合您所处的领域：_____。

　　A. 厂房照明样板工程：富士康集团鸿淮厂房、诺基亚东莞厂房、联想办公楼、韩国LG化学、韩国发电厂等

　　B. 道路照明样板工程：福建省龙海市二环路、长春高新开发区、韩国隧道工程、巴基斯坦太阳能路灯等

　　C. 商业照明工程：嘉兴沃尔玛、华润万家、韩国国家网球中心等

D. 其他案例工程：上海浦东机场、香港公共卫生检测中心、法国巴黎铁塔、韩国三星化学、香港威尔斯医院等

9. 请问您还用过哪家公司的同类产品、使用感受如何：_____。

  A.（好／一般／较差）   B.（好／一般／较差）

  C.（好／一般／较差）   D.（好／一般／较差）

  E.（好／一般／较差）   F.（好／一般／较差）

10. 请问您认为无极灯进入民用市场的最大瓶颈是什么：_____。

  A. 价格高昂   B. 安装困难

  C. 灯具匹配   D. 其他（请注明）_____

11. 请问您选择无极灯优先考虑的条件：_____（可多选）。

  A. 使用寿命   B. 显色效果

  C. 节能环保   D. 高新产品

  E. 性价比   F. 无频闪护眼效果

  G. 其他（请注明）_____

12. 请问您选择无极灯时的顾虑是什么：_____（可多选）。

  A. 技术成熟度   B. 使用安全性

  C. 售后服务   D. 使用环境要求

  E. 其他（请注明）_____

13. 请问您印象中的格林莱哪些方面还有待提高：_____（可多选）。

  A. 技术   B. 质量

  C. 货期   D. 售后

  E. 服务意识   F. 宣传力度

  G. 新产品研发   H. 其他（请注明）_____

您对格林莱还有哪些期望：_____。

耽误了您的宝贵时间，再次表示衷心的感谢！

资料来源：百度文库。

2. 问卷中量表的使用①

量表是由一组相互联系的测量指标及其经过量化的若干可供选择的答案所构成的，用来测定研究对象主观意识的表格。量表是调查表的一种，它的最大特点是测量指标或问题答案经过了量化处理，以便进行数学运算和统计分析，使调查结果精确化。量表主要用于测量人们的主观认识，故以态度量表最为常见。

（1）量表的类型。依据不同的标准可以把量表划分为不同的种类。根据量表的量化层次，可分为定类量表、定序量表、定距量表和定比量表四种类型；根据量表的测量内容是单方面的还是多方面的，可分为一维量表和多维量表；根据量表的测量内容是事实情况还是主观态度，可分为事实量表和态度量表；根据量表中测量指标的肯定答案数目与否定答案数目是否相等，可分为平衡量表和非平衡量表。

（2）常用的市场调查量表。

①李克特量表。李克特量表是市场调研问卷设计中运用十分广泛的一种量表。此种量表要求受访者表明对某一表述赞成或否定的态度，但是它并不是被调查者对这些问题的态度是简单的同意或不同意两类，而是将被调查者的态度划分为若干等级，范围从非常赞成到非常不赞成，中间为中间等级，通过回答选项等级的增多，人们在态度上的差别就能充分体现出来。

②语义差别量表。语义差别量表是一种定距量表，用于测量某种事物、概念或实体在人们心目中的形象。语义差别量表主要应用于市场调研中调研者对品牌形象及企业形象的研究。

3. 问卷设计中应该注意的问题

问卷法成功的关键在于问卷的设计。问卷设计必须准确而严谨，确保被调查者对问题的回答是在没有任何偏见或受干扰的情况下完成的。设计问卷时应注意以下问题。

（1）问卷说明。问卷说明一般在问卷的第一部分，用来介绍调查的目的、对象、范围、意义、保密性原则、填写方法和注意事项，以引起调查对象的关心、兴趣、信任和支持。其主要包括问卷名称、问卷编号等信息。

---

① 秦勇，李东进：《现代营销学教程》，清华大学出版社、北京交通大学出版社2013年版。

（2）问卷内容。问卷内容一般包括四种类型的问题：第一类是客观事实问题，即有关调查社会背景等方面的问题，如年龄、性别、文化程度、职业、经济状态、政治面貌等；第二类是主观态度类问题，如"你喜欢这项产品吗"；第三类是趋向性问题，如"您对哪些候选人有好感"；第四类是解释性问题，如"您考研究生的原因是什么"。

问卷设计时按对问题的回答方式，可分为结构式问卷、开放式问卷和混合式问卷三种。结构式问卷的问题是封闭性的，在每一种提问后都列出了所有可能的备选答案，被调查者在选好的答案后面做出相应的记号即可。这种设置对被调查者来说，通常较易回答且答案可信度高。开放式问卷又称非结构式问卷，其问题是开放性的，不加限制，被调查者根据自己的体会来回答。混合式问卷是指一份问卷中既包含封闭式问题又包含开放式问题，一般多以封闭式问题为主，再加上若干开放性问题。

设计问题时，最好先易后难。混合式问卷一般前面是封闭式问题，后面是开放式问题。

（3）围绕调查目的。问卷设计时应紧密围绕调查目的来进行，避免提出与调查目的无关的问题。

（4）简单明了。问卷设计时避免使用多义词和含糊不清的词句，措辞准确规范，尽量避免使用"经常""普通""一般""很多""较少"等词语，如"你经常看电影吗"就不如"你一个月看几次电影"这种提问准确。

还要避免使用诱导性语句，如"大多数人认为该产品很好，您是否也喜欢那种产品"。设计问题时要保持中立的提问方式，使用中性的语言。

此外，不要直接询问敏感性的问题，避免提难以回答的问题。如当涉及隐私的问题时，被调查者往往产生一种本能的自我防卫心理，直接提问此类问题，往往会引起拒答。对该类问题最好采用间接询问的形式，语言要委婉。

问卷设计出来后，应多方征求意见，进行认真修改、补充和完善，最好小范围内进行试验调查，听取被调查者的意见，看是否符合设计的初衷与调查的需要，从而保证问卷调查的实际效果，避免出现大的失误。

3.3.5 抽样法

在公共关系调查中，抽样调查法也是选择调查对象的重要方式。抽样法是在调查总体中抽取一定数量的样本进行调查，进而推断出总体特征的一种调查方法。抽样法灵活机动，花费的人力、物力、财力较少，并有较强的及时性。大型调查，一般受人力、物力、财力和时间限制，大多采用抽样的调查方式。

抽样法的理论基础是概率论和大数定律①。抽样是根据样本的特征推导总体的特征，因此，抽样设计是否科学合理，直接关系到调查结果的准确性。抽样设计主要解决两个问题：一是抽样的方法，二是样本的容量大小。

抽样法可分为随机抽样法和非随机抽样法两种。随机抽样法应用较为普遍。随机抽样法是按照机会均等原则，任由调查总体中的个体自然出现，不加人为安排的抽样方法。非随机抽样法指调查者根据自己的主观经验，有选择性地抽取样本的方法，主要有判断抽样、任意抽样、定额抽样等。非随机抽样法简便易行、速度快，能够在较短时间内用较少的人力、物力大致了解调查对象的某些特征。但因为其科学性较差，无法保证样本对总体的代表性，准确度较低，不宜进行定量分析。

随机抽样法以概率为依据，能避免抽样过程中的人为误差，代表性最强。它又分为简单随机抽样、系统抽样、分层抽样和多段抽样。

1. 简单随机抽样

简单随机抽样不分组、不排队，简单方便，能够保证目标公众中的每一个个体都有同等被抽中的概率。如果样本足够大并且完全是随机抽样产生的，能准确地代表整个目标公众的特点。

2. 系统抽样

系统抽样是使用一个名单，然后随机选择样本。它通常会使用一组随机选择的数字来确定该列表中的起始数字和选取间隔。例如，一名研究人员可能从一列数字中随机选取了"293006"这个数字。该研究人员可以使用前三个数字，如从电话目录的第293页开始，然后使用后三个数字，即每隔6个选择一个名字作为抽样对象。

---

① 在随机事件的大量重复出现中，往往呈现几乎必然的规律，这个规律就是大数定律。通俗地说，这个定理就是，在试验不变的条件下，重复试验多次，随机事件的频率近似于它的概率。比如，我们向上抛一枚硬币，硬币落下后哪一面朝上本来是偶然的，但当我们上抛硬币的次数足够多后，达到上万次甚至几十万几百万次以后，我们就会发现，硬币每一面向上的次数约占总次数的1/2。偶然中包含着某种必然。

3. 分层抽样

分层抽样可确保调研对象大群体中每个层次或分类中都有个体被随机抽到，各层次间有较大差异。例如，从一年级新生中随机抽取5%的人，也随机抽取5%的二年级学生、三年级和四年级学生，这样相比较于对整个学生群体直接进行随机抽样，样本显然是不同的。这样的抽样方式有助于比较不同的分类。

4. 多段抽样

即将抽取样本的范围在总体内逐步缩小，直到最后在一个较小范围提取样本。例如，以高校老师为研究对象，可分为三段：第一段通过随机方法抽取某一所学校作为原始单位，第二段通过随机方法从该学校抽取某一学院，第三段通过随机方法从该学院中抽取某一专业作为调查单位。

3.4 公共关系调查报告

公共关系调查报告是指用以反映公共关系调查过程、内容、方法、结果及建议的汇报材料。撰写公共关系调查报告的目的是为相关决策者提供参考依据。

公共关系调查报告的语言要通俗易懂，言简意赅，文风质朴。语言通俗易于被人接受，要避免泛泛空谈，遣词造句要准确恰当。在使用表示程度、强度的副词和形容词时，应注意分寸差异，为了体现报告文字的简洁明了和增加语言的精确度，应尽量少用修饰性词语。报告中的有些说明和叙述可以利用表格、图示来表达，这样不仅避免文字上的累赘，更便于读者一目了然。

3.4.1 公共关系调查报告的分类

公共关系调查报告有不同的划分标准，依据调查对象的范围和内容的不同，可以分为综合型公共关系调查报告和专题型公共关系调查报告。

1. 综合型公共关系调查报告

综合型公共关系调查报告主要用于整体的调查和全面调查，涉及面比较广泛，引用的材料也比较多，而且对报告内在的层次性和系统性要求比较高，报告的整体分量比较重。

综合型调查报告要展示调查内容的全貌,既要梳理纵向发生、发展的线索,又要梳理横向各部分之间的关系,注意到内外之间的联系和互相影响,从而使组织的决策者对调查对象的历史、现状和趋势有一个全面、立体的认识。

2. 专题型公共关系调查报告

专题型公共关系调查报告是围绕某一个具体的公共关系问题进行调查之后所写的报告,它涉及的问题较为单一,针对性强。每个报告所涉及的内容范围相对集中,报告具有显著的实用性。专题型调查报告按内容划分,主要有概述基本情况的专题报告、透视热点情况的专题报告、经验总结性的专题报告、查找教训原因的专题报告、建议性的专题报告。

另外,公共关系调查报告依据调查客体的性质不同,还可以分为叙述型调查报告和分析型调查报告;依据调查表达的方式不同,可以分为书面报告和口头报告。

3.4.2 公共关系调查报告的特点

1. 较强的针对性和实用价值

公共关系调查报告要围绕调查的目的要求,针对所要解决的问题来展开报告的写作,以体现调查报告的实用价值。

调查报告的针对性主要包括两方面:首先,撰写公共关系调查报告必须明确调查的目的。任何调查报告都有很强的目的性,无论是为了解决某一问题,还是为了说明某一问题,撰写调查报告时必须做到目的明确,有的放矢,围绕主题展开论述。其次,必须明确调查报告的阅读对象。阅读对象不同,其要求和关注问题的侧重点也不同。

公共关系调查报告的针对性越强,反映的相关信息内容就越具体,为制定对策提供的信息就越充分,对决策者拟定或出台有关决策方案的指导性就越强,公共关系调查报告的实用价值就越大。所以,公共关系调查报告的针对性和实用价值是密不可分的。

2. 数据准确,真实客观

公共关系调查报告的另一个突出特点,是要通过大量的调查材料和确凿的数据、典型事例,来发现组织公共关系存在的问题,并寻求解决问题的有效途径。因此,在撰写公共关系报告时,一定要实事求是,不能主观臆断,严禁歪曲事实。

3. 时效性

公共关系调查报告必须讲究时间效益，在真实、客观的前提下做到及时，才能体现其实用价值。如果报告没有及时完成或完成后未能按时送达使用者手中，很可能会使组织错失决策良机。一旦错过时机，无论公共关系报告的质量有多高，也失去了应有的价值。

4. 新颖性

公共关系调查报告应紧紧抓住公共关系活动的新动向、新问题，引用一些人们未知的、通过调查研究得到的新发现，提出新的看法，形成新观点。这样的公共关系调查报告更具实用价值。

3.4.3 公共关系调查报告的内容与结构

公共关系调查报告的结构是指构成报告文本基本骨架的形式。构成公共关系调查报告的主要部分有标题、摘要、目录或索引、正文、结尾、附录。

1. 标题

标题是公共关系调查报告本质内容的高度概括。一个好的调查报告标题不仅能直接反映出报告的核心思想和基本内容，还会因为它揭示的深刻内涵引发读者强烈的阅读欲望。所以，标题要开宗明义，做到直接、确切、精练。

公共关系调查报告的标题可以分为单标题和双标题两种。单标题一般是把调查单位、调查内容明确而具体地表现出来，如"关于某某企业形象的调查"。这种标题概括了报告的主要内容和分析范围。有的单标题报告直接将调查报告的基本观点挑明，如"某某企业的道歉为何得不到消费者的认可"。双标题也称为双行标题和主、副标题。一般主标题反映调查的中心思想，是受关注的部分，它揭示的是报告中最主要的事实和思想；副标题则是在时间、范围、内容上对主标题加以限制，或补充主标题之不足，如"国货当自强——自主品牌汽车客户满意度调查"。这种标题往往是主标题发人深省，简洁明快、新颖活泼，富有强烈的吸引力，副标题相对来说更具体"务实"一些。

2. 摘要

摘要是对本次公共关系调查的情况作简明扼要的说明。主要是用高度概括的语言介绍此次公共关系调查的背景、目的、意义、内容、方法和结论等。

3. 目录或索引

公共关系调查报告如果内容较丰富，装订页码较多，从方便阅读对象的角度出发，应当使用报告目录或索引，将报告文本的主要章、节、目及附录资料的标题列于报告之前，在报告目录中写明章、节、目的标题及号码和页码。

4. 正文

正文是公共关系调查报告陈述情况、列举调查材料、分析论证的主体部分。在正文部分，必须真实、客观地阐明全部有关论据，包括从问题的提出到引出的结论、论证的全部过程及其与之相联系的各种分析研究的方法。

此外，还要对报告文本有关内容结构进行精心安排，基本要求是结构严谨、条理清楚、重点突出。要做到这一点，就要将调查得到的数据、材料、图表、观点等进行科学分类和符合逻辑的安排。

5. 结语

结语是公共关系调查报告的结束部分，没有固定的格式。一般来说，这部分是对正文的概括和归纳，是对公共关系报告主要内容的总结。有的在结束语中强调报告所论及问题的重要性，以提示阅读者关注；有的提出报告中尚未解决的问题，以引起重视；有的则和盘托出解决问题的办法、建议或措施。

无论是哪种结语，其结论和建议与正文的论述要紧密对应，不要重复，以免出现画蛇添足之嫌。

6. 附录

附录是对正文内容的必要补充，是用以论证、说明或进一步阐述正文中所包含的某些资料。如调查问卷、调查抽样细节、原始资料的来源、调研获得的原始数据图表（正文一般只列出汇总后的图表）等。

本章习题

一、单选题

1. （　　）是公共关系工作的基础，是公共关系部和公共关系咨询公司的专业技能之一。

    A. 公共关系调查　　　　　　B. 公共关系策划

    C. 公共关系实施　　　　　　D. 公共关系评估

2. （　　）是公共关系调查的主要内容，其调查结果决定公共关系的效果、对策和发展进程。

    A. 公众信仰调查　　　　　　B. 公众意见调查

    C. 公众偏好调查　　　　　　D. 公众素质

3. （　　）方法不分组、不排队，简单方便，能够保证目标公众中的每一个个体都有同等被抽中的概率。

    A. 简单随机抽样　　　　　　B. 系统抽样

    C. 分层抽样　　　　　　　　D. 多段抽样

4. 公关调查中使用最广泛的方法是（　　）。

    A. 资料分析　　　　　　　　B. 问卷调查

    C. 座谈会　　　　　　　　　D. 随机抽样

5. （　　）是调查报告陈述情况、列举调查材料、分析论证的主体部分。

    A. 题目　　　　　　　　　　B. 附件

    C. 正文　　　　　　　　　　D. 结语

二、多选题

1. 公共关系调查的原则包括（　　）

    A. 科学性原则　　　　　　　B. 经济性原则

    C. 可行性原则　　　　　　　D. 真实性原则

    E. 系统性原则

2. 公共关系调查的方法有（　　）。

    A. 文献法　　　　　　　　　B. 观察法

C. 访谈法   D. 问卷法

E. 抽样法

3. 观察法是调查人员亲临现场通过仔细察看获取信息的调查方法。在公共关系调查中，观察者可以参与被观察者的活动进行观察，也可以以旁观者的身份进行观察。观察法按照观察者进入环境的程度，可分为（　　）。

A. 完全参与观察   B. 人员观察

C. 半参与观察   D. 非参与观察

E. 非人员观察

三、名词解释

1. 公共关系调查　　2. 公众意见调查　　3. 公共关系调查报告
4. 综合型公共关系调查报告　　5. 专题型公共关系调查报告

四、简答及论述题

1. 公共关系调查的特点是什么？
2. 公共关系调查的内容包括哪些？
3. 公共关系调查的主要方法有哪些？
4. 试论述公共关系调查的原则。
5. 试论述公共关系调查报告正文的写作。

案例讨论

宝洁公司玉兰油香氛活肤沐浴乳的公关调查

玉兰油香氛活肤沐浴乳是宝洁公司著名护肤品牌玉兰油旗下的美体沐浴产品。玉兰油品牌一向代表女性娇美的面容与和谐的心理。2000年，玉兰油香氛活肤沐浴乳的面世更为玉兰油的品牌形象带来了清新丰富的色彩。

玉兰油香氛活肤沐浴乳于2000年7月在全国范围推出，随即引发了媒体、消费者对沐浴新理念的兴趣与关注。一时间，包含美体沐浴与心灵沐浴的"梦浴"成为女性的新追求，光滑滋润的肌肤与自然和谐的心态成为这一追求的最高境界。据有关媒体监控报告，玉兰油香氛活肤沐浴乳的见报率在7~9月及12月远远超出其他品牌，成为该类别产品中的翘楚。

春夏换季，通常是各类沐浴品牌争相展示、博取消费者广泛认可的最佳商机。2001年春夏，一场见诸媒体与市场的产品竞争似乎在酝酿伊始就已爆出火花。于是，作为玉兰油品牌的公关咨询顾问，爱德曼（中国）国际公关有限公司与玉兰油品牌及其广告代理公司密切合作，在全国范围重新掀起沐浴热潮，使得玉兰油香氛活肤沐浴乳在百花争艳时一枝独秀，再次脱颖而出。

根据有关沐浴的初步调查，沐浴在沿海地区，特别是上海已成为一种休闲活动，公共浴所很受大众欢迎。因此，在策划初期，推广沐浴休闲时尚一度成为策略重点，而玉兰油当然是倡导沐浴休闲的时尚先锋。

但是，随着调查的深入展开，发现不同地区人们对公共洗浴场所有着截然不同的认识。在南方，公共洗浴场所被认为是只有在北方天气冷的地方才会有的一种服务；而在北方部分地区，公共洗浴场所不是被视作低档的澡堂子，就是提供色情服务的场所。同时消费者对沐浴乳产品的认知也同样存在地区差异。根据玉兰油品牌的一项涵盖众多层面消费者的调查，有了以下的表现。

（1）北方女性多数认为沐浴乳为高档而奢侈的个人用品，使用沐浴乳是对自身关爱的表示，近乎一种炫耀。

（2）南方女性的态度大致可分为两种：购买普通档次沐浴乳的消费者认为沐浴乳只是日常家庭消费品的一种，像牙膏、肥皂一样可以与家庭成员共同使用；高档沐浴乳产品的购买者则认为应根据不同肌肤的需要选用不同沐浴乳，沐浴产品应该是自己专用的。

基于以上发现，宝洁公司开始考虑策划不同的活动以满足不同地区消费者的需要。

思考讨论题

1. 宝洁公司为何要对玉兰油香氛活肤沐浴乳进行公关调查？
2. 如何开展公共关系调查活动？宝洁公司的这一案例对我们有何启示？

第 4 章
公共关系策划

本章导读

公共关系策划是企业公共关系工作的中心环节，是公关活动实施的指南和公关效果评估的标准。本章主要介绍公共关系策划的含义与原则、公共关系策划的程序等内容。通过对本章的学习，掌握公共关系活动策划的要领，为今后公关策划实践奠定基础。

知识结构图

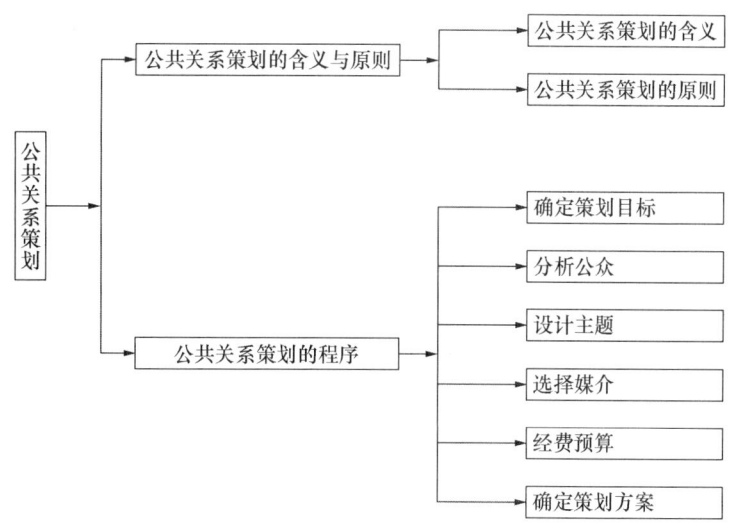

【开篇引例】 公共关系助里约热内卢成功申办 2016 年夏季奥运会

北京时间 2009 年 10 月 3 日凌晨，时任国际奥委会主席罗格宣布，2016 年奥运会的主办城市是巴西的里约热内卢，顿时桑巴军团一片沸腾，而在最后一轮落败的马德里申奥代表团和在西班牙等待的全体国民只能黯然神伤，互相安慰。

此前，马德里的申奥工作几近完美。西班牙申奥代表团以超豪华阵容赶到哥本哈根，除了国王、首相和皇马队长劳尔外，89 岁的前国际奥委会主席萨马兰奇感人的陈述也是全场亮点。另外，在全部 4 个申奥城市中，马德里拥有最高的民众支持率，而且综合硬件软件设施也比较出色。

然而，马德里最终败在一张小小的地图上。这张地图就是里约申奥主席努兹曼在作个人陈述时向全世界展示的：代表举办过奥运会的奥林匹克点，欧洲 30 个，北美洲 12 个（美国 8 个），亚洲 5 个，大洋洲 2 个，然而南美大陆则空空一片。"请给这个新的大洲打开一扇门，南美洲已经为推动奥林匹克运动的发展做好了准备。"努兹曼在陈述中说。而亲临现场的巴西总统卢拉称现在是时候正视这种"不平衡"了，该让里约热内卢举办 2016 年奥运会了，巴西获得奥运主办权意味着奥运会属于全世界人民。

这样一番慷慨激昂的陈诉打动了评委们的心，也把巴西的公关技巧展现到了极致。毕竟奥运会一直强调一个"家"的概念。如果再次将举办权给欧洲或者北美洲这些奥运举办的常地的话，势必会引来很多人对公平的质疑，特别是引发南美洲人民的不满。里约热内卢抓住这个奥运史上的缺憾重点公关，抓住在场评委的同情心理，可谓是一针见血。

一个社会组织要想在激烈的竞争中取胜，不仅要进行科学严谨的公关调查，还要进行精心的公关策划。本案例中巴西申奥代表团牢牢守住地处南美大陆的优势，目标明确地打出最有针对性的王牌，使里约热内卢最终笑到了最后。

资料来源：作者根据网络资料汇编。

4.1　公共关系策划的含义与原则

4.1.1　公共关系策划的含义

凡事预则立，不预则废。公共关系策划就是在公共关系调查的基础上，做好公共关系活动前的所有准备工作。公共关系策划具有强烈的战略性、策略性和创造性，它既是一门科学，也带有强烈的艺术色彩。

公共关系策划是指公共关系人员以调查为基础，根据组织形象的现状和目标要求，分析现有的条件和发展趋势，谋划出相应的公共战略或者策略方案，并筛选出最佳策划方案的过程。

在公共关系策划过程中，公共关系部门首先要根据公共关系调查获得的关于组织形象和目标的信息，提出公共关系策划的目标和要求；其次对组织内部的资源和能力等条件进行分析，提出若干活动方案；最后，对这些方案进行比较，择优确定最佳的活动方案。因此，公共关系策划要以公共关系调查为基础和前提，它是为组织目标服务的。公共关系策划既包括了公共关系战略策划，也包括公共关系专题活动策划。

4.1.2　公共关系策划的原则

公共关系策划是企业公共关系工作的中心环节。一个企业能否树立良好的形象，能否很好地自我宣传，很大程度上取决于其公共关系活动开展的好坏。公共关系活动开展的好坏又取决于公共关系策划的优劣。因此，公共关系策划人员应该遵循一系列基本原则，确保公共关系策划的成功。

1. 实事求是原则

实事求是是公共关系策划的一条最基本的原则。这一原则的含义是指：公共关系策划必须建立在对事实真实把握的基础上，向组织如实传递有关组织公众的信息，并根据事实的变化不断调整公共关系策划的策略和时机等内容。一位优秀的公共关系工作人员首先考虑的不是技巧，而是对事实的准确把握。他必须通过种种办法收集关于公众情况的资料，收集关于组织与环境的互补情况的资料，收集双方可能存在的不平衡、不协调的种种事实。只有掌握了足够的事实，他才能策划公共关系的行动方案。

在策划过程中，公共关系策划人员要平心静气，摒弃自己头脑中的主观偏见，认真调查，尊重事实，不要以自己的猜想、判断作为策划的依据；要用科学的方法去做相应的市场调查，要让数据证实自己的设想。换而言之，就是要把自己的设想建立在数据和事实的基础上。

2. 公众优先原则

公众优先原则，即公众利益优先原则，是公共关系工作的重要原则，更是公共关系策划的重要原则。

作为公共关系策划主体的组织（尤其是企业），以公众认可为其生存的前提，以公众信任为其发展的条件。企业的发展有赖于公众对企业的认同和支持，有赖于公众对企业行为的参与回应。企业在其行动之前应该清楚地了解公众的利益倾向，企业所能做的事情就是顺应公众利益倾向，将自己行动的目的融入其中，在满足公众利益的同时达到自己的目的。公共关系策划者必须明确认识到：公众参与某些公共关系活动不是为了记住企业形象，也不是为了企业获取更多的利润，而是为了自己的利益才参与某项活动，企业的"获利"只能来自公众认为不重要的或公众觉察不到的方面。因此，在进行策划之前，一定要深入分析目标公众的利益所在，不要被表面现象所迷惑，不要以自己的心态去推测公众的心态。

一个好的公共关系策划方案不在于它能改变公众、强制公众，而在于它能很准确地满足目标公众的利益点，从而吸引公众参与某项公共关系活动，并在这项活动中传递公共关系主体的信息，让公众在不知不觉中接受策划者发出的信息。

3. 创新性原则

一方面，公共关系策划是一种思维活动，思维活动需要发挥人的主观能动性，创造性地提出一些思想、观点、看法；另一方面，公共关系工作要获得良好的传播效果，必须要有效影响公众，善于引起公众注意，符合公众心理，调动公众参与合作的热情。要达到此目的，策划必须有创意，以新颖的、奇特的目标、主题、活动方式等吸引公众。当然，创新要区别于哗众取宠的、庸俗的"创新",要符合健康向上的审美情趣。

公共关系策划尽量要求"新、奇、特"。公共关系策划的"新",要求点子出得新,主题新颖,活动方式不落俗套。公共关系策划的"奇",要求角度选得巧,时机把握得准,对形势的运用恰到好处,要能调动公众的参与热情。公共关系策划的"特",要求策划方案中有独特的东西,具有独创性。如果只是跟在别人后面模仿或套用已有的思路和方法,很难引起公众的注意,而且显得平庸,没有充分发挥策划的作用。

4. 系统规划原则

公共关系活动相对于整个组织活动是一个子系统,因而公共关系策划是组织活动策划的一个子系统。公共关系活动的各个环节又是公共关系活动的子系统,对这些子系统的策划是公共关系策划不可分割的组成部分。公共关系活动的每个子系统又是由众多因素组成的,公共关系策划必须使这些因素相互协调。

系统规划原则应用到公共关系策划中,就是要把公共关系策划作为一个有机整体来考虑,从系统的整体与部分之间相互依存、相互制约的关系中反映系统的特征及运行规律,实现整体最优。其基本思想有三点。①对系统统筹安排,确定最优目标,实现系统最优。因为系统具有不同于各组成部分的新功能,系统最优的核心要求是处理好局部优化和全局优化的关系。为使公共关系活动有序开展,必须建立公共关系系统工程,实行系统运筹,通盘安排系统中的子系统及组成要素,使它们相互制约、互相促进,并且与外部环境协调起来。②协调公共关系活动要素与环境的关系,讲究整体的最佳组合的效应。公共关系的各子系统各自具有不同的特征与目标,各自又处在特定的环境中,在时间和空间上又是相互分离的。这就需要做好协调工作,在注意系统全局的同时,还要把握各个局部,使之同步、匹配地进行活动。③考虑到公共关系策划的有序性,使公共关系策划中的各项工作有步骤地进行。这是系统有序性的要求。

5. 合乎道德标准

公关从业人员的职业道德当中明确指出,公关人员注定永远是"低调的幕后英雄"。从事公关策划的人员,应严加保守企业的商业秘密。在信息传播的过程中,不留下任何人工雕琢的痕迹,这是公关策划的最高境界。然而,在当代中国公关事业迅猛发展的背景下，出现了大量的无良策划者，他们只为图一时的轰动效果，有时不惜以牺牲职业道德为代价，满嘴谎言，欺骗公众。鉴于此，当前的公共关系策划只有更加重视策划的道德底线，自觉地将道德原则作为策划的出发点和落脚点，才能产生良好的社会效益。

6. 切实可行原则

公共关系策划者在策划活动之前，一定要做可行性分析，以确保公共关系活动目标的实现。可行性分析贯穿于策划的全过程，即在进行每一项策划时都应充分考虑所形成的策划方案的可行性。策划方案形成后，必须进行可行性分析，以便选出最优方案。

进行可行性分析主要从四个方面进行。①利害性分析。分析策划方案可能产生的利益、效果、危害情况和风险程度，综合考虑、全面衡量利害得失。②经济性分析。考虑策划方案是否符合以最低的代价取得最优效果的标准，力求以最小的经济投入来实现策划目标。③科学性分析。它包含两方面的意思，首先看策划方案是否是在科学理论指导下，进行了实际调查、研究、预测的基础上严格按照策划程序进行创造性思维和科学想象而形成的；其次分析策划方案实施后各方面的关系是否能够和谐统一，是否能够高效率地实施策划方案。④合法性分析。考虑策划方案是否符合法律法规要求，一方面，策划方案要经过一定的合法程序和审批手续；另一方面，策划方案的内容及实施结果要符合现行法律法规的规定和政策要求。

7. 谨慎周全原则

凡事都需要策略，用策必求制胜。同时，以策制胜，慎之又慎。"老谋深算"在一定意义上反映了策划者的设计、策划总是力求疏而不漏，周全稳妥。由于策划者所掌握的客观情况受到种种主观因素的制约，策划者的知识、胆略、思维方法等又各有长短，因此凡策划只能在慎重之中求周全。但是，周全是相对的，不是绝对的，于万变之中求不变，于不周全中求周全，才能立于不败之地。

4.2 公共关系策划的程序

公共关系策划程序就是公共关系人员通过调查研究和综合分析，确立公共关系目标、制订公共关系计划方案的过程。公共关系策划程序是一个科学的系统，其每一个步骤都存在有机的联系。一般来讲，公共关系策划程序可分为六个阶段①，如图4-1所示。

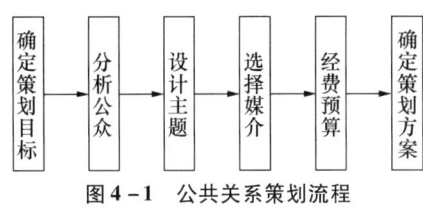

图4-1 公共关系策划流程

4.2.1 确定策划目标

确定策划目标是公共关系科学策划工作的重要一步。公共关系目标是公共关系活动方案实施之后要达到的效果。没有目标，公共关系活动就是无的放矢，不仅使得公共关系活动没有效率，甚至还会浪费组织的宝贵资源。公共关系目标是指导和协调公共关系活动的依据，也是衡量公共关系活动效果的重要指标。也就是说，公共关系策划目标在整个过程中起着导航的作用，同时也是评估策划效果的标准。通常，公共关系活动的开展需各个部门的协作配合。确立了明确的目标，可以指导各个部门的具体工作，使大家心往一处想、劲往一处使。公共关系活动实施后必须衡量活动的效果，而目标的实现就是衡量指标之一。

策划工作者必须对策划目标有明确的认识，要在公共关系调查研究的基础上，对公共关系的未来环境及对组织可能产生的影响进行科学的预测分析，思考和感悟组织的公共关系问题所在，并结合委托人的授意，确定公共关系策划的目标。

根据不同的标准，目标可以分为多种类型。从策划层面上来看，公共关系策划目标可以分为公共关系战略策划和公共关系专题策划。

公共关系战略策划是指组织为了塑造良好的组织形象而做出的长期性、整体性的谋划与对策。战略性策划目标具有稳定性、长期性的特点，对整个公共关系工作具有决定

---

① 牛海鹏主编，李光明、云虹副主编：《公共关系》，中国人民大学出版社2011年版。

性的指导作用。例如，组织在对外部环境和内部环境调查分析的基础上对公司的形象进行战略定位，这就需要战略性策划。企业形象战略（CIS）策划就是典型的公共关系战略策划。

公共关系专题策划是指为了实现组织的宏观战略意图而进行具体的专项公共关系活动方案的策划。它是公共关系战略的具体化、行动化，公司的公共关系战略目标是需要公共关系专题活动来实现的。当组织进行了公共关系战略策划工作，一定要有相应的一系列公共关系专题活动策划，后者是前者的继续和依托，前者是后者的路标。当组织有了明确的活动主题时，如开工仪式、开业典礼、记者招待会、各种接待仪式等，就可直接针对其主题进行策划。

公共关系策划的目标还可以按照时间长短分为长期目标和短期目标；按照范围不同分为整体目标和具体目标；按照性质不同分为一般目标和特殊目标；等等。

无论怎样划分，公共关系策划者必须根据公共关系活动的具体情况具体分析，选择合适的公共关系目标。在确定目标时，要切记避免好高骛远、模棱两可，尽可能做到三点：一是公共关系目标应明确、具体；二是公共关系目标应具有可行性、可控性；三是公共关系目标必须细化、灵活。

4.2.2　分析公众

在进行公共关系策划时，非常重要的一项工作就是明确并分析公共关系对象。

明确公共关系对象是指公共关系策划者要确定公众的范围，明确本次公共关系活动会涉及哪些公众，他们在哪里，哪些公众是重要的工作对象，谁是他们当中的"意见领袖"。明确公共关系公众的方法有三种：一是以公共关系活动的目标为依据，也就是以公共关系活动相应的目标人群为依据；二是以公共关系活动策划组织的能力为依据，也就是根据组织的实力细分公共关系的对象，分清主次，突出重点；三是以公共关系活动的特殊要求为依据，例如危机公关。

确定了公众的范围后，还要对他们进行进一步的分析。主要分析的内容包括：一是分析公众的基本情况，具体包括他们的性别、年龄、文化层次、生活习惯、平时通过哪些渠道接收信息等；二是分析公众的构成，具体包括他们属于哪些不同的组织和社会群体，他们的意见领袖是谁；三是分析公众对本组织的印象及态度，具体包括他们当中有多少人了解本组织，有多少人与本组织打过交道，有多少人对本组织有良好的印象等。对公众相关的问题分析得越透彻，公共关系活动策划就越有针对性。

4.2.3 设计主题

公共关系活动的主题是对公共关系活动内容的高度概括，在整个公共关系活动中起着指导性作用，对公共关系活动的效果有着重大影响。公共关系活动的主题通常是一句口号，例如，2010年上海世博会的主题是"城市，让生活更美好"。主题虽然简短，但也是需要精心设计的。首先，主题设计必须与公共关系活动的目标一致。其次，活动主题要体现特色，并且这一特色是消费者在乎的、能够满足他们的某种心理需要的。再次，公共关系活动主题设计要简单明了，同时不乏创新性，也就是既要让公众好记，又要有新意、避免雷同。

4.2.4 选择媒介

确定了公共关系活动的目标，设计好了活动的主题，那么就要根据目标公众的媒介接触习惯，有针对性地选择传播媒介与公众进行沟通交流。媒介是组织与公众之间的信息纽带。正确的媒介选择不仅架起了公众与组织之间的桥梁，还能大大提升公共关系活动的效果。

媒介的种类多种多样，公共关系部门必须在这些媒介中根据活动的内容、目的、公众的特点等来选择媒介进行传播。在进行媒介的选择时，组织的公共关系部门要以有限的资源实现最佳的传播效果，就必须深入考虑以下几个方面再做出选择：一是要考虑公共关系活动的目标以及内容；二是要考虑公共关系活动的目标公众的特点，尤其是目标公众接触媒介的习惯；三是要考虑组织的经济条件等实际情况，即组织能否负担得起媒介费用；四是要考虑媒介本身的特点，例如影响范围和影响力度。

4.2.5 经费预算

公共关系活动的开展需要一定的经费支持，在活动策划阶段就应当对活动方案所需的经费进行合理的预算和安排。在进行经费预算时，组织要根据公共关系的目标、组织的资金能力来确定方案。

一般来说，公共关系活动所需的经费开支主要包括以下几项：①劳务费。也就是为公共关系活动提供劳务的所有人员相应的报酬，既包括内部公关人员的工资，也包括外聘的劳务人员的工资。②设施设备费。主要包括公共关系活动所需的摄影器材、展览设施等设施设备的购置和租赁所需的费用，还包括各种印刷品、纪念品、美术工艺器材所需的费用。③传播媒介费用。公共关系活动需要借助媒介传播来实现组织与公众之间的沟通，因此，需要支付给传播媒介费用，包括在报纸、杂志、广播、电视、网络等媒介上所花费的费用。④管理费。主要包括房租、水电费、电话费、文具费、交通费等。⑤活动费。活动费是由公共关系活动的具体要求决定的，它包括调查费、人员培训费、场地租金、布置接待所需的花费等。⑥应急费或机动费。也就是用于一些突发事件的费用，这一预算是为了从资金上保障公共关系的应变能力。

公共关系费用预算的方法可以采用销售额抽成法、目标作业法、投资报酬法等进行预算安排。无论何种方法，都要尽可能节约，要做到量力而行，避免铺张浪费。

4.2.6 确定策划方案

确定公共关系策划方案也是一个非常重要的过程，它包括制订方案和优化方案。制订方案是由确定目标、分析公众、设计主题、选择媒介、预算经费等准备阶段进入实际策划阶段，也就是计划编制阶段。

1. 策划方案的制订

公共关系活动方案是公共关系策划的成果，它既可作为公共关系活动实施的纲领，又可作为策划效果的备查依据，这就要求策划方案必须切实可行。因此，策划方案一方面要以公共关系战略为指导，成为战略的延伸，并表明每个行动的战略意图；另一方面公关策划方案的内容越细越好，强调可操作性。

公共关系活动方案最终以文字形式呈现，既有利于建档，又有利于组织内部的传播交流。公共关系活动策划方案的写作没有固定的格式和统一的要求。但是，在写策划方案时，公共关系策划人员必须注意以下几个方面：一是封面上要写出策划书的全称，并注明保密级别，以显示方案的保密程度；二是方案内容要有系统性和可操作性，要注意每个步骤之间的逻辑关系，也要写清楚每个步骤的操作细节；三是要写清楚方案的适用时间，确保时效性；四是方案内容的表述要准确，避免歧义；五是要注意格式等细节，保证阅读人一目了然，根据目录就可以查到所需要的内容。

2. 策划方案的优化

策划方案写作完成并不是策划过程的终结，因为公共关系活动策划方案还需要经过反复论证和优化，以提高方案的科学性、严谨性、实用性和应变性。公共关系策划方案优化的方法主要有以下几种：第一种是重点法，就是重点问题重点分析，从影响公共关系活动的众多因素中找出重要的影响因素进行分析，找出薄弱环节，从而优化整体方案；第二种是轮变法，也就是将策划方案中的各个因素轮流作为变量，改变这些变量的大小，通过不断尝试找出最优方案；第三种是增益法，即以公共关系的效益为出发点，组合完善各种因素，从而优化方案。

优化后的公共关系策划方案经策划小组负责人认定后，交给组织领导人以及专业人士最终确定。一般情况下，在确认之前，策划小组需要向组织的领导和相关部门就方案的可行性进行方案论证报告。

本章习题

一、单选题

1. （　　）原则应用到公共关系策划中去，就是把公共关系策划作为一个有机整体来考虑。
   A. 公众优先　　　　　　　B. 实事求是
   C. 切实可行　　　　　　　D. 系统规划
2. （　　）原则是公关关系策划的一条最基本的原则。
   A. 公众优先　　　　　　　B. 实事求是
   C. 创新性　　　　　　　　D. 系统规划
3. 下列步骤不属于公关策划准备阶段的是（　　）。
   A. 预算经费　　　　　　　B. 分析公众

C. 优化方案 D. 设计主题

4. 公共关系活动的（　　）是对公共关系活动内容的高度概括，在整个公共关系活动中起着指导性作用，对公共关系活动的效果有着重大的影响。

A. 目标 B. 宗旨

C. 主题 D. 使命

5. （　　）是由公共关系活动的具体要求决定的，它包括调查费、人员培训费、场地租金、布置接待所需的花费等。

A. 劳务费 B. 设施设备费

C. 传播媒介费 D. 活动费

二、多选题

1. 进行公共关系可行性分析主要从（　　）方面进行。

A. 利害性分析 B. 经济性分析

C. 合规性分析 D. 科学性分析

E. 合法性分析

2. 公共关系策划的原则包括（　　）。

A. 公众优先 B. 实事求是

C. 创新性 D. 系统规划

E. 利益最大化原则

3. 公共关系策划的构成要素包括（　　）。

A. 公共关系策划的主体 B. 公共关系策划的课题

C. 公共关系策划的目标 D. 公共关系策划的信息

E. 公共关系策划的方法

三、名词解释

1. 公共关系策划　　2. 公众优先原则　　3. 公共关系经费预算

4. 公共关系活动主题　　5. 公共关系活动方案

四、简答及论述题

1. 公共关系策划的原则主要有哪些？

2. 公共关系策划的实事求是原则指的是什么？

3. 何谓公共关系战略策划和专题策划？
4. 试论述确定公共关系公众的三种方法。
5. 试论述公共关系策划的程序。

案例讨论

阿婆炖品的公关促销活动①

在繁华的现代大都市深圳，有一颗璀璨的商业明珠，那就是深圳万佳平价百货广场，是深圳人最爱光顾的商场，它向来以品种丰富、价格便宜、服务周到、不出售伪劣商品著称，是深圳零售业中的"龙头"之一。

中秋节前的一个星期天，秋高气爽。万佳平价百货广场熙熙攘攘。但是大家很快就发现，今天的万佳和往日格外不同。在商场门口，扯着一条鲜艳的横幅："吃中秋月饼、喝阿婆炖品。"商场内处处闪动着一群老太太的身影。她们个个精神矍铄，笑容可掬，穿着一袭中国传统的银缎旗袍，慈祥中透着年轻，稳重中透着俏丽，每个人身上还斜披着一条鲜红的绶带："阿婆炖品。"干净利落、神采奕奕，这样的精神头，让人眼前一亮。无论在商场门口，还是货架旁走道口，她都会对你一笑，像邻居大妈似的，亲亲热热地对你说："来，尝尝阿婆的炖品。"在商场宽敞的大厅里，赫然竖着几块大立牌："免费品尝传统珍品老火靓汤，阿婆炖品。花旗参炖乌骨鸡，淮杞炖甲鱼。"一张大桌上码放着一堆洗干净的乌骨鸡、甲鱼、花旗参、淮杞，桌上还摆着三个很大的电饭煲，煲里正咕嘟咕嘟地冒着热气，煲着易拉罐炖品，蒸汽散发出一阵阵诱人的香味，让人直咽口水。三位同样装束，慈眉善目的阿婆正忙着从煲里将一罐罐浓浓的汤品捧给大家："来来来，尝尝新上市的阿婆炖品。"围观的顾客有的接过来一尝，果然滋润淳和，非常可口，便纷纷表示想再喝一碗。旁边的人一见，都挤过去要求尝一尝。一时间，桌旁竟然排起了长队，三个阿婆都快忙不过来了。尝过的人纷纷打听哪里有这种炖品卖。旁边的阿婆连忙接应："这里有，这里有！"把他们引到了货架边，不一会儿，商场里到处都是手握一两罐易拉罐式的"阿婆炖品"的顾客，有的还在购物手推车里放了一打。阿婆们有的在给顾客介绍炖品，有的在

---

① 资料来源：百度文库。

赠送靓汤食谱。一时间阿婆炖品的货架旁人头攒动，黑压压一片。此刻商场的广播里正播放着《好歌送给你，今晚明洁将与你共享阿婆炖品》音乐节目。闻讯赶来的记者对着大厅里的数条长龙，手中的相机"咔咔"响个不停。好一派热闹景象。

❓思考讨论题

结合本章所学知识，请对阿婆炖品的公关促销活动进行评述。

第 5 章 公共关系实施

本章导读

公共关系实施指综合运用多种传播手段，把公共关系策划方案所确定的内容变为现实的过程。成功实施公共关系计划，将计划变为现实，对公共关系工作具有举足轻重的作用。实施公共关系过程是一个完整的过程，一般情况下包括三个基本环节：一是实施的准备阶段，包括设计实施方案，确定实施的措施和程序，建立或组织实施机构；二是实施的执行阶段，实施机构及人员根据设计好的实施计划和程序，落实各项措施，并注意信息的反馈与沟通；三是实施的结束阶段，实施部门为下一步的效果评估做好相应的准备。

知识结构图

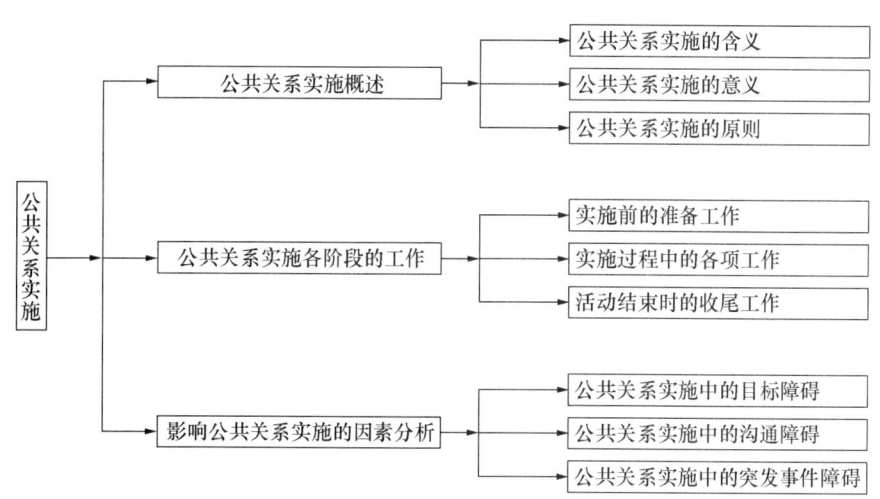

【开篇引例】　　　　　　日本精工表的奥运公关

欧米茄是驰名全球的瑞士名牌钟表，在1964年第18届东京奥运会之前的历届奥运会都使用欧米茄计时钟表，创下了17次独占计时权的辉煌历史。在东京举办奥运会的消息传出后，精工企业集团的员工们个个群情激奋，他们不能容忍欧米茄独占东京奥运会的计时权，决心要利用这次有利时机同欧米茄一比高低。他们确信精工的技术已经赶上了瑞士，其推出的产品已经进入超越普通钟表的豪华精工阶段。在慕尼黑奥运会期间，精工企业为了摸清欧米茄的详情，派出考察队前往考察。通过这次考察，他们了解到欧米茄的计时装置几乎都是机械式钟表，只有几部是石英表而且还都笨重不堪，从而得出了欧米茄不足惧的结论。经过分析，精工确认了竞争者的实力，并研究确定适应运动会特殊要求的产品开发和技术攻关项目。经过调研，精工提出以"世界的计时——精工表"为主题，历时4年的公关计划。

精工企业集团在取得了东京奥运会计时权后，调集下属3家公司的20多名技术精英组成计时装置开发队伍；派出了3000多名技术人员，耗资30亿日元，策划了日本精工走向世界的重大方案。若各个比赛项目都以精工表计时，如此一来，精工表不仅映入百万现场观众的眼帘，而且世界各地亿万观众都通过电视屏幕认识了精工表。

精工表果然不负众望，在东京奥运会上大出风头。当来自非洲的运动员阿贝贝在马拉松比赛中飞奔过终点时，精工瞬间数字跑表立即定格：2.12.11.2。阿贝贝以2小时12分11秒2创造了奥运会马拉松赛的最好成绩。当各项比赛结束时，优秀运动员的名字就显示在精工表旁，获奖选手所代表国家的国旗也在精工表的上方冉冉升起。奥运会期间，所有的裁判员都佩戴精工表。精工表在奥运会上一鸣惊人，很快就被人们所熟悉。

不难看出，精工表在奥运会上的成功亮相绝非偶然，除了自身的产品质量过硬外，更离不开公关活动前期的精心准备。

5.1 公共关系实施概述

5.1.1 公共关系实施的含义

公共关系实施指综合运用多种传播手段，把公共关系策划方案所确定的内容变为现实的过程。成功实施公共关系计划，将计划变为现实，对公共关系工作具有举足轻重的作用。

公共关系实施过程是一个完整的过程，一般情况下包括三个基本环节：一是实施的准备阶段，包括设计实施方案，确定实施的措施和程序，建立或组织实施机构；二是实施的执行阶段，实施机构及人员根据设计好的实施计划和程序，落实各项措施，并注意信息的反馈与沟通；三是实施的结束阶段，实施部门为下一步的效果评估做好相应的准备。

5.1.2 公共关系实施的意义

公共关系实施对提高公共关系工作的效率和效益，对组织树立良好的形象、赢得公众信赖有着重要的意义，对于整个公共关系活动也具有重大的意义。

1. 公共关系实施是直接而且具体地解决问题的关键

研究问题的目的是解决问题，制订好的计划，如果不能付诸实施，无疑不能达到预期的目的。公共关系只有结合具体实际，将理论与实际相结合，才能发挥它应有的作用，收到预定的效果。

2. 公共关系的实施是检验公共关系计划合理性并积累公共关系相关经验的重要步骤

公共关系的计划合理与否，能不能解决现实问题，最终都要靠实践即公共关系的实施来检验。只有通过实施，才能完成计划确定的任务、实现计划目的；只有通过实施，才能检验计划的合理与否，并为公共关系的发展积累更为丰富的素材和经验。

3. 公共关系的实施是下一个公共关系计划制订的基础和依据

公共关系是一个复杂有序的系统工程，任何一个环节的脱节都会对下一个环节产生难以预料的影响。公共关系的实施使计划和现实的问题真正地暴露出来，为下一个公共关系计划的制订提供了素材。正是基于此，才说公共关系的实施是下一个公共关系计划制订的基础和依据。

> **【阅读资料 5-1】** 　　美国平等生活保险公司公关活动的实施
>
> 　　美国平等生活保险公司在策划保健教育宣传的公关活动时，严格遵循统一性的策划要求，及时调整策划过程的程序和步骤。最初，保险公司策划在全国范围内发行一种预防共同性疾病的小册子，但是，他们通过国家公共保健局了解到，50%以上的学龄儿童已经进行了流行病的防疫，而社会人口中的中下层社会集团却严重地存在对疾病预防漠不关心的问题。这群人生活范围狭窄，文化素养较低，很难进行沟通。于是，保险公司决定改变原来设想，将原先长篇宣传文章改编成文字活泼通俗并附有详细图解的小册子，为新的目标公众服务。此后，他们先印刷了 140 份，在一个居民区散发，进行摸底，了解公众的反应，结果，多数公众表示对这一宣传手册没有能力接受。于是，他们又一次请专业通俗文学作家将文字缩减到 3000~5000 字，使之更通俗、更浅显易懂，从而符合这些公众的欣赏水平，最终使这次宣传策划获得成功。
>
> 　　由此可见，公共关系活动方案要经过实施过程的检验，并在实施过程中不断调整，才能取得预期效果。

5.1.3　公共关系实施的原则

公共关系实施的特点决定了公共关系人员在实施计划的过程中，一定要按科学规律办事，遵循以下四项原则。

1. 目标导向原则

所谓目标导向原则，是指在公共关系计划实施过程中，保证公共关系实施活动不偏离公共关系计划的目标。

2. 控制进度原则

控制进度原则就是按照公共关系实施方案中各项工作内容实施时间进度的要求，随时检查各项工作内容的完成进度，及时发现滞后和超前的情况，搞好协调与调度，使各项工作按照计划协调、平衡地发展，并确保按时完成。

3. 整体协调原则

所谓整体协调原则，就是在计划实施过程中使工作所涉及的方方面面达到和谐、合理、配合、互补、统一的状态。

4. 反馈调整原则

反馈调整原则是指通过监督机制及时发现公共关系实施中的方法偏差甚至错误，并及时进行调整与纠正。

5.2 公共关系实施各阶段的工作

5.2.1 实施前的准备工作

1. 协调组织各有关部门的关系

公关活动的实施，不能由公关人员唱"独角戏"，必须得到组织各有关方面的配合和支持。协调好与组织有关部门的关系，使即将进行的公关活动取得他们的认同、支持和积极配合，齐心协力集中所需的人员、器材和经费，认真做好与各自有关的各项工作，为公关活动的成功创造良好的内部条件。

2. 进行人员培训

活动前的人员培训，目的是使每一个工作人员都能清楚此次活动的意义、作用、目标和要求，明确每个人担负的工作、承担的责任，掌握活动中所需的技能和各种器材的使用，并对每个人的仪表、服装、语言、举止、工作态度等提出明确、具体的要求，同时应颁布相应的工作纪律、考核标准和奖惩办法。

3. 准备所需的物品和材料

根据需要，租借或添置各种扩音、录音、照相、摄像设备等，准备运输车辆及其他各类物品，如服装、花卉、台布、旗帜、标语、横幅、标志、小礼品、展板、模型等，还需印制各类请柬、广告、宣传材料等。

4. 与新闻界等外部公众进行联系

预先确定要邀请的新闻界及其他外部公众的代表，作为活动的嘉宾，与他们取得联系，提前呈送或邮寄请柬；将活动安排及广告宣传计划告知各新闻单位，求得他们的支持与合作，并提前进行联系刊登、播放广告和请记者在活动中采访、报道等事宜。如果是大型露天活动，还需提前与交通管理、市容监察等有关部门联系，得到批准提供一定的方便；与气象部门联系，提前了解预定日期的天气状况。

5. 布置活动现场

按照策划方案的要求，对活动现场进行装饰、布置，以创造活动所特有的气氛和环境。现场布置应隆重、别致，和谐、整洁，不铺张，不呆板，注意色彩的合理搭配，保持视觉上和摄影、摄像的艺术效果，能使在场公众受到感染，留下深刻印象。活动现场在格局上应具有平等、融洽、便于交往、轻松舒适，以及不感到拘束、压抑、沉闷等特点。各种相应设备应进行安装、调适，确保万无一失。认真考虑并逐一解决好安全、交通和人员进出过程中的先后次序等问题，防止活动现场出现拥挤、混乱。特别要做好突发事件或紧急情况的应急预案。

5.2.2 实施过程中的各项工作

1. 对人员的管理

做好对公关人员的管理是确保活动成功最为关键的因素。应注意激发公关人员的职业道德和敬业精神，制定完善的工作制度及细则，明确小组、个人责任制，建立合理的工作考核指标，采取奖优罚劣的措施，创造和谐、民主、平等的工作气氛，以保证公关人员全身心投入公关活动。

2. 对活动进程的管理

在贯彻实施策划方案的同时，紧紧抓住主要的可变性因素，创造性地开展工作，使公关活动的进程与客观条件和具体情况的变化保持动态的适应和平衡。努力克服活动可能存在的目标障碍，妥善、及时地处理好各种突发事件，保证活动的正常进行。同时，公关人员在活动中应发挥自己的主导作用，加强对活动进程的主动干预和积极调控，如对照总体目标、分项目标及相应的指标，对公关活动加以控制；对照活动的进度表和日程安排进行进度控制等。

3. 对信息传播的管理

公共关系活动实质上是针对目标公众而进行的信息传播活动。要充分考虑到目标公众的文化、社会和心理等特点，制作发布适合公众接受的、与目标公众利益相关的信息，选用目标公众所习惯使用的传播媒介，使传播活动取得最佳效果。对信息传播进行管理，首先要检查公关传播计划目标是否切合实际，然后检查传播计划的执行情况并衡量执行结果，同时建立控制标准，把传播计划执行结果与控制标准进行比较，发现偏差，分析原因，采取纠偏措施，保证公共关系传播计划的顺利实施。

4. 对活动现场的管理

首先应做好各种接待工作，使每一位参加活动的公众都受到热情、周到的接待，对组织产生好感；要维持好现场的秩序，使整个活动始终能井然有序地进行，避免出现混乱和失控的局面，在公众中造成不良影响；要有效地控制现场的气氛，防止出现太大的起伏和波动，妨碍活动的正常进行。

5. 对各种物品的管理

应本着能满足需要、便于使用和尽量节约的原则，加强对活动中各种物品的管理。物品，尤其是贵重器材的保管、发放、使用和回收，都应有人专职负责，登记在册，有账可查。既要保证活动中对物品的正常需要，充分发挥其功效，又要尽量避免在活动中对物品损坏、遗失或过快消耗。对于可重复使用的物品，应尽量回收，多次使用。

5.2.3 活动结束时的收尾工作

公关活动应善始善终，在结束时能给公众留下一个圆满而美好的整体印象。在活动临结束时，组织的最高领导应出面，真诚地感谢出席、参与和关心本次活动的所有公众。公关人员应热情地欢送每一位在场的公众，并提供必要的交通工具。要仔细地回收、清点、归还各种物品，清扫活动现场。之后，尽快召开全体工作人员会议，慰劳大家，表扬贡献突出的人员，简要总结活动的成功经验与不足，安排人员撰写新闻稿件，登门感谢对活动提供方便和支持的各有关单位及个人，为下一步的评估工作做好准备。

5.3 影响公共关系实施的因素分析

影响公共关系计划实施的因素是众多而复杂的，一般来说，主要来自三大方面，即方案本身的目标障碍、实施过程的沟通障碍及突发事件的干扰。在实施过程中，仅凭公共关系工作人员的工作热情和苦干是不行的。我们必须懂得：要获得一定的实施效果，就必须了解和研究在实施过程中怎样消除或减少沟通的障碍。

5.3.1 公共关系实施中的目标障碍

所谓公共关系实施中的目标障碍，就是指在公共关系计划中由于所拟定的公共关系目标不正确或不具体而给实施带来的障碍。在公共关系计划实施的过程中，无论实施的动态性多么突出，实施的原则基本上都是根据计划方案所规定的内容进行。例如，公共关系计划目标不符合公众利益，那么在实施过程中必然受到目标公众的抵制。如公共关系计划目标过低，则往往不能唤起目标公众的合作热情；目标过高，则会使实施人望而却步。因此，要想有效地开展活动，就必须排除各种目标障碍。

5.3.2 公共关系实施中的沟通障碍

1. 语言障碍

在公共关系活动中，语言是传递信息、联络感情、说服公众以及促进合作的重要工具，但不同国度、不同民族之间的沟通会遇到语言上的障碍；同一国度、同一民族因地区不同造成语言的不同，也会出现沟通的障碍；语意不明也会出现沟通的障碍。因此，语言作为一种复杂的沟通工具，准确有效地使用并非易事。

要克服语言沟通的障碍，首先要了解对方的需要、心理特征以及个性特点，同时还需掌握以下几种技巧。

（1）语言沟通要注意场合。语言沟通是在一定的情境下进行的，受到情境的影响和制约。语言艺术的高低、沟通效果的优劣，不仅取决于表达的内容，还与具体的情境有关。情境发生了变化，人们的心理和情绪也往往会随之发生改变，从而影响说话者思想感情的表达，以及接收者的理解和反应。

请看下面两则笑话。

一则是：以前，有一个人很不会说话。一天，他请了四个人到家里吃饭。可是只来了三个人。他说：该来的没来！第一个人说：该来的没来，那我就不该来啰！第一个人就走了。他说：不该走的又走了！第二个人说：不该走的又走了，那我该走啰！第二个人也走了。第三个人说：以后说话注意点。他说：我又没说他们！第三个人又说：没说他们，那就是说我啰！第三个人也生气地走了。

另一则是：一户人家生了一个男孩，合家高兴，满月的时候，抱出来给客人看，大概是想得到一点好兆头。一个人说："这孩子将来要发财的。"他于是得到一番感谢。另一个人说："这孩子将来要做官的。"他于是得到几句恭维。第三个客人说："这孩子将来是要死的。"言毕，此人得到了大家的一顿痛打。

上面两则笑话告诉我们，说话不注意场合是多么不合时宜的事情。在欢庆的时候说不吉利的话，或是在悲伤的场合说一些笑话，会招致别人的反感、厌恶，甚至是谩骂和暴打。因此，说话时话题的选择、内容的安排以及语言形式的采用，都要充分考虑到当时的场合，要特别注意以下几点。

第一，庄重与否。比如，出差回来送朋友一件小礼物，可以说"顺便给你买的"，也可以说"特意给你买的"。哪句话效果更好？很显然就是后者。现实生活中，很多人都注意这种说话技巧，明明是顺便，偏偏要说特地，言者有心，听者舒心。

第二，亲密与否。如果沟通的对象是家人、亲戚或是关系亲密的对象，说话时不妨随意些，这叫作"不见外"。但如果与一般人交流，则有必要出言谨慎些，以免引起误会和不快。

第三，正式与否。在正式场合下，说话应严肃认真，要遵守相应的礼仪和规则，切不可太随意。但在非正式场合，多谈一些轻松幽默的话题，则更能表达心意，气氛也会更好一些。

第四，喜庆与否。在欢乐的场合就要多说一些吉祥如意的话，绝不可说些晦气的话。

（2）语言沟通要注意对象。在语言交流时，要特别注意沟通的对象，应根据对方的性别、年龄、职位、社会地位和文化层次，说些适宜的话。如异性之间说话就要更加注意一些，尽量不要聊些暧昧、重口味的话题。同时，对于不同年龄层次、职位以及社会地位的人，说话时要注意区别对待。此外，在与不同文化层次的对象沟通时，还要考虑对方的理解和接受能力。对于文化层次高的人，点到即止；而对于文化层次低的人，则有必要说得清楚、明白些。

（3）要做一个善于倾听者①。倾听是沟通中最重要也是最容易被忽视的环节之一。倾听并不是简单地听，听是仅仅利用耳朵的自发过程，而倾听则不仅要求用耳朵，还得用脑。有研究表明，人在刚刚接收一条信息之后就有将近50%的信息内容被遗忘。聆听是讲话的另一半。沟通双方不仅要听对方正在表达的明确含义，还要十分注意听言语中隐含的信息、未说的话和低声说的话，这是十分重要的。人们把美国医生罗杰斯博士在执行心理治疗过程中总结出的一些原则运用到沟通之中，进而成为十分有效的沟通原则：①不要事先做出估计；②把对方的话听完；③要听出讲话者的感情和情绪；④重复对方的言语或看法；⑤细心询问，设法让对方把话讲下去。

2. 习俗障碍

不同的社会习俗、不同的审美习俗都会造成沟通中的误解，使沟通不能顺利进行。要克服习俗障碍，必须做到以下两点：一要知俗，二是随俗。尤其是要注意尊重对方的习俗，切不可轻视、冒犯甚至主动挑战对方的习俗。

3. 观念障碍

观念是一定社会条件下人们接受、信奉并用以指导自己行动的理论和观点，观念对沟通有巨大的作用。封闭观念排斥沟通，极端观念破坏沟通。在这方面，英国塞勒菲尔德核反应厂教训就非常深刻。

案例5—1　　　　　　　英国塞勒菲尔德核反应厂的教训

英国塞勒菲尔德核反应厂发生的泄漏事故对公司造成了很大的破坏，尽管事故没有对工厂的工人和周围的公众造成放射性危害，但至少损坏了该工厂经营者——英国核燃料公司的声誉。从人员伤害的意义上讲，事故的损失是很小的，但事故引起了社会的广泛关注。英国核燃料公司所做的传播工作导致社会公众产生了对核安全的不安情绪。

1986年2月5日，塞勒菲尔德核反应厂发生了一次非常严重的事故，液态钚储藏的压缩空气受到重压，一些雾状钚从罐中泄漏了出来。工厂多年以来第一次亮起了琥珀色的

---

① 张玉利：《管理学》（第2版），南开大学出版社2004年版，第333页。

警报，大约30名非必要人员撤离了危险区，当时只留下了40人来处理泄漏事故，以维护工厂其他部分的安全。

英国核燃料公司在宣布泄漏事故时暴露了公司危机状态下的困境。一方面它向公众表示，要最大可能地让公众了解事实真相；另一方面每天像挤牙膏一样一点一点地报出消息，这加剧人们的恐惧。每一条消息都使记者有借口得以进行连续报道。这是工厂犯的第一个错误。

泄漏事故发生在 10：45～11：45。毫无疑问，媒介很快就报道了所发生的事故，因为从工厂蜂拥出来的工人和琥珀色的警报，使人们一眼就能看出工厂出了问题，事故的消息随后就传开了。英国广播公司的电视记者詹姆斯·威尔金森介绍说，当他中午给工厂打电话时，工厂的新闻办公室还没有人做好发布事故消息的准备，他们所得到的回答只是些站不住脚的许愿，媒介记者一直提心吊胆地等待着。

厂里没有足够的人来应付外界打来的询问电话。记者们发现他们要排队等候，于是不确定的因素滋生了人们的不安情绪。这是工厂犯的第二个错误。

第三个错误则是英国核燃料公司的新闻办公室在正常工作时间停止办公。詹姆斯·威尔金森说，当探听消息的人在晚间给公司打去电话时，总机电话告之，请留下电话号码，等新闻发布人上班后再回电。

最后英国核燃料公司不得不开始收集有关信息。他们花费200万英镑进行广告宣传活动，邀请公众参观塞勒菲尔德展览中心。这种开放政策是通过一年来对公众看待核工业态度的调查研究所产生的结果。调查表明，对外封闭的核工业，不但会失去公众支持，而且容易引起公众争论。

4. 心理障碍

它是指人的认知、情感、态度等心理因素对沟通造成的障碍。导致心理沟通障碍的主要类别和因素如下。

（1）认知不当导致沟通障碍。

①第一印象。第一印象是指知觉主体与陌生人第一次接触或交往后的所得印象。第一印象往往很重要，即所谓的"先入为主"。这种印象既可能是肯定的，也可能是否定的，常常会成为人们决定自己今后与他人交往行为的依据。

这种现象显然是不利于人际交往的。因为认识、了解一个人，不是通过一两次交往所能完成的，而否定的第一印象又容易限制我们对他人的进一步了解。"路遥知马力，日久见人心"的古训是有一定道理的。在人际交往中，要注意克服第一印象的影响。

②近因效应。近因效应指在总体印象形成过程中，新近获得的信息比原来获得的信息影响更大的现象。这个概念由心理学家卢琴斯于1957年提出。例如介绍一个人，前面先讲他的优点，接着讲了许多缺点，那么后面的话对印象形成产生的效果就属于近因效应。心理学的研究还表明，在人与人的交往中，交往的初期，即在延续期还生疏阶段，第一印象的影响重要；而在交往的后期，就是在彼此已经相当熟悉时期，近因效应的影响也同样重要。同第一印象相反，近因效应使人们更看重新近信息，并以此为依据对问题作出判断，忽略了以往信息的参考价值，从而不能全面、客观、历史、公正地看待问题。

③晕轮效应。晕轮效应最早是由美国著名心理学家桑代克于20世纪20年代提出的一个心理学概念。原意是指人们对他人的认知和判断往往只从局部出发，通过扩散而得出整体印象。美国心理学家凯利进一步延伸了这个概念，他指出某人的某种品质或某物的某种特性如果能够给他人留下良好的印象，从而在这方面获得好评，那么人们对该人的其他品质或该物的其他特性也会给予较好的评价。所以晕轮效应也可简单理解为人们常说的"爱屋及乌"。这种以局部来推断整体的做法难免以偏概全，但在生活中却广泛存在。

④定势效应。定势效应是指有准备的心理状态能影响后继活动的趋向、程度以及方式。定势效应会使人们的思维模式局限于既有的信息或认识。例如人们在一定的环境中工作生活久了，就会习惯于从固定的角度来观察、思考事物，及以固定的方式来接受事物。

【阅读资料5-2】　　　　　　　智商测试

美国科普作家阿西莫夫曾经讲过一个关于自己的故事。阿西莫夫从小就聪明，年轻时多次参加"智商测试"，得分总在160左右，属于"天赋极高者"之列。他一直为此而洋洋得意。有一次，他遇到一位汽车修理工——他的老熟人。修理工对阿西莫夫说："嗨，博士！我出一道思考题，来考考你的智力，看你能不能回答正确。"

阿西莫夫点头同意。修理工便开始说思考题："有一位既聋又哑的人，想买几根钉子，来到五金商店，对售货员做了这样一个手势：左手两个指头立在柜台上，右手握拳头做出敲击状的样子。售货员见状，先给他拿来一把锤子；聋哑人摇摇头，指了指立着的那两根指头。于是售货员就明白了，聋哑人想买的是钉子。聋哑人买好钉子，刚走出商店，接着进来一位盲人。这位盲人想买一把剪刀，请问：盲人将会怎样做？"阿西莫夫顺口答道："盲人肯定会这样。"说着，伸出食指和中指，做出剪刀的形状。汽车修理工一听笑了："哈哈，你答错了吧！盲人想买剪刀，只需要开口说'我买剪刀'就行了，他干吗要做手势呀？"

智商160的阿西莫夫，这时不得不承认自己确实是个"笨蛋"。而那位汽车修理工却得理不饶人，用教训的口吻说："在考你之前，我就料定你要答错，因为，你所受的教育太多了，不可能很聪明。"实际上，因为人的知识和经验多，会在头脑中形成较多的思维定式。这种思维定式会束缚人的思维，使思维按照固有的路径展开。

资料来源：百度百科。

⑤刻板效应。刻板效应，又称刻板印象，是指对某个群体产生一种固定的看法和评价，并对属于该群体的个人也给予这一看法和评价。例如，人们常说英国人保守，美国人不拘小节，犹太人会做生意等。刻板印象虽然可以在一定范围内进行判断，不用探索信息，迅速洞悉概况，节省时间与精力，但是可能会形成偏见，忽略个体差异性。人们往往把某个具体的人或事看作是某类人或事的典型代表，把对某类人或事的评价视为对某个人或事的评价，因而影响判断，若不及时纠正，进一步发展或可扭曲为歧视。因此组织在开展公共关系活动时，要尽量避免刻板印象的不利影响，客观地评价公众。

（2）情感失控导致沟通障碍。人是感情动物，难免不受情感的影响。尤其是在情感失控的状态下，往往会做出不理智的行为。公共关系人员如果不能有效地驾驭情感，就会有碍正常的沟通。例如，在新产品发布会上，有位记者提出了令企业难堪的问题，这时回答者也应心平气和，巧妙应对；切不可感情失控，做出不理智的回应。

（3）态度不当导致沟通障碍。态度是人对某种对象的相对稳定的心理倾向。态度不正确，毫无疑问会影响公共关系的沟通效果。例如，2019年5月，某上市公司董秘在股东大会上怒怼参加股东大会的小股东，说出了一段惊人的言论，"我们其实不清楚各位，很多都是100股股票来到股东大会，出于何种居心要来这个大会"。而且在本次股东大会上，董事长、总裁、独立董事、财务总监等高管都没有出席。人们不禁会问，如此傲慢无礼的公司既然可以公开歧视中小投资者，那我们消费者还能指望它尊重客户吗？这种企业还值得我们信赖吗？

在消除沟通的心理障碍所做的研究中，以加拿大柏恩博士的相互作用分析理论最有影响力，在国内外被较普遍地应用。柏恩的理论认为：人的性格由父母、成人、儿童（英语单词分别以 P、A、C 开头）三种心理状态构成，所以简称为 PAC 分析理论。父母状态以权威和优越感为标志，表现为令人难以容忍的家长作风和命令式口气。儿童状态以冲动和变化无常为标志，表现为事无主见，要么感情冲动，要么绝对盲从。成人状态以理智和稳重为标志，表现为慎思明断、尊重别人，讲起话来总是商量式的，不受父母、儿童心理状态的干扰。在一个人的性格结构中，哪种心理状态占优势，在沟通中就会出现哪种态度的特点。实践证明，在人际沟通中，培养成人心理状态是至关重要的。

5. 组织障碍

传递层次过多造成信息失真，机构臃肿造成沟通缓慢，条块分割造成沟通不畅，沟通渠道单一造成沟通信息不足……要解决组织沟通障碍的问题，首先应该是精简组织，裁减冗员，在组织结构上保证沟通的通畅；其次，应该在组织内部倡导平等沟通的思想，管理者必须抛弃高高在上的作风；再次，组织内部的一些利益小集团是造成组织沟通的重要障碍，一定要果断清除；最后，要畅通沟通渠道，在组织沟通中除了利用正式渠道外，还要利用好非正式沟通、网络沟通等多种渠道。

5.3.3　公共关系实施中的突发事件障碍

对公共关系计划实施的干扰，最大的莫过于突发事件。这里所说的突发事件包括两大类：一类是人为的纠纷危机，诸如公众投诉、新闻媒介的批评、不利舆论的冲击等；另一类是不以人的意志为转移的灾变危机，诸如地震、水灾、火灾、空难等。这些重大的突发事件对公共关系计划的实施干扰极大，因为突发事件一般具有以下几个特征：①发生突然，常常令人始料不及；②来势迅猛，常常令人措手不及；③后果严重，危害极大；④影响范围大，易给整个社会带来恐慌和混乱。一个社会组织如果不善于处理突发事件，那么不但会使整个公共关系计划难以实施，甚至会影响本组织的生死存亡。

组织在面对突发事件时应当保持头脑冷静，防止感情用事，认真剖析原因，正确选择对策。当面对突发事件时，应该做好以下几个方面的工作：①实事求是地发表消息。不清楚的情况要坦率地告诉对方，不要把主观臆测混杂其中。②发表的时机很重要。不能因过于慎重而贻误时机，致使流言、谣言产生，引起混乱。③发表消息时尽量统一形成文字，因为口头讲话容易被误传。④为防止外界误传，宣传中要统一口径，不能随便发表言论。⑤有些社会影响大的事件发表消息越早越好。⑥一旦事故出现，应有专人联络新闻界，把情报工作抓起来，尽快平息混乱。

本章习题

一、单选题

1. 做好对（　　）的管理是确保活动成功最为关键的因素。

    A. 公关人员　　　　　　　　B. 活动现场

    C. 活动进程　　　　　　　　D. 信息传播

2. 公关活动应善始善终，在结束时能给公众留下一个圆满而美好的整体印象。在活动临结束时，组织的（　　）应出面，真诚地感谢出席、参与和关心本次活动的所有公众。

    A. 公关人员　　　　　　　　B. 公关部门领导

    C. 最高领导　　　　　　　　D. 全部领导

3. 语言沟通需注意对象，在（　　）之间说话就要更加注意一些，尽量不要聊些暧昧、重口味的话题。同时，对于不同年龄层次、职位以及社会地位的人，说话时要注意区别对待。

    A. 同性　　　　　　　　　　B. 异性

    C. 上下级　　　　　　　　　D. 同行

4. （　　）是指人们对他人的知觉容易产生偏差倾向。当一个人对另一个人的某些主要品质形成印象以后，那么就认为这个人的一切都很不错。

    A. 第一印象　　　　　　　　B. 晕轮效应

    C. 近因效应　　　　　　　　D. 定势效应

5. 各民族间风俗习惯的差异是客观存在的，在人际沟通中必须注意（　　）对方的风俗习惯。

  A. 忽视和淡化　　　　　　　B. 批评和改变

  C. 了解和尊重　　　　　　　D. 正视和改变

二、多选题

1. 说话时话题的选择、内容的安排以及语言形式的采用，都要充分考虑到当时的场合，要特别注意的几点是（　　）。

  A. 庄重与否　　　　　　　　B. 亲密与否

  C. 正式与否　　　　　　　　D. 喜庆与否

  E. 幽默与否

2. 有效沟通的原则主要有（　　）。

  A. 不要事先做出估计　　　　B. 把对方的话听完

  C. 要听出讲话者的感情和情绪　　D. 重复对方的言语或看法

  E. 细心询问，设法让对方把话讲下去

3. 认知不当导致的沟通障碍主要有（　　）。

  A. 第一印象　　　　　　　　B. 晕轮效应

  C. 近因效应　　　　　　　　D. 定势效应

  E. 社会刻板效应

三、名词解释

1. 公共关系实施　　2. 第一印象　　3. 晕轮效应

4. 近因效应　　　　5. 刻板印象

四、简答及论述题

1. 公共关系实施前的准备工作主要有哪些？
2. 公共关系实施过程中需要做哪些工作？
3. 试论述公共关系实施的意义与原则。
4. 试论述公共关系实施中的目标障碍。
5. 试论述突发事件的特征。

案例讨论

百事可乐"把乐带回家"公关活动

从 2012 年开始,百事可乐公司的"把乐带回家"活动每年春节都会和消费者见面,到 2016 年已经是第五年了。2012 年到 2015 年,每年主要以贺岁微电影的形式呈现,讲述春节回家的故事,每一年的故事演绎都有不同形式的变化。

2016 年是农历丙申年(猴年),也是 1986 年版《西游记》播出 30 周年的日子。《西游记》是中国古典四大名著之一,其中的主人公孙悟空的形象更是深入人心。百事可乐审时度势,选择"猴王"这个元素作为"把乐带回家 2016"的落脚点,"把乐带回家"的"家"就变成了一个既可以涵盖童年时代的每一个"小家"又代表中国传统文化的"大家"。

(一)活动目标

创造优质的内容,使其自成一种传播媒介为品牌说话;传承具有意义的传统文化,树品牌立场引导消费者。

(二)传播渠道

除了传统电视和户外媒体之外,社交媒体平台的投放和互动力度应加大。

(三)活动阶段

第一步:微信朋友圈、微博大 V 齐转发。

2015 年 12 月 26 日,基于对市场深刻解读和人群的洞察,群邑旗下特立传媒携手百事可乐公司,选择微信朋友圈首发由六小龄童老师亲自参与创作并演绎的微电影,与时下年轻人一起乐闹猴年。微电影中的六小龄童一改往日观众熟知的"美猴王"形象,以章家猴戏接班人的真实身份出镜,讲述了从田间地头到电视荧屏,章家四代人坚持用猴戏把快乐带给千家万户的故事。谈起对猴王的特殊情怀,六小龄童如是说:"猴王精神对我来说,代表着我爷爷、我爸、我哥和我自己,它是我们章家猴戏的灵魂,象征着拼搏、进取、不屈不挠和乐观向上。"在六小龄童看来,"每个人心中都有一个猴王,都有一股爱玩、爱闹、爱笑的'猴性',希望今年春节能有更多的年轻人化身乐猴王,给身边的人带去快乐。"

随后，百事公司又推出了两个视频，分别由口碑很好的动画电影《大圣归来》的手稿作者和90后手艺人梁长乐演绎，对《把乐带回家之猴王世家》篇里六小龄童所说的"下一代就看你们的了"进行了传承。

同时，为了唤醒并释放大家内心爱玩、爱闹、爱笑的猴性，启发年轻人创造新年的"72变"，百事可乐特别推出"乐猴王纪念罐"，并展开了一场关于"乐猴王纪念罐"的营销预热传播活动。与百事可乐相关的知名人士相继晒出已收到的"乐猴王纪念罐"的照片，并表示猴年一定要"把乐带回家"。在明星和意见领袖的号召下，话题热度不断提升，网民们不断评论、转发，并询问猴王罐购买渠道。百事可乐则宣布"乐猴王纪念罐"作为全球限量版，于2015年12月29日仅在京东作为赠品送出，购买指定产品即可获赠。

第二步：百事新年签，紧抓节日气氛。

2016年1月15日到2月8日，推出百事新年签，消费者每天通过指定的平台去获取自己的新年签，并记录下每一天都在干什么，再把许愿和新年愿望贯彻在一起。

从2016年1月21日起，百事可乐公司发布了六小龄童和李易峰、吴莫愁等百事代言明星欢聚一堂拍摄的《把乐带回家》主题广告，大谈猴王精神，乐闹新春。同时，每隔三天百事可乐公司就组织代言明星发起百年号召，通过这样的形式给消费者营造新年庆贺的情绪氛围，并联合京东开展"大年初一不打烊"的促销活动，把品牌传播的效果转移到电子商务平台的实际销售上去，生动诠释了如何让消费者"把乐带回家"的宣传主题。

第三步：公益活动传播。

2016年1月20日，百事可乐公司联合中国妇女发展基金会共同发起了"把乐带回家——母亲邮包·送给贫困母亲的新年礼物"公益活动，该公益活动已持续四年之久，致力于为贫困妈妈们送上贴心的温暖，让她们感受到新春佳节的第一份祝福，也让更多人能够一同把乐带回家。六小龄童全程积极参与，起到了良好的示范和号召作用，收获了公众的支持和关注，鼓励更多人参与到百事公司的公益行动中来。

(四) 活动效果

截至2016年2月2日，在"把乐带回家"的推广期间，百事可乐公司运用微博以及微信公众号推广有关内容。以下数据是这场宣传活动收获的互动效果：活动期间热点营销话题"把乐带回家"超过 3.4 亿次点击,互动数 64.7 万;《把乐带回家之猴王世家》篇在腾讯视频总播放量高达 12847.5 万次;在腾讯公益上发起的百事"把乐带回家——母亲邮包·送给贫困母亲的新年礼物"公益众筹现金超 40 万元。

思考讨论题

百事可乐公司的 2016 年猴年公关活动有何独到之处?带给我们哪些启示?

第 6 章

公共关系评估

本章导读

公共关系评估是公共关系工作过程的最后一个阶段,也是新一轮公共关系活动的调研阶段。通过对公共关系活动效果的评估,可以总结成功经验与失败教训,为公共关系工作日后的改善和提高奠定基础。本章主要讲述公共关系评估的含义、意义与标准,公共关系评估的流程与方法,以及公共关系评估报告等内容。其中,公共关系评估的程序与方法为核心内容,需重点掌握。

知识结构图

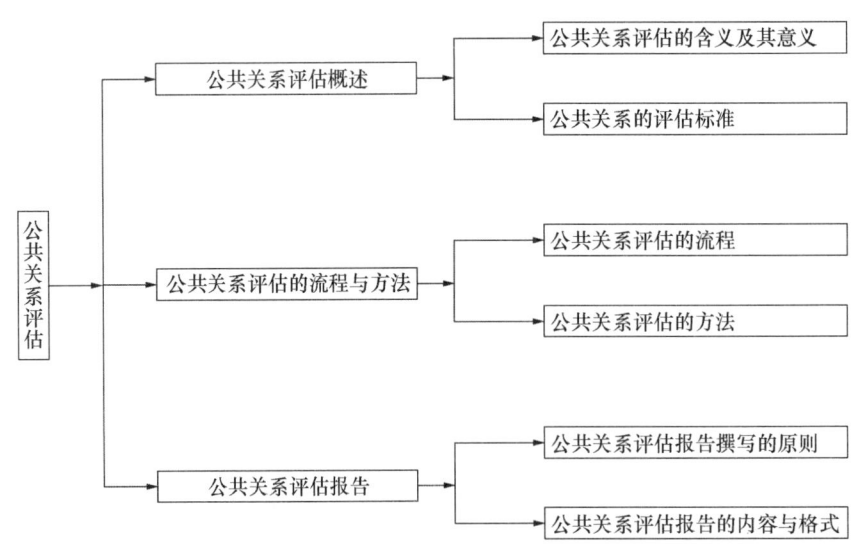

【开篇引例】　　　"爱奇艺中国之夜"闪耀威尼斯电影节

2014年8月27日晚,第71届威尼斯国际电影节开幕。9月3日,"爱奇艺中国之夜"在威尼斯国际电影节闪耀亮相,包括威尼斯电影节主席Alberto Barbera、新华社欧洲总分社副社长姜岩、知名导演王小帅、演员朱亚文,各类行业组织和海内外传媒代表共聚一堂,共话互联网时代下中国电影与世界电影产业的合作与未来。

"爱奇艺中国之夜"也是首次出现在威尼斯电影节这一国际最知名电影节官方日程中的由中国互联网公司主办的活动。爱奇艺高级副总裁杨向华在现场致欢迎辞。

作为国内首家与威尼斯国际电影节达成全球视频合作的中国视频网站,爱奇艺全程深度参与、跟踪报道电影节各项日程,惊艳亮相电影节多场官方活动。8月27日,爱奇艺创始人、CEO龚宇携爱奇艺威尼斯团队人员集体出席第71届威尼斯国际电影节开幕红毯,共同观看开幕影片《鸟人》;8月29日,龚宇出席威尼斯电影市场开幕酒会并发表演讲,并连续会晤威尼斯双年展主席、威尼斯电影节主席,共同探讨磋商爱奇艺与威尼斯电影节未来的合作前景;9月3日,爱奇艺高级副总裁杨向华出席由意大利电影协会主办的"遇见中国"主题活动,向海内外电影界同仁介绍中国视频行业的发展为国际电影市场带来的变革与机遇;9月2日,爱奇艺影业总裁李岩松在"中国电影市场"论坛上与参会嘉宾共议中国电影的机遇与挑战,他表示爱奇艺将以最大的诚意和努力与国际电影行业展开合作,推动中国及欧洲艺术电影走向全球。此外,爱奇艺随本届威尼斯电影节同步上线"在线影展",6部网络专属影片+20部经典中外佳片再次刷新爱奇艺行业首创的"在线影展"互动模式,掀起网络版电影节大狂欢。

资料来源:麦迪逊邦。

6.1 公共关系评估概述

一般来说,公关评估的内容有两个方面:一是对公关工作成效的评估;二是对公关的具体手段、目的进行评估。要使评估结果客观反映实际情况,就必须遵循科学的评估程序,选择适当的评估方法,将公共关系策划设定的目标与实际开展公共关系活动取得的效果进行比较分析，找出差距，总结经验和教训，从而不断提高公共关系工作的水平。

6.1.1 公共关系评估的含义及其意义

公共关系评估是指对公共关系策划方案的策划、执行情况及其效果进行测量、检查、分析、评价和总结的一系列活动。其目的是掌握公共关系工作过程和绩效的信息，总结经验教训，为以后改进公共关系工作和制订公共关系计划提供参考。公共关系评估是公共关系工作的最后一个环节，也是新阶段公共关系活动的调研阶段，它具有重要的现实意义。

1. 评估可以改进公共关系工作

公关调查研究所掌握的资料是否适应公关工作的需要，公关计划是否科学，目标是否合理，公关信息传播是否达到了预期目标，这些公关活动是否为组织建立良好的公关形象、树立良好的信誉奠定了基础，都有待于对公关效果的评估。因此，通过评估，组织就可以总结经验教训，供下一次公共关系工作借鉴，从而改进组织的公共关系工作。任何一项公共关系策划方案和计划的制订都不是独立存在的，它总是以前面的公共关系工作及其效果为依据。因此，在进行新的公共关系活动策划之前，总是要对先前的公共关系活动的策划过程、方案实施以及效果进行系统的评估分析。可以说，评估工作起到了承上启下的作用，它既是当次公共关系活动的结束，又是下一次公共关系活动的开始。只有将这一承上启下的环节做好，组织公共关系工作中的水平才能不断提高。

2. 评估为组织的经营管理提供决策依据

组织可以通过公共关系评估，掌握公共关系活动之后的组织形象状况以及组织形象各因素（如产品、服务质量等）与公众的期望值的差距，从而找出组织存在的问题，为组织经营管理决策提供参考。此外，公共关系评估可以让组织的高层管理者看到公共关系工作的绩效，从而理解公共关系工作的重要性。

3. 评估可以团结和激励员工

公共关系活动既涉及外部公众，也涉及内部公众。公共关系评估可以将公共关系活动的效果体现出来，使得全体员工看到公共关系工作的作用，明白公共关系工作的重要性，从而树立全员公关意识。评估可以让内部公众尤其是员工了解公共关系工作的目标、措施、实施的过程和效果，一方面可以增强相互之间的理解和团结，另一方面还可以让内部员工认清自身在组织公共关系工作中的角色和作用，自觉将实现本组织的战略目标与自身的工作紧密联系起来，以实际行动来为组织的公共关系工作添砖加瓦。此外，公共关系活动效果的评估可以让内部员工看到自己的工作为组织良好形象的树立所做的贡献，提高员工工作的自信心，增强他们的自豪感。

4. 评估可以测量公共关系活动的效益

通过公共关系评估，组织可以衡量公共关系活动的人力、财力、物力的投入和配备与开展公共关系活动的效果，从而测量公共关系活动的效益。通过公共关系评估，组织可以了解到公共关系活动是否实现了目标，实现目标的程度如何，开展传播是否有效，投入与效果是否平衡。可见，评估是公共关系活动过程中一个必不可少的重要环节。

6.1.2 公共关系的评估标准

公共关系评估标准是相关评估人员开展公共关系工作绩效评估的依据。根据公共关系工作的程序，可以将其评估标准划分为三个阶段。

1. 准备过程的评估标准

（1）背景材料是否充分。在准备阶段，由于公共关系活动尚未开展，对其效果也难以预测。此时的评估重点在于检查组织环境以及公关方案中所涉及的各类因素是否齐全，及时发现在分析中被遗漏的、对公共关系项目有重要影响的因素。

（2）信息内容是否充实。主要是检验信息的合理性，如公共关系活动的传播信息内容是否有助于问题的解决；对目标公众传播的信息是否准确、及时、适宜；传播活动在时间、地点、方式等各个方面是否符合目标公众的特点等。

（3）信息的表现形式是否恰当。这里主要是检验信息传递的有效性。如检查信息传递材料的设计是否新颖，传播中所运用到的各种图案、色彩、色调等象征意义能否为公众所理解和接受等。

2. 实施过程的评估标准

这一阶段主要发挥公共关系的监控、反馈机制，对公共关系的工作方式和传播途径适时加以调整，以防止偏离公共关系目标，尽可能取得最佳的传播效果。一是检查发送信息的数量；二是注意被媒介采用的信息数量；三是检验接收到信息的目标公众的数量；四是注意该传播信息的公众的数量。

3. 实施效果的评估标准

公共关系传播的实施效果具体可以通过以下三个递进的层次反映出来。

（1）信息层次。这是公共关系传播效果的第一个层次，要求公关人员及时准确地将组织信息传递给公众，以得到公众的理解；同时，收集公众的相关反馈信息传递给组织，以引起组织的重视。其目的是组织和公众之间交流信息、分享信息、增进了解。

（2）态度层次。这是建立在分享信息效果基础上的第二个层次。它围绕改变公众态度而展开，其目的是要求公关人员通过传播交流，改变公众对某一问题的看法和认识，使之朝着有利于组织的方向发展。

（3）行为层次。这是公共关系传播效果的最高层次，其目的就是在前两个层次的基础上，最终引起公众相应的行为反应。

6.2 公共关系评估的流程与方法

6.2.1 公共关系评估的流程

1. 建立评估工作的明确目标

确定明确而统一的目标是公共关系评估的首要步骤，是公共关系评估的依据。有了明确的目标，才能使公共关系工作顺利开展，精确地收集到有用的资料以作评估之用。虽然因为公共关系活动自身具有动态性，导致公共关系目标会随着环境的变化而有所调整，但仍然需要制定一个统一的评估目标，不能轻易地更改。这就要求公关人员在制定目标时充分考虑到各种因素对公共关系活动的影响，并将所形成的目标书面化，以保证评估工作的顺利进行。如果目标不统一或是处于经常变动的状态，则会在调查中收集许多无用的资料，影响评估的效率和效果。

2. 取得组织高层认可后，将评估工作纳入公关方案中

公共关系评估是一个复杂的过程，涉及评估的方法、程序等多个方面，需要周密的安排和多方面的配合、支持，因此，少不了组织高层的认可和支持。而评估本身需要投入必要的人力和财力，只有在高层重视和认可后，将其纳入计划之中，才能对评估工作有全面的考虑。

3. 组织成员对评估工作达成共识

公共关系评估虽是公共关系活动的最后一个环节，却贯穿于公共关系活动的始终。要使评估工作高效率地进行，就必须在公关从业人员中树立高度的评估意识，加强他们对评估工作的重视。只有这样，在公共关系活动的各个阶段，公关人员才能时时刻刻提醒自己将公关工作本身与公关目标相对照，监督自己并严格要求自己。同时，组织还应积极安排公关人员参与到公共关系评估工作中去，只有这样，他们才能对公共关系评估有更深层的体会和了解。

4. 评估项目力求具体化

公共关系评估是一个定性分析和定量分析相结合的过程，虽然公共关系活动的效果具有长期性、不易量化的特点，但是在具体评估时依然需要将评估项目尽量具体化，例如，谁是目标公众，哪些预期效果将要发生以及何时发生等。如果缺少了具体的评估项目，评估工作就无法进行。因此，在评估工作中，首先要将各项评估项目予以具体化、可测量化。

5. 选择合适的评估标准

从组织设定的目标，选择最能测知目标达标率的评估标准。例如，组织将"让公众了解自己支持当地福利机构，以改善自己的形象"作为公共关系的目标，那么评估这样的公共关系的标准就不应是考察当地报纸上哪一个专栏报道了这一消息、占用了多大篇幅，而是应该了解公众对组织的认识情况及其观点、态度、行为的变化。

6. 确认搜集证据的最佳方式

在搜集有关评估资料方面，没有绝对的、唯一的最佳方式。组织可以通过调查了解公共关系活动的影响，也可以查询活动记录或是进行小范围的试验。在这方面，方法的选择取决于评估的目的、提问的方式及已经确定的评估标准。

7. 保持完整的计划实施记录

完整记录一项公共关系活动方案执行时的过程和细节，不仅能反映公关人员的工作方式和工作效果，还能反映出计划的可行程度，反映哪些策略是有效的、哪些是无力的或无效的、哪些环节衔接比较紧密、哪些环节还有疏漏或欠缺。

8. 评估结果的使用

评估结果的运用是对公共关系评估目标的实现。评估结果的运用包括以下四个方面：①评估结果可以验证此次公共关系策划方案的有效性；②评估结果可以验证此次公共关系活动是否达到最初设定的目标；③评估结果可以作为奖励或惩罚内部公关人员的标准，督促他们改进工作；④评估结果可以运用到下次公共关系方案上，作为下次公共关系活动计划的参考依据。

9. 将评估结果向组织的管理者汇报

将评估结果向领导者汇报，不仅能使领导层掌握公共关系活动的实施情况，了解公共关系活动对组织发展所起的作用，而且也能让领导者证明公共关系工作在组织活动中的重要性。汇报一般采取正式报告的形式，如定期备忘录、小组或委员会议、汇报会、年度汇报等形式。在报告中，应就公共关系长期和近期目标、一般和特殊目标的实现情况做出报告，指出达到的程度及存在的差距，并尽量引用具体可见或可测量的成果作附加说明，引用有影响、权威性的外界评价，以增进领导者对公共关系工作的信任。

报告的内容包括：陈述公共关系活动及成果、比较实际活动与预期目标、预测今后工作。

报告的形式有两种，即非正式报告和正式报告。

①非正式报告。公共关系人员通过电话、会见、简短书面报告的形式向组织负责人汇报活动的进展。这种形式占用时间不多，可以真实地反映工作状况。

②正式报告。关于公共关系活动成果的正式报告，一般有四种形式，即定期备忘录、小组或委员会议、汇报会、年度报告。其中，年度报告是公司整个会计年度的财务报告及其他相关文件。

6.2.2 公共关系评估的方法

在进行公共关系活动效果评估时，应该注意到：一项公共关系活动总是处于一定的社会环境中，活动效果可能是公共关系本身引起的，也可能是其他社会因素的作用，为了更客观公正地评估，最好尽可能排除公共关系活动以外的干扰因素，在理想状态下显示出公关关系活动的影响力。在组织进行公共关系评估时，常用的方法主要有以下几种。

1. 直接观察法

直接观察法是指公关人员以旁观者的身份与其他公众一样参与各种公关活动，对公共关系的工作效果进行判断。公关人员比较了解公关策划的意义，通过实地观察与考察，记录各个环节的进展情况与实施状况，并对实施效果做直接的观察与评估。由公关人员来进行效果调查与评估的好处是直接有效、方便快捷，但要防止以个人的主观好恶作出随意的评价。

2. 专家评估法

这是一种聘请公共关系方面的专家，对公共关系活动进行评估的方法。所聘专家通过对公共关系活动的考察、访问和对材料、数据的分析，作出较为客观、准确的评价，并对未来公共关系活动提出建议。采用专家评估法，一方面是专家具有较高的理论水平和专业水平，能作出更科学的分析；另一方面也在于他们都是第三方，因此其评估结论更有客观性和权威性。专家评估的具体方式、方法很多，可采用专家咨询法、特尔非式调查法、同行评议法、开座谈会等，还可以聘请公关专家直接参与公关评估工作，直接由专家作出评估报告。

3. 自我检测法

自我检测法是一种最简便、最迅速、最常用的自评方法。主要是公关人员在各种会议与较大事件发生时，对目标公众的态度与行为进行现场直接观察。比如，当实施一场促销的公共关系活动时，公关人员可以直接在现场观察消费者的反应，包括他们是否对该产品增进了解、好感，对该产品的主要性能、特点、价格能否接受，还需要做哪些改进等。这种直观评价方法可在公共关系活动过程中不断地、随时随地地进行，可以使公关人员直接感受到消费者的期待与反应，有利于其向组织决策层提供准确建议。但缺点是容易受到一些主观因素的影响，难以检测出活动的长期效果，需要公关人员具有较高的调研技巧与分析能力。

4. 目标管理法

目标管理法是指在组织公共关系工作中建立目标体系，每个环节、每个部门、每个员工都有自己的目标和措施,在方案实施之中和之后进行评估的一种评估方法。采用这种方法,应在指定方案之前就考虑到效果评估问题,并采用量值方法对目标进行分析。对目标的评定一般采用列表法,即通过列表将目标分解为一些具体项目,每个项目还可以分成若干个子项目,再按各个项目在目标中的重要程度赋予一定的比例分值。在活动实施后,根据目标达标情况打分,从而确定目标达标程度,进而衡量和评价出公共关系工作的效果。

5. 民意测验

民意测验是用来检测公众舆论的一种方法,最早是报纸用来测定公众对政治或社会领域中一些有争议的问题的态度,以后发展为一种世界流行的社会调查方法。现在这种方法已广泛地运用于公共关系活动中。其具体做法是:采用典型抽样和随机抽样的方法,在选定的目标公众中,用问卷、表格、访谈等方式,征求他们对某些问题的意见、态度,再通过问卷的回收、信息的反馈来把握公众舆论倾向,并把检测的结果与公关活动前的公众舆论材料相比较,从而判断出公共关系活动的效果。这种评估方法,不仅能获得公众对组织的某些评价,而且能够了解公众反映的亟待解决的问题,因而有利于问题的及时解决,使组织在公众中树立起良好形象。

民意测验对公众的舆论检测是多方面的,但首先应体现在公众对组织信息的了解程度和态度的变化上。前者可通过公众阅读、收视率的统计和效果统计分析来评估信息传播效果,后者常常以解决某一问题或举行专项公共关系活动前后公众的态度来分析、了解公众态度变化情况和变化趋势。其次是对公众发生的期望行为的检测,它主要体现在产品销售量的增加,社会环境的改善,传播媒介对组织的报道、宣传增多,传播信息量的扩大等,这些都要通过民意测验的方法来获得。

6. 传统审计法

传统审计法主要是通过对媒体发布的有关本组织的信息来分析评估公关活动效果,评估组织公共关系信息传播情况。由于新闻舆论具有很高的敏感度和很强的透明度,因此,通过统计新闻媒介对本组织的报道动向及其频率,可以测知本组织形象的改善情况。

(1)定量分析。

①沟通有效率。沟通有效率是指沟通有效数与沟通信息总数之比,可以用公式(1)表示:

$$沟通有效率 = \frac{沟通信息总数 - 无效数}{沟通信息总数} \times 100\% \qquad (1)$$

②公共关系信息传播速度。传播速度指标是指单位时间内传播的信息量，或一定的信息量传播所需要的时间。单位时间内传播的信息量越多，或一定信息量传递所需要的时间越短，说明传播速度越快，用公式（2）表示为：

$$传播速度 = \frac{传播信息量}{传播的时间} \qquad (2)$$

③视听率。视听率是通过测定大众传播媒介传播的公共关系信息来得到公共关系工作效果的方法。视听率就是实际视听人数与某一调查总人数的比例。用公式（3）表示为：

$$视听率 = \frac{实际视听人数}{调查总人数} \times 100\% \qquad (3)$$

④知名率。知名率是指掌握公共关系信息的人数与某一调查总人数之比。用公式（4）表示为：

$$知名率 = \frac{掌握公共关系信息的人数}{被调查总人数} \times 100\% \qquad (4)$$

⑤消费者专线来电咨询数。许多企业都设有免费电话，让目标消费者在公共关系活动之后随即打电话来咨询，从来电数量判断公共关系方案的实施效果。如果方案很成功，来电咨询的人必然很多，公关人员可以用这个数字作为评估的标准之一。

⑥受众出席率。许多公共关系活动往往会通过媒体发布信息，邀请目标公众现场参与公共关系活动。出席的人数就可以直接反映出活动预告信息的效果，出席率的高低可以判断事前宣传信息是否有效。因此，对这方面的信息进行简单的统计是必要的。受众出席率太低，说明前期宣传工作没有做到位，也有可能是因为目标公众收到信息却因为自身缺乏参与此类活动的兴趣或意愿，从而造成出席率偏低。

（2）定性分析。定性分析主要通过对新闻媒介报道内容和篇幅等的了解，宏观上把握公共关系活动的效果。定性分析的内容包括：①报道的篇幅和时数。一般来说，组织公共关系活动在新闻媒介上报道的篇幅越长、出现的频率越高、时数越多，公共关系活动就越容易引起社会公众的注意，在社会上造成的影响就越大。②报道的内容。报道中，对组织的成就、发展情况等正面报道越多，就越容易在公众心里树立起组织的良好形象。③新闻媒介的层次和重要性。层次越高、发行量越大、覆盖面越广、越权威的媒体，其影响力越大。这些媒体如果能够参与组织公共关系活动的报道，其影响力和对组织美誉度、知名度的提升是不言而喻的。④报道时机。新闻报道的重要原则就是及时性，能否在第一时间报道公共关系活动的情况，配合组织的实际发展，对公共关系活动效果的影响是巨大的。往往迟发的新闻有时不仅无益，反而有害。

6.3 公共关系评估报告

公共关系评估报告是通过文字、图表或其他形式来体现开展公共关系工作的成绩、经验、问题、建议等，是由公共关系人员撰写的一种正式文本，是对整个公共关系评估工作的总结，具有业务性强、理论性强、经验性强等特点。其意义不仅在于为高层提供决策的参考依据，而且还有利于组织认清自身公关活动存在的缺点和不足，以便于总结经验教训，从而不断提高水平。

6.3.1 公共关系评估报告撰写的原则

公共关系评估报告的撰写除了要遵循科学性、真实性、公正性的要求之外，还应遵循以下几项原则。

1. 针对性原则

所谓针对性，就是指公共关系报告要紧紧围绕着公共关系方案目标是否实现、公共关系问题是否解决以及组织形象是否确立来撰写，不可游离于主题之外谈无关紧要的枝节问题。

2. 完整性原则

公共关系评估报告的完整性是指一份报告应该全面反映以下三个方面的内容：一是公共关系评估报告中需要有对评估工作的目的、对象、标准、方法、过程、结果进行全面的概括；二是公共关系报告中的正文内容需与附件资料配套一致，附件资料要能有效地说明和补充正文内容；三是被评估的范围和对象要做到完整无缺，不应该有遗漏。

3. 及时性原则

所谓及时性，是指公共关系评估报告具有很强的时效性，必须在公共关系活动结束的第一时间着手进行撰写,并争取在尽可能短的时间内完成。否则,时间过去太久,因内外部环境发生变化,公共关系报告将会失去其应有的价值。

4. 客观性原则

撰写公共关系报告的目的不是例行公事,更不是为了取悦相关领导,而是为了发现问题以求不断总结和提高,这将关系到组织未来公共关系实践活动的成败。因此,评估报告的撰写要站在客观的立场上,立足于问题的解决、经验教训的阐发以及今后工作的建议等,否则易失去评估的实际意义。

5. 独立性原则

所谓独立性,是指评估人员在撰写公共关系评估报告的过程中,要做到客观观察、独立评判,避免受到外界的干预和影响,力戒片面与掩饰。公共关系评估报告必须反映评估人员的独立结论。

【阅读资料6-1】　　　　公共关系评估报告撰写的要求

1. 以事实为依据

公关人员在撰写公共关系评估报告时,应本着实事求是的原则,将评估的过程及结果切实反映在评估报告中,切忌弄虚作假,报喜不报忧,欺骗组织领导。另外,在选择活动效果的事实材料时,应尽量用一些公众舆论、权威机构的评价、统计数据等对公关活动进行论证,让组织领导自己判断公关活动的效果。

2. 以目标为参照

评估报告中应将评估结果与公共关系的目标联系起来,对比其是否成功实现目标,总结成功之处,分析不足的地方。在评估报告中还应指出公共关系活动结果对于公共关系目标的实现有怎样的作用,并给组织带来了怎样的近期和远期影响。

3. 以成绩为主体

对于较为成功的公关活动,公关人员在撰写评估报告时应充分肯定成绩,以增强组织领导对公关工作的信心。当然,这并不意味着不总结活动的缺陷与不足。相反,公关人员在报告中应认真总结失败的教训,分析其原因。即使是大家都认为非常成功的公关活动,也要指出一些考虑不周之处,以高标准严格要求自己。

4. 以图表为辅助

无论哪一种评估报告，如果能用一些图表或者图片来辅助体现评估结果，会使评估报告更加生动、形象、直观。例如，对于公共关系评估报告来讲，活动的效果、参与度的高低可以直接用现场图片来表示，如媒体覆盖率、千人成本、产品提升等直接用图表来显示。

6.3.2 公共关系评估报告的内容与格式

1. 评估报告的内容

公共关系评估的对象和目的不尽相同，这就决定了评估报告的多样性，但作为一种正式的文本，公共关系评估报告一般包括如下内容。

（1）评估的目的及依据。包括：为什么要进行公共关系评估？通过公共关系评估所解决的问题是什么？所依据的评估标准是什么？等等。

（2）评估的范围。评估报告不能泛泛而谈，而应具有很强的目的性和针对性，因此在评估方面需要做到有的放矢，必须确定一定的范围，从而突出重点、浓缩精华。

（3）评估的标准和方法。在评估报告书中，应说明评估的标准以及在评估过程中所采用的方法。比如直接观察法、问卷调查法、目标管理法、文献资料法、传统审计法等。

（4）评估过程。简要介绍评估过程的程序，以便阅读者通过程序设计的科学性来判断评估活动是否科学、系统、规范、完整等。

（5）评估对象的基本情况。在公关评估报告书中，必须客观介绍评估对象本身的情况，包括活动或项目名称、开展时间、实施的基本情况与特点等。

（6）内容评估、分析与结论。评估报告中需写明被评估的公共关系活动项目的内容以及对运行与执行效果的分析，并在此基础上得出客观公正的结论。

（7）存在的问题及建议。评估人员根据对公共关系活动的分析发现存在的问题，并提出相关的解决办法。

（8）附件。附件是对正文的有效补充，主要包括附表、附图、图文三部分。

（9）评估人员名单。评估人员名单一般包括评估负责人，评估人员的姓名、职业、职务、职称等。有时候为了方便评估人员与阅读者的交流，评估人还需要写上相关人的联系方式，如电话、电子邮箱、通信地址等。

（10）评估时间。公共关系活动处于不断变化的环境中，不同时间评估所得出的结论会有所差异。因此，评估报告必须写明评估时间或者评估工作开展的阶段，便于阅读者综合评定评估报告。

2. 公共关系评估报告的格式

撰写评估报告不同于文学创作，必须遵循一定的格式要求。一般来说，评估报告的基本格式包括以下部分。

（1）标题。标题是对评估报告内容的高度概括，是不可或缺的重要组成部分。它要求文字简洁、严谨，注重正式性和规范性。

（2）前言。主要介绍评估任务或工作的来源、根据，评估的方法、过程，以及其他需要特别说明的问题。前言部分的用语一般都比较简洁，在标题和正文之间起到承上启下的作用。

（3）正文。正文是评估报告的核心部分，也是评估报告的主体，主要描述活动的具体实施过程、活动取得的效果、出现的失误及其原因、下一步的努力方向等。

（4）附件。附件是对正文的必要补充，是正文的证明材料。

（5）后记。后记是写在公共关系评估报告正文之后的文字，主要是对某些内容的补充。如公共关系评估报告书的传播范围、需要致谢的人员及相关单位等。

本章习题

一、单选题

1. 公共关系评估标准是相关评估人员开展公共关系工作绩效评估的依据。根据公共关系工作的程序，可以将其评估标准划分为（　　）个阶段。

A. 1　　　　　　　　　　　　B. 2

C. 3　　　　　　　　　　　　D. 4

2. （　　）主要是通过对媒体发布的有关本组织的信息来分析评估公关活动效果，评估组织公共关系信息传播情况。

A. 观察法　　　　　　　　　B. 专家评估法

C. 目标管理法　　　　　　　D. 传统审计法

3. （　　）就是指公共关系报告要紧紧围绕着公共关系方案目标是否实现、公共关系问题是否解决以及组织形象是否确立来撰写，不可游离于主题之外谈无关紧要的枝节问题。

A. 针对性原则　　　　　　　B. 完整性原则

C. 及时性原则　　　　　　　D. 客观性原则

4. （　　）是指撰写公共关系报告的目的不是例行公事，更不是为了取悦相关领导，而是为了发现问题以求不断总结和提高，这将关系到组织未来公共关系实践活动的成败。

A. 针对性原则　　　　　　　B. 完整性原则

C. 独立性原则　　　　　　　D. 客观性原则

5. 民意测验是用来检测公众舆论的一种方法。最早是（　　）用来测定公众对政治或社会领域中一些有争议的问题的态度，以后发展为一种世界流行的社会调查方法。

A. 广播　　　　　　　　　　B. 电视

C. 报纸　　　　　　　　　　D. 杂志

二、多选题

1. 公共关系传播的实施效果具体可以通过（　　）三个递进的层次反映出来。

A. 信息层次　　　　　　　　B. 需求层次

C. 态度层次　　　　　　　　D. 信念层次

E. 行为层次

2. 附件是对正文的有效补充，主要包括（　　）三部分。

A. 附表　　　　　　　　　　B. 参考文献

C. 附图　　　　　　　　　　D. 图文

E. 后记

3. 撰写评估报告不同于文学创作，必须遵循一定的格式要求。一般来说，评估报告的基本格式包括（　　）。

A. 标题 B. 前言
C. 正文 D. 附件
E. 后记

三、名词解释

1. 公共关系评估　　2. 公共关系评估流程　　3. 直接观察法
4. 专家评估法　　5. 目标管理法

四、简答及论述题

1. 公共关系评估的意义是什么？
2. 公共关系评估应遵循的流程是什么？
3. 试论述公共关系评估的标准。
4. 试论述公共关系评估报告的内容。
5. 试论述公共关系评估报告撰写的原则。

案例讨论

杜嘉班纳辱华事件

2018年11月17日晚6点多杜嘉班纳（Dolce & Gabbana）官方微博陆续放出了3段"起筷吃饭"的视频，视频中一位华裔模特在一个类似于中式餐馆的布景里用筷子吃意大利菜。视频发布之后颇具争议，很多网友认为这些视频涉嫌"种族歧视"。该品牌创始人之一Stefano Gabbana因此视频与一名网友的互怼内容被发布在网络上。Stefano Gabbana在网上污言秽语辱骂中国，激起公愤，杜嘉班纳遭到了海内外华人一致的自发抵制。中国明星、媒体、模特也频频发声，集体谴责。原定于11月21日晚举行的杜嘉班纳上海大秀因此事件而取消。共青团中央官方账号发微博对此事件表态："我们欢迎外国企业来华投资兴业，同时在华经营的外国企业也应当尊重中国，尊重中国人民。这也是任何企业到其他国家投资兴业、开展合作最起码的遵循。"

此后，杜嘉班纳在微博发表了如下声明：杜嘉班纳的官方Intragram账号和Stefano Gabbana的Instagram账号被盗，我们已经立即通过法律途径解决。我们为这些不实言论给中国和中国人民造成的影响和伤害道歉。我们对中国和中国文化始终一贯的热爱与尊重。

杜嘉班纳的事后公关并未能平息风波。原因有以下两点：一是没有规范和限制公司领导人的言语行为，让这位创始人能随意发言，不顾企业形象和利益；二是用"被盗号"这种蹩脚的谎话来试图蒙骗群众，愚弄受众。

事件发生后，杜嘉班纳遭到电商的全体下架，杜嘉班纳门店也是门可罗雀。而根据世界各地网友的爆料，从视频中也可以看到，辱华事件发生之后不仅中国境内的一些杜嘉班纳专卖店冷冷清清，就连美国的杜嘉班纳店面都几乎空无一人，甚至连该品牌的大本营意大利米兰，其他品牌店面熙熙攘攘，杜嘉班纳店面却无人光顾。

思考讨论题

结合本案例，请对杜嘉班纳的公关活动进行评估。

第 7 章 公共关系广告

本章导读

公共关系广告是一种特殊形态的广告，与一般商业广告相比，它并不是直接宣传企业的商品或服务，而是利用媒体向公众传递公关信息，积极树立、维持、改变或强化组织的良好形象，从而达到建立与公众良好关系的目的。因此，在创作公共关系广告时一定要把握其特点，掌握其内涵，并在发布时选择最恰当的传播媒体。只有这样才能做到有的放矢，最大限度地发挥公共关系广告的作用。

知识结构图

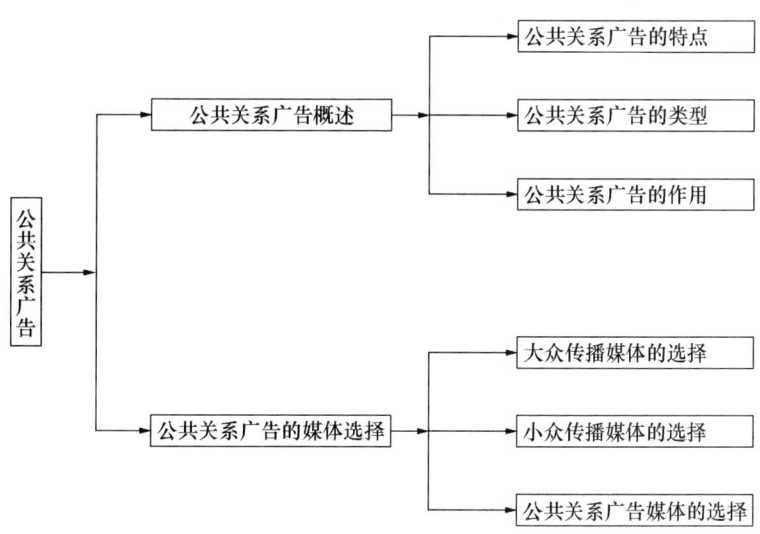

【开篇引例】　　　　　　　　哪吒汽车国旗上印广告

  2019年5月末，有一张国旗上印字的图片在网络上传播，国旗上的字是"××小学 少年智则国智　少年强则国强。哪吒汽车赠。"从图片上来看，这应该是哪吒汽车这家企业捐助了某贫困小学，并借此打了广告。哪吒汽车公益营销的出发点是好的，但在国旗上打广告非常不妥，因为涂画国旗并将其用于商业行为涉嫌违反《国旗法》。中国1990年施行的《国旗法》第三条要求，中华人民共和国国旗是中华人民共和国的象征和标志。每个公民和组织都应当尊重和爱护国旗。第十八条明确规定，国旗及其图案不得用作商标和广告。第十九条规定，在公共场合故意以焚烧、毁损、涂划、玷污、践踏等方式侮辱中华人民共和国国旗的，依法追究刑事责任；情节较轻的，由公安机关处以十五日以下拘留。

  此外，《广告法》规定，广告不得使用或者变相使用中华人民共和国的国旗、国歌、国徽、军旗、军歌、军徽。在红领巾上打广告、国旗上印字，只怕小学生都知道是不可以的事，然而却在哪吒汽车的广告中出现了。不管是无知所为，还是别有用心，哪吒汽车的行为已经逾越了底线。

  哪吒汽车是合众汽车旗下的一个地区经销商，为了平息风波，相关的负责人对此事做出了回应，并发出了道歉声明，提到了失误是广告公司造成的，因为公司要求的是"在红旗上印字"而被广告公司错误地理解成了在国旗上印字，并承诺在今后的营销活动中一定会对物料进行严格把控。

  但很多人对这种疑似"甩锅"的言论不以为然，纷纷批评哪吒汽车的愚蠢行为。

资料来源：新浪博客。

7.1　公共关系广告概述

  公共关系广告是一种特殊形态的广告，与一般商业广告相比，它并不是直接宣传企业的商品或服务，而是利用媒体向公众传递公关信息，积极树立、维持、改变或强化组织的良好形象，从而达到建立与公众良好关系的目的。

7.1.1 公共关系广告的特点

作为一种特殊形态的广告,公共关系广告与一般商业广告相比主要有以下不同点。

1. 广告的目的不同

商品广告以促进商品交换为目的,其商业色彩很浓。而公共关系广告则是以塑造组织良好的形象从而赢得公众对组织的喜好和支持为目的。前者是让人们购买组织的商品或服务,后者是让公众喜欢上它。

2. 广告的内容不同

商品广告侧重于宣传商品的性能、质量、功能、价值、价格等,而公共关系广告则侧重于宣传组织的文化、对社会的贡献、所倡导的公益活动等内容。商品广告一般比较注重直接的、短期的促销效果,而公关广告则比较注重宣传的长期性和系统性。

3. 制作、刊播的周期不同

商品广告属于促销的范畴,目的是在短期内实现更多的销售,因此,广告的制作和播出周期一般较短。而公共关系广告主要着眼于长期的效果,制作和刊播的周期会更长一些。

此外,两者实现的认知路线也不相同。商品广告实现的是"公众→产品→企业"的路线,即公众认识产品、购买产品,进而信任企业;而公共关系广告实现的认知路线恰好相反,是"公众→企业→产品"的路线,即公众认识企业、信任企业,进而购买企业的产品。商品广告与公共关系广告的具体区别见表7-1。

表7-1　　　　　　　　　商品广告与公共关系广告的区别

项　目	商品广告	公共关系广告
广告目的	促进销售	树立形象
广告内容	商品信息	组织信誉
制作刊播	周期较短	周期较长
认知路线	公众→产品→企业	公众→企业→产品

7.1.2 公共关系广告的类型

公共关系广告的类型很多,主要包括信誉广告、观念广告、实力广告、商标广告等,下面分别予以简要介绍。

1. 信誉广告

信誉广告是公共关系广告中常见的,也是最为直接的一种形式,其目的在于树立组织作为守法公民,积极为社会发展做贡献或乐于赞助社会公众事业的美好形象。其内容多为企业的主张,实施的政策,举办的社会活动,赞助社会慈善事业、体育事业或对某一社会问题的关注等。海尔公司赞助北京2008年奥运会所做的广告就属于此类(见图7-1)。

图7-1　海尔成为北京奥运会白色家电赞助商

2. 观念广告

观念广告是向社会传播组织的管理哲学、价值观念和组织精神的广告。通过广告,可以使组织的形象连同它的观念和口号植根于公众的内心深处,让受众产生强烈的心理共鸣。观念广告在商业广告和公益广告中均有广泛的应用,例如在商业广告领域,中国台湾地区的山叶钢琴所做的观念广告堪称经典。其中的广告语"学钢琴的孩子不会变坏"广为流传。这则观念广告准确把握了年轻父母"望子成龙,望女成凤"的心理,采用攻心的策略,不讲钢琴的优点,而是从学琴有利于孩子身心成长的角度来吸引广告受众。这则广告效果很好,孩子的父母认同了山叶钢琴的观点,很自然地就会对其产品产生高度的信赖感,在购买钢琴时就会想到这家企业。

3. 实力广告

实力广告主要是向公众展示组织的生产、技术、设备和人才等方面实力的广告,也是公共关系广告中比较常见的一种形式。这种实力广告的主要目的在于使公众通过对该组织实力的了解,增加对该企业所提供的产品和服务的信任感,以创造良好的购买环境。

4. 商标广告

商标是指企业为使自己的商品或服务与他人的商品或服务相区别,而使用在商品及其包装上或服务标记上的由文字、图形、字母、数字、三维标志和颜色组合,以及上述要素的组合所构成的一种可视性标志。商标是现代商品身份的标志,代表了商品的品质。商标广告就是以宣传产品的商标为主要内容的公共关系广告。通过广告宣传来树立企业的商标形象,可有效促进企业产品的销售。图 7－2 就是一组我们非常熟悉的运动服装品牌的商标,看到它们就能立即联想到该企业的产品及其品质。

图 7－2　一组运动服装企业的商标

5. 祝贺广告

祝贺广告是以向社会各类公众贺喜为主要内容的广告。如每逢佳节来临,一些企业就会在媒体上刊播广告,祝福全国、全省、全市人民节日快乐。此外,企业在同行开张、国家某一重大工程竣工等情况下都可以刊登祝贺广告,这不仅表达了企业的美好意愿,也可借此机会提高本组织的知名度。20 世纪 50 年代,法国白兰地酒厂就充分抓住了美国总统艾森豪威尔 67 岁寿辰的机会,以祝贺广告为手段,使法国白兰地酒顺利进入了美国市场。

6. 声势广告

声势广告主要是通过借助组织的大型活动,如新项目奠基、重大庆典等,大做广告,旨在制造声势,扩大影响。如 2009 年 10 月 17 日,天津电视台直播了南开大学 90 周年校庆庆典及文艺晚会,这实际上也可理解为一则声势广告。再如,2010 年 12 月 10 日,宁波江北万达广场开业，这是大连万达继鄞州万达广场之后在宁波开业的第二个万达广场，也是大连万达在 2010 年开业的第 10 个万达广场。开业前，万达就在报纸、网络媒体上登出广告，描绘广场的盛况。

7. 响应广告

响应广告是指用广告的形式响应社会生活的某个重大主题，用以表示组织与社会生活的关联性和共性，从而求得各方公众的理解和支持。如不少企业积极响应国家号召，在广告中表达对"希望工程"的美好祝福和捐助承诺等都属于此类。

响应广告不仅能够显示组织关心、参与公众生活、向公众或其他组织表达善意和好感，而且还可以借助于社会主题的影响或借助于对方的传播机会来扩大本组织的影响。如 2001 年 7 月 13 日北京成功申办 2008 年奥运会主办权之后的第二天上午，华龙集团就在石家庄主要的公共场所打出了"华龙面庆祝北京申办奥运成功"的大型横幅，既表达了他们对中国申办奥运成功的自豪，也将自己的产品形象和企业形象传播了出去。

8. 公益广告

公益广告是指为实现公共利益而实施的广告。公益广告一般是非商业性的，其内容为传播公益观念，目的为以倡导或警示等方式把有关社会公共利益或社会公众关心的信息传递给社会公众。公益广告的广告主一般是政府有关机构及社会有关团体，还有企业及广告经营单位。

公益广告的最显著特征是公益性。公益广告应是纯粹的"公益服务广告"，不应含有任何商业目的。公益广告虽然也是在从事一种诱导性传播，但是其广告信息均围绕公众利益，而不是广告主利益。

公益广告的另一个特征是内容与广告主商业利益无直接关系，但还要投资制作，体现出投资者对社会公益事业的责任和义务感。

公益广告的主题及公益广告所产生的效益带有显著的社会性。公益广告的主题内容存在深厚的社会基础，取材于老百姓的日常生活，再通过广告以鲜明的立场、健康的方式实现正确导向，解决的是与百姓息息相关的社会问题。

9. 谢意广告

谢意广告是用来对公众或合作者的支持表示感谢的广告。在中国，尤其是 20 世纪八九十年代这类广告极为普遍。我们经常可以在媒体上看到某一企业的厂长、经理双手抱拳，向公众致意。常见的广告语如：×××企业，向国内外新老朋友、新老客户鸣谢等。现在的谢意广告依然不少，尤其是在临近节日，如春节前后这类广告发布的较多。下面让我们看一下日本亚细亚航空公司在其 15 周年庆典之际所做的谢意广告。

标题：每一次相遇，我们都心存感激，未来，就从此刻延续。

正文：由于您的关爱，使我们拥有今日成果，对于您的知遇，我们由衷感激。而今 15 年的相处，我们更加了解您的需求，当您走入亚航的新天地，您将感受到由内而外的焕然一新，更典雅的风貌，更体贴的关怀，让您拥有最舒适的航程。新的亚航天地，更加精致温馨，诚恳期待您。

10. 歉意广告

歉意广告是用来承认错误、消除误解和表示歉意，从而得到公众的理解和原谅的广告。歉意广告一定要在陈述事实的基础上，明确地表示敢于承担社会责任和知错必改的态度。这样做不但无损于组织的形象，反而会使公众感觉到组织敢作敢当，值得信赖。

11. 声明广告

声明广告又称解释性广告，这是一种表明组织对某事件立场、态度的广告。声明广告适用于两种情况，一种情况是对组织不利的事件，但组织自身并无过错，如竞争对手恶意中伤、假冒本企业的伪劣商品给消费者带来了伤害或是新闻界的不实报道，等等。在这种情况下，组织要利用声明广告表明立场，告知公众真相，以消除公众的误解。第二种情况是就本组织或社会上出现的重大事件表明态度，以树立组织形象。

12. 创意广告

创意广告是指组织在刊播的广告中主要宣传组织发起的某种活动或提倡某种有益的观念。这种广告的目的是要表明组织积极参与社会生活的态度，以树立组织良好的形象。如，农夫山泉的"一分钱行动"广告即属于此类，并取得了良好的社会反响。

7.1.3 公共关系广告的作用

简单来说，公共关系广告的作用主要有以下四个方面。

（1）能够帮助企业树立良好的形象，引发公众信任，从而间接促进产品销售。

（2）提高企业的信誉，吸引社会各界的投资。信誉卓著的企业对投资公司的吸引力显然要高于一般公司。因此，有人戏言：假如可口可乐公司有一天突遭火灾，那么世界银行巨头争相投资将成为第二天的头条新闻。

（3）可以巩固与企业外部合作伙伴及内部员工的友好关系，为企业赢得良好的发展环境。

（4）可以帮助企业吸引优秀的人才加盟。企业经常做些公共关系广告，不仅能够有效树立企业的良好形象，也是一种自身实力的展现，自然会增加对优秀人才的吸引力。

7.2 公共关系广告的媒体选择

广告媒体是指借以实现广告主与广告对象之间联系的物质或工具。凡是能刊载、播映、播放广告作品，在广告宣传中起传播广告信息作用的物质都可称为广告媒体。公共关系广告可供选择的媒体很多，组织应该认真研究各种媒体的特点，以便选择合适的传播媒体，达到好的广告效果。

7.2.1 大众传播媒体的选择

顾名思义，大众传播媒体就是覆盖面广、传播对象为数众多、影响力较大的媒体，这是一个相对的概念。报纸、杂志、广播、电视、网络、电影等媒体均属于此类。特别是前四种，是传统广告传播活动中最为常见的媒体，通常被称为四大广告媒体，但近年来网络媒体异军突起，已成为当今第一大媒体。

1. 电视媒体

电视是运用电波把声音、图像（包括文字符号）同时传送和接受的视、听结合的先进的传播工具，是一种具有多种功能的大众传播媒体。自20世纪30年代问世以来，电视不断以新的面貌面向广大观众，已经深入千家万户，在传播领域产生了越来越大的影响，也是传播广告信息的主要媒体之一。

与其他媒体广告相比较，电视广告具有以下优缺点。

（1）电视广告的优点。

①直观性强，具有视听效果的综合性。电视广告集声音、图像、色彩、活动四种功能

于一体，可以直观地、真实地、生动地反映广告对象的特性，能够给广告受众留下深刻的印象。

②传播范围广，信息传播迅速。电视具有极高的普及率，受众广泛。电视广告能在节目覆盖的地域范围内迅速传递，易于配合广告商家公关活动的开展。

③有较强的冲击力和感染力。电视广告借助声波和光波信号直接刺激人们的感官和心理，因而具有较强的冲击力和感染力。

④利于说服广告受众，增加消费者购买的信心和决心。由于电视广告形象逼真，就像一位上门推销员一样，直观地把商品展示在每一位观众眼前，容易使受众对广告的商品产生好感，进而引发购买兴趣和欲望。

⑤收视率高、影响面广。对多数人来说，电视是一种娱乐形式，是重要的信息来源，是生活中的重要组成部分。

（2）电视广告的缺点。

①针对性不强、诉求对象不准确。电视媒体传播信息的广泛性是相对的。从世界范围来看，电视传播所到之处，就是广告所到之处。但就某一个具体的电视台或某一则具体的电视广告而言，其传播范围又是相对狭窄的。电视媒体传播信息范围的广泛性同时也衍生出传播受众构成的复杂性。人们不论年龄、性别、职业、民族、受教育程度等，只要看电视，就会成为电视媒体的诉求对象，但不可能全部成为广告产品的购买者。因此，电视媒体具有针对性不强、诉求对象不准确的缺点。

②受众被动接受，缺乏选择性。绝大多数观众看电视节目的目的是娱乐、接受教育和获取新闻资讯，而不是接受电视广告传播的信息。受众在看电视时往往会被动地接受信息，缺乏选择性，不像报纸、杂志那样有较大的选择性。

③费用高昂，一般企业无法承受。广告片的设计涉及面甚广，模特、道具、场景安排等都得花一大笔投资，摄制费用也不低，尤其是媒体的投放费用更是高昂。因此，大多数中小型企业无力负担。

④受时间所限，不利于深入传递广告信息。电视广告制作费用高昂，黄金播放时间收费最贵。电视广告时间长度多在 5~45 秒。要在很短的时间内连续播出各种画面，闪动很快，不能做过多的解说，影响人们对广告商品的深入理解。

⑤电视台播放广告过多，观众容易产生抗拒情绪。为了追求更多的经济利益，大多数

电视台极尽所能来插播广告，正常的电视节目因此常常被广告所打断，容易引起观众的不满和抵触。

2. 广播媒体

广播媒体包括有线电台和无线广播网。广播媒体是通过运用语言、音像、音乐来表达广告产品或企业的信息。广播媒体的特点可以概括为：采用电声音频技术，按时传播声音节目，专门诉诸媒体受众的听觉。

广播广告具有以下优缺点。

（1）广播广告的优点。

①覆盖面广，收听方便。广播不受时间和空间的限制，无论城市还是乡村，无论在路上还是在家中，人们都可以方便地接收广播信号，随意地选择自己所喜爱的广播节目。

②以声带响，亲切动听。广播媒体是声音的艺术。广播广告最突出的特点就是用语言解释来弥补无视觉性形象的不足。广播广告运用声音的艺术，能够惟妙惟肖地模拟各种场景，给人以身临其境的感受。

③制作容易，传播迅速。与电视广告相比，广播广告制作要容易很多，既不需要外景，也不需要模特等，整个制作过程在录音棚里就可以完成。同时，广播广告的制作周期短，因而能够快速地传播出去。

④经济实惠，广告主能够承担。广播与其他媒体相比较，节目制作成本费用低廉。广播广告的制作和刊播费用要远低于电视广告，一般广告主能承担。

（2）广播广告的缺点。

①缺乏视觉感受。与其他媒体相比，广播广告缺少视觉支撑。

②时效短、无法保存。广播广告传递的声音信息转瞬即逝，无法保存，也无法查询。

③受新兴媒体的冲击巨大，广播媒体的影响力在逐渐下降，广播广告的受众越来越少，并且收听效果难以准确把握和测定。

④听众被动接受，选择性不强。广播广告很少被听众主动接受，听众一听到广告往往很快换台，转而收听其他节目。

3. 报纸媒体

报纸是传统的四大媒体之一。报纸运用文字、图像等印刷符号，定期、连续地向公众传递新闻、时事评论等信息，同时传播知识、提供娱乐或生活服务。报纸一般以散页的形式发行，版数具有一定的伸缩性，刊载信息容量较大。报纸是较早面向公众（消费者）传播广告信息的载体，现在依然是最重要的广告媒体之一。

报纸广告具有以下优缺点。

（1）广播广告的优点。

①覆盖面广，发行量大。除一些专业性很强的报纸以外，一般公开发行的报纸，都可以不同程度地渗透到社会各个领域中。尤其是全国发行的报纸，可以覆盖全国，广告主可以通过报纸以较低的成本向目标市场发布产品及劳务信息。

②广告信息传播迅速。报纸大多是当日发行，出版频率高，读者通常可以阅读到当天的报纸，对于时效性要求高的产品宣传，不会发生延误的情况。

③选择性强，读者阅读时比较主动。广告主可以根据各种报纸的覆盖范围、发行量、知名度、读者群等情况，灵活地选择某种或几种报纸进行广告宣传。由于报纸的可读性强，读者阅读时可以自由选择喜爱的栏目。

④读者广泛而稳定。报纸能满足各阶层受众的共同需要，因此，它有极广泛的读者群。不同的读者群，其兴趣、偏好各不相同，在一定时期，兴趣、偏好是不易改变的。这就使得报纸的目标市场具有相对的稳定性。

⑤表现方式灵活多样。报纸传播信息的方式多种多样，或图文并茂，或单纯文字，或诉诸理性，或诉诸情感。

⑥信息易于保存，便于查找。报纸媒体不同于电视和广播媒体，读者不受时间限制，可随时阅读或重复阅读。时间长了，读者还可以查找所需要的信息资料。

⑦可以凭借报纸的信誉加强广告效果。由于报纸是以报道新闻为主的，所传递的信息容易使读者产生信赖和关心，并影响到对报纸所刊载广告的感觉。

⑧广告费用相对较低。这是报纸媒体与电视媒体的主要区别之一。对大多数中小型广告主来说是有能力承担的，并且广告投资风险也相对较小。

（2）报纸广告的缺点。

①有效时间短。报纸出版频次高，每天一份，绝大多数媒体受众只读当天的报纸，很少有人读隔日的报纸，因此报纸的有效期较短。它的有效期也只是报纸出版后读者阅读的

那一段时间。对于广告策划者来说，特别重视广告定位以及广告诉求点的准确把握，即精心思考"说什么"与"怎么说"，尽可能在有限的时间内给媒体受众明确清楚和印象深刻的重点信息。

②广告注目率低。通常，报纸广告不会占据最优版面，读者阅读报纸时往往倾向于新闻报道和感兴趣的栏目，如无预定目标，或者广告本身表现形式不佳，读者往往忽略广告，即便看了几眼，也会视而不见。

③印刷不够精美。由于纸张材料和技术的局限，更重要的是发行者出于对报纸成本的控制，不少报纸广告的印刷常常显得粗制滥造。特别是图片摄影，其粗糙和模糊的印刷使媒体受众在潜意识中产生一种不信任感，往往产生负面影响。因此，图片的印制要尽可能精致些。

④报纸广告表现形式单一，无听觉与动态视觉刺激，广告吸引力不强。

⑤广告相互干扰，降低受众对单个广告的关注度。报纸的售价一般很低，大都是靠广告收入来维持的，所以，很多报纸以多条信息在同一版面并置形式排列广告版面。如果管理不当、专业不精，会显得杂乱不堪，使过量的信息削弱了单个广告的作用。

4. 杂志媒体

杂志是一种具有一定间隔周期、定期发行的具有小册子形式的出版物，属于印刷的平面广告。一般分为周刊、半月刊、月刊、双月刊和季刊等。杂志与报纸相比具有更强的专业性，往往是针对特定的受众群体。在大众化的广告媒体中，杂志不同于报纸、电视和广播那样具有很强的新闻性，杂志具有延伸性、持续性和知晓性等特点。与其他媒体的广告相比，杂志广告具有以下优缺点。

（1）杂志广告的优点。

①针对性强，目标受众明确，具有明显的读者选择性。与报纸的地区选择性不同，杂志的读者有很强的选择性。杂志的这一特点可以通过读者的类型、年龄、收入情况表现出来。这有助于广告策划者根据广告主的自身情况和产品的特点，选择最合适刊载的广告信息、最能将广告信息传递给目标受众的杂志类型。

②信息的生命周期较长，传阅率高。杂志由于装订成册，便于携带和收藏，杂志的读者多为固定用户，阅读时比较专心。由于杂志被保存的时间长，反复阅读率高，而且传阅

性好，所以能扩大和延续广告的传播效果。杂志是所有广告媒体中生命周期最长的。

③印刷质量较高，广告表现力较强。杂志的纸张质量较好，印刷设备性能优良，因而广告制作与印刷质量远远高于报纸，其中最具优势的是彩色广告。印刷精美的杂志广告能够产生较强的视觉刺激，使媒体受众感到真实，并留下深刻的印象。

④编排整洁、灵活性强。杂志版面小，每页编排较为整洁，不像报纸那样内容繁杂，因此，每则广告都显得醒目。同时杂志广告可承载的信息较多，可以比较自由地运用文字、图片、色彩等手段表现广告内容。杂志还可以做连页或折页来延展版面空间，运用一些特殊形式来表现商品，造成画面的震撼效果。

⑤面向的人群比较固定，广告的效果较一般媒体容易测定。

（2）杂志广告的缺点。

①时效性差。由于杂志出版周期长，出版频率低，因而不像报纸媒体那样能够迅速及时地反映市场变化，不适合于做时效性要求强的产品广告，也不适合于营造声势较大的大规模营销活动。

②影响面窄。由于杂志的读者相对少、专业性强，因而接触对象不广泛，影响面相对狭小。

③广告费用较高。杂志上刊登广告需要较多的广告制作费和刊物费用。加之杂志的专业性强、影响面窄，一般广告主会认为付出大量的广告费用而得不偿失。

5. 网络媒体

被誉为"第四媒体"的互联网的兴起与迅猛发展，为广告业提供了一次全新的机遇。它所创造的信息平台为广告市场提供了一个巨大的潜在传播渠道，它的发展带来了传媒生态的新变化。互联网在全球范围内实现信息交换和传播，不仅具有广播、电视、报纸、杂志等传统媒体的一般功能，而且具有传统媒体无可比拟的独特的优势。当然，正在发展中的网络媒体也有不尽完善的地方，对于网络广告的评价也是众说纷纭。网络广告的优点自不用说，大家都比较清楚，下面重点说说网络广告的缺点。

①网络广告受关注率低。随着网络广告的激增，广告吸引注意力在明显下降。大多数网络用户上网的目的是浏览信息以获取资讯或是交友、娱乐，以放松身心，只有极小部分的用户点击网络广告。

②网络广告信誉度低，消费者不易接受。时下，虚假违法广告充斥网络媒体，网上购物欺诈现象时有发生。基于此，消费者普遍对于网络广告持怀疑态度，这直接影响了网络广告的发布效果。

6. 电影媒体

电影虽然属于大众传播媒体之一，但相对其他媒体而言，其影响力要小得多。但电影广告有自己的优势，主要表现在：电影银幕面积大，音响效果好，真实感强，不受时间限制，诉诸观众的信息密集，诉求重点明确。电影广告一般在正片之前放映，观众接受广告信息时环境较舒适，心情较舒畅，对广告排斥心理较少，注意力较集中，因而能收到比较好的广告效果。随着中国广告业的发展，电影广告逐渐受到重视，已被不断开发和利用。

电影广告的缺点也很突出，表现在电影广告受放映时间和场地的限制，传播范围有限，且电影广告片拍摄费用也比较高，因而广告界对电影广告的重视程度不及其他媒体高。

7.2.2 小众传播媒体的选择

相对于大众传播媒体而言，还有很多可以用来传播公共关系广告信息的小众传播媒体。这些媒体是对大众媒体广告有益的补充。小众传播媒体有时也被称为促销媒体。

公共关系广告可以选择的小众媒体主要如下。

1. 户外广告

户外广告指设置在室外的广告，如霓虹灯广告、路牌广告、灯箱广告、LED看板等。户外广告的英文为"Outdoor Advertising"，简称OD广告，种类繁多，特点各异。总体上来看，户外广告一般传播主旨比较鲜明，形象突出，主题集中，引人注目。但也具有受时空地点所限、传播范围小、广告信息量小、受众接触时间短暂等缺点。

2. 交通广告

交通广告是指利用公交车、地铁、航空、船舶等交通工具及其周围的场所等媒体做广告。交通广告因其价格比较低廉，且有着较好的传播效果，对企业来说，有很大的吸引力（见图7-3）。

图 7-3 车体广告

7.2.3 公共关系广告媒体的选择

广告媒体是传播广告信息的手段和工具，离开了广告媒体，广告信息就无法传播。在广告活动中，选择的广告媒体不同，广告策划的内容、广告费用以及广告效果等也就不同。

广告媒体选择是指根据广告目标的要求，以最少的成本选择合适的传播媒体，把广告信息传达给预定的目标消费者，并保障接触者的数量和接触的次数。其中心任务就是比较广告目标与媒体之间的差距，并根据广告目标的要求选择广告媒体。

1. 确定广告信息传播的数量指标

选择广告媒体时，必须首先确定广告信息传播的数量指标。常用的数量指标主要有以下几种。

（1）视听率（Rating）。视听率是指在一定时间内收看（收听）某一节目的人数占电视观众（广播听众）总人数的百分比。视听率是广播电视媒体最重要的数量指标。广告主和广告公司根据该指标购买广播节目和电视节目，以判断他们的广告信息将覆盖多少人，计算这些人将会多少次暴露于广告信息之中。

（2）开机率（Homes Using TV，HUT）。开机率是指在一天中的某一特定时间内，拥有电视机的家庭中收看节目的户数占总户数的比例。例如，某一目标市场上有 1000 户家庭拥有电视机，在某一时刻有 125 户在看 A 节目，100 户在看 B 节目，50 户在看 C 节目，25 户在看 D 节目，此时的开机率为 30%。

开机率的高低,因季节、一天中的时段、地理区域以及目标市场的不同而不同。这些变化反映了目标市场上消费者的生活习惯和工作状态。早晨因人们去工作而开机率低,傍晚当人们回家时则开机率高,深夜人们逐渐入睡,开机率又降了下来。

(3) 节目视听众占有率。节目视听众占有率是指在一定时间内,收看或收听某一特定节目的消费者家庭数目占总开机家庭数的百分比。依照上例,节目 B 的视听众占有率为 33.3%(总开机户为 300,而收看 B 节目的户数为 100)。

视听率、开机率与节目视听众占有率有密切的关系,它们相互间的计算公式如下:

$$视听率 = 开机率 \times 节目视听众占有率$$

节目视听众占有率主要由以下因素决定(以电视节目为例):①何时播映。黄金时段播出的节目比在其他时间播出具有更高的收视率,这也是为什么电视台会因时段不同而收取不同广告费用的重要原因。②该节目播映时与其他电视台有关节目的竞争状况。③该节目前后播出的节目,如果在该节目前播出的节目非常有吸引力,观众就不会立即转换频道。同样,如果在它之后播出的节目很精彩,观众就会非常留意该频道。④节目内容,精彩节目自然具有较高的占有率。⑤节目的发展情节等。

(4) 总视听率(Gross Rating Points,GRPs)。总视听率是指在一定时期内某一特定的广告媒体所刊播的某广告的视听总数。例如,一个媒体或媒体节目的视听率为 30,广告刊播 5 次,则总视听率为 30×5=150。表 7-2 为通过 4 个节目插播某广告 13 次的具体情况,说明送达的总收视率为 200。

表 7-2　　　　　　　　　　总收视率计算表

节目名称	家庭平均视听率	插播次数	总视听率
节目 A	20	2	40
节目 B	15	4	60
节目 C	25	2	50
节目 D	10	5	50
合　计	75	13	200

(5) 视听众暴露度(Impressions)。视听众暴露度是指特定时期内收看(收听)某一媒体或某一媒体特定节目的人次数总和。视听众暴露度以个人数目(或家庭数目)来表示,而不是用百分数来表示。计算方法是:

$$视听众暴露度 = 视听总数 \times 视听率 \times 发布次数$$

(6) 到达率。到达率指传播活动所传达的信息接受人群占所有传播对象的百分比。到达率为非重复性计算数值，即在特定期间暴露一次或一次以上的人口或家庭占总数的比例。"期间"可以根据需要定为一周、四周或几个月等。计算到达率时，一位观众不论他暴露于特定广告信息多少次，都只能计算一次。到达率适用于一切广告媒体，唯一不同之处是表示到达率的时间周期长短各异。一般而言，电视、广播媒体到达率的周期是四周，这是因为收集、整理电视、广播媒体有关资料要花费大约四周的时间。

(7) 暴露频次（Frequency）。暴露频次是指在一定时期内，消费者个人或家庭暴露于广告信息中的平均次数。暴露频次与到达率指标一样，在所有广告媒体中都可以使用。需要强调的是，暴露频次指标是指平均暴露频次。

到达率、暴露频次和总视听率三个指标常用百分数表示（但没有百分数的记号），用以衡量一则广告计划送达的人数或家庭数。到达率表示广告策划者希望多少媒体受众一次或多次接触到该广告信息；暴露频次说明该广告信息将达到媒体受众的"平均次数"；总视听率是视听率和暴露频次的产物，表示该广告信息将达到媒体受众的重叠百分数"毛额"。

暴露频次的计算公式是：

$$暴露频次 = \frac{总视听率（GRPs）}{到达率（reach）}$$

(8) 每千人成本（Cost Per thousand Method，CPM）。每千人成本是指对指定人口送达1000个视听众产生暴露度的成本。其计算公式如下：

$$CPM = \frac{广告费（元）}{视听众暴露度或人数（以千为单位）}$$

广告策划者可以用 CPM 这一指标来选择广告媒体。表 7-3 就是用 CPM 来选择广告媒体的一个实例。广告策划者面临购买杂志 A 或杂志 B 两种选择，其 CPM 情况见表 7-3。

表 7-3 A、B 杂志每千人成本计算表

每页/成本（元）彩色	读者		每千人成本（CPM）	
	妇女	18～49 岁	妇女	18～49 岁
杂志 A：64600	17460	11900	3.7	5.43
杂志 B：46940	12680	9110	3.7	5.16

通过比较可知,杂志 A 与杂志 B 的送达人数和广告成本都不相同。如果对全体妇女计算,杂志 A 和杂志 B 的每千人成本相同;如果媒体计划的目标强调送达 18~49 岁妇女,杂志 B 比杂志 A 的每千人成本低,就说明杂志 B 更有效率,应选择杂志 B。

CPM 以各种人口统计变量为标准,适合于消费者能接触的电视、广播、报纸、杂志、户外、交通等所有广告媒体。

除了 CPM 计算方法以外,还有以下几种计算方式(Sissors and Bumba, 1989)。

以印刷媒体发行量(circulation)为标准的计算方式;

$$CPM = \frac{广告单价}{发行量} \times 1000$$

以印刷媒体的阅读率为标准的计算方式;

$$CPM = \frac{广告单价}{阅读率 \times 目标读者数} \times 1000$$

以广播电视视听率为标准的计算方式;

$$CPM = \frac{广告单价}{视听率 \times 目标视听众数} \times 1000$$

(9)有效到达率(effective reach)。有效到达率也称有效暴露频次,是指在特定广告暴露频次范围内,有多少媒体受众知道该广告信息并了解其内容。

在图 7-4 的理论模式中,暴露 3 次以下的广告没有任何价值。最佳的暴露频次是 6 次。当暴露频次超过 8 次,媒体受众对广告信息感到厌倦,其后的广告暴露将没有任何效果,并有可能产生负效果。

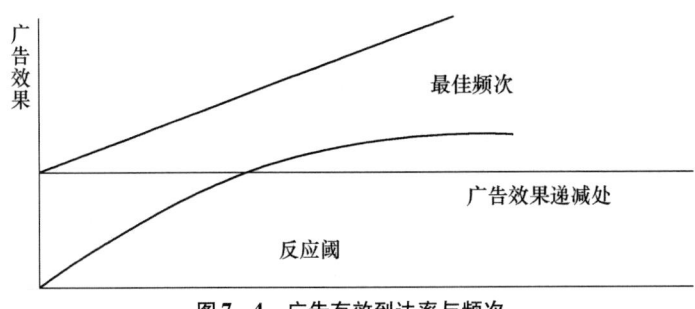

图 7-4 广告有效到达率与频次

2. 确定公共关系广告媒体时应考虑的因素

(1)目标受众的媒体接触情况。不同的广告受众通常会接触特定的媒体。有针对性地选择为目标受众所易于接收的媒体，是增强公共关系广告传播效果的有效方法。

（2）广告传播区域。选择广告媒体，必须将媒体所能触及的影响区域与企业所要求的信息传播范围相适应。如果公共关系广告的目标受众是全国观众，则宜在全国性报纸或电视台、广播电台发布广告。

（3）相关法律、法规。选择广告媒体时应遵守国家或地方的相关法律、法规。当企业在发布观念广告时，一定要注意所主张的观点不能违背现行的法律、法规。

（4）媒体成本。媒体成本是选择广告媒体的重要考虑因素。依据成本选择广告媒体时，最重要的不是看绝对成本的数字差异，而是媒体成本与广告接收者之间的相对关系，即每千人成本（CPM）。在比较 CPM 的基础上，再考虑媒体的传播速度、传播范围、记忆率等因素，之后择优确定广告媒体，可以收到较好的效果。

（5）广告预算。企业发布公共关系广告时必须量力而行，不要超出自己财力能够承受的范围，应在广告预算的限定下依据自身的情况来合理选择广告媒体。

3. 公共关系广告媒体的组合策略

公共关系广告媒体组合策略是指公共关系广告主体在对各类媒体进行分析评估的基础上，根据市场状况、受众心理、媒体传播特点以及广告预算的情况，选择多种媒体进行有机组合，在同一时间内发布内容基本一致的公关广告策略。

公共关系广告媒体组合的作用主要体现在以下几点：一是可以弥补单一媒体在传播范围上的不足。任何媒体都有一定的传播范围和目标受众，即使是受众最为广泛的网络媒体也是如此。通过媒体组合，可以克服单一媒体的传播局限，扩大传播范围。二是充分利用不同媒体各自的优点，实现优势互补。每种媒体都有各自的优缺点，如报纸广告发行量大，传播范围广，但时效性差；杂志广告制作精美，时效性长，受众集中，但发行范围小；电视广告转播迅速，传播受众广泛，但是一次性传播不易保存等。为克服以上单一媒体的缺点，就必须采用媒体组合的策略。

在制定公共关系广告媒体组合策略时，应遵守两个原则。一是全面覆盖原则。即使用组合媒体后，公共关系广告应该能够覆盖绝大多数的目标受众。二是不同媒体的优势互补原则。要充分考虑不同媒体的特点，实现媒体间的优势互补。

公共关系广告媒体组合的方式有多种，如传统媒体和网络新媒体的组合，视觉媒体和非视觉媒体的组合，大众媒体和小众媒体的组合等。具体采用哪一种组合形式，取决于公共关系活动的目标。组织在制定公共关系广告媒体组合策略时，一定要做好充分的媒体调研工作。

本章习题

一、单选题

1. （　　）是公共关系广告中常见的，也是最为直接的一种形式，其目的在于树立组织作为守法公民，积极为社会发展做贡献或乐于赞助社会公众事业的美好形象。

　　A. 信誉广告　　　　　　　　B. 谢意广告

　　C. 观念广告　　　　　　　　D. 声势广告

2. 2009年10月17日，天津电视台直播了南开大学90周年校庆庆典及文艺晚会，这实际上也可理解为一则（　　）。

　　A. 谢意广告　　　　　　　　B. 公益广告

　　C. 观念广告　　　　　　　　D. 声势广告

3. 下列属于报纸媒体优点的是（　　）。

　　A. 存留时间长，便于查找　　B. 信息的生命周期较长

　　C. 覆盖面广，发行量大　　　D. 选择性强，读者阅读比较主动

4. 下列属于杂志媒体优点的是（　　）

　　A. 存留时间短，不易查找　　B. 信息的生命周期较短

　　C. 覆盖面广，发行量大　　　D. 针对性强，具有明显的读者选择性

5. 下列不属于平面广告的是（　　）

　　A. 电视广告　　　　　　　　B. 报纸广告

　　C. 杂志广告　　　　　　　　D. 招贴广告

二、多选题

1. 公共关系广告与一般商业广告相比主要有以下不同（   ）。

    A. 广告的目的不同　　　　　　B. 广告的内容不同

    C. 制作周期不同　　　　　　　D. 刊播的周期不同

    E. 使用的媒体不同

2. 公共关系广告的类型很多，主要包括（   ）等。

    A. 信誉广告　　　　　　　　　B. 实力广告

    C. 声明广告　　　　　　　　　D. 产品广告

    E. 商标广告

3. 广告媒体根据受众人数、范围的不同，可以分为大众媒体和小众媒体，下列属于大众媒体的是（   ）。

    A. 广播　　　　　　　　　　　B. 电视

    C. 户外　　　　　　　　　　　D. 交通

    E. 网络

4. 杂志广告的主要缺点是（   ）。

    A. 时效性差　　　　　　　　　B. 影响面窄

    C. 广告费用高　　　　　　　　D. 不易携带

    E. 广告注目率低

三、名词解释

1. 公共关系广告　　2. 大众媒体　　3. 信誉广告

4. 响应广告　　　　5. 歉意广告

四、简答及论述题

1. 何谓实力广告？实力广告的目的是什么？
2. 刊发致歉广告应该注意的要点主要有哪些？
3. 电视广告的优点主要有哪些？
4. 试论述网络广告的缺点。
5. 试论述确定公共关系广告媒体时应考虑的因素。

案例讨论

可口可乐公益广告：不一样的我们，一样的在乎[①]

众所周知，可口可乐在广告营销中也是一大巨头，对于公益广告也毫不含糊，2018年在中国推出的系列公益广告《不一样的我们，一样的在乎》就非常成功，引发热播。这一系列公益广告的主题分为"男孩喝水篇"和"女孩上学篇"，其公益主题是"让每个孩子都能喝上干净的水"。通过两个篇章的传播，这个系列很快在网络上引发热烈讨论。在广告中，借助两个孩子纯真的形象和天然的演绎，本就能够收获很多好感和关注，而干净饮水这一严肃的问题，更是引发了很多人响应。除了名人助阵和主人公外，广告片中的音乐和画面也值得一提，里面响起的童谣是家喻户晓朗朗上口的《甜蜜蜜》，而其编曲也是由知名的音乐团队所打造，形成了非常魔性、具有深刻记忆点的背景音乐，画面中出现的动物口型一致，营造出了可爱效果，令人忍俊不禁。

可口可乐的这一系列公益广告，成功地让人们开始注意到干净饮水的重要性，以及这一问题在一些地区存在的不足，让人们主动去帮助这些地区的孩子们，达到了公益宣传的目的；另外，借助公益建立起了正面的品牌形象，提升了可口可乐在大众心中的好感度和影响力。

思考讨论题

可口可乐的这则公益广告为何能取得成功？有哪些值得我们学习的地方？

---

① 资料来源：新浪博客。

第 8 章
公共关系中的文书写作

本章导读

公关文书是社会组织用来加强与公众间沟通与联系所使用的应用文的统称。公关文书在公共关系活动中具有重要的地位和作用,是社会组织实现公共关系职能、进行有效信息传播的主要手段之一。掌握公文写作的方法与技巧是每一位公关从业人员必须具备的基本技能。本章主要介绍公关文书写作含义、功能、特点、写作原则以及写作的一般步骤,具体阐述了函、请示、批复、请柬、聘请书、启事、介绍信、祝词、贺信、推荐信和自荐信及新闻稿件等常用公关文书的写作。

知识结构图

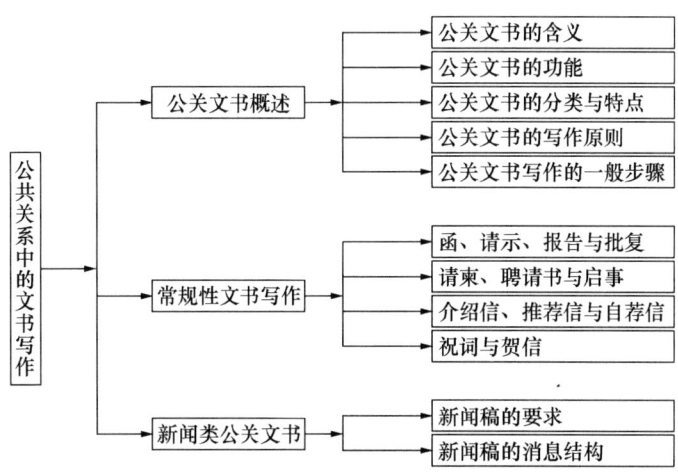

> **【开篇引例】** 老乡鸡董事长手撕员工联名信
>
> 2020年2月8日元宵节，不少企业面临着疫情防控和复工的双重压力。晚间，一段题为"刚刚！老乡鸡董事长手撕员工联名信"的视频通过微博、微信朋友圈等平台广为流传。视频中束从轩称由于受疫情影响，老乡鸡保守估计会有5个亿的损失，为了帮助企业渡过难关，员工提出疫情期间不拿工资，并签字按手印提交联名信。束从轩对此的回应是直接撕掉，并喊话员工，哪怕卖房子、卖车子，也会千方百计确保员工们有饭吃、有班上。强硬的手撕联名信，在餐饮业界普遍哭穷哭惨声中独树一帜。该视频迅速出圈，刷屏网络，在抖音平台的搜索量高达500万。该事件也被认为是餐饮业困境之下品牌公关传播的范本。

资料来源：百度文库。

8.1　公关文书概述

8.1.1　公关文书的含义

公关文书是公共关系文书的简称。广义上的公共关系文书指一切运用于公共关系活动领域的文字材料，包括公文类文书、广告类文书、新闻类文书及公关礼仪类文书。狭义的公共关系文书包括会议上发表的讲话，迎来送往各种场合的欢迎词、答谢词、祝酒词、欢送词，邀请客人出席招待会、开业典礼、座谈会、交易会、学术沙龙的柬帖，还有书信、名片、题词及婚丧寿诞方面的文书等。

公关文书不仅是一个组织和部门的"门面"，同时也是其内部精神的反映。因此，掌握公关文书的写作是每一个公关人员必须具备的基本素质。

首先，公关文书是公关人员在公共关系工作中应用的文书，因而它与一般的文书有所不同。公关文书的目的在于通过各种文字媒介，树立社会组织的良好形象，力求"使人爱"，而一般文书的目的则在于借助各种文字媒介，传递与交流信息，力求"使人知"。此外，公关文书的对象是目标公众，而一般文书的对象较广泛。

其次，公关文书是用来加强组织与公众之间沟通与联系的文书。现代组织要保证信息的畅通，就需要通过面向组织内部公众的文书，旨在加强组织与内部公众；还要通过组织与外部公众联络沟通的文书，以加强公众对组织的了解信任，提高组织的知名度与美誉度。

最后，公关文书是与公关相关的各种文字媒介的总称。当今世界，文字媒介是多种多样、五彩缤纷的，公关文书是其中的特殊组成部分，其主要用于公共关系活动，为组织树立良好的公众形象服务。

8.1.2 公关文书的功能

由于公关文书在组织管理中具有特殊的地位和作用，因而其表现出独有的功能。

1. 信息集纳的载体

组织公关工作的内容之一，就是信息的采集与传输。一方面，要采集本组织的信息，传输给公众；另一方面，要采集来自公众的信息，反馈给自己的组织。而信息的采集和传输，通常要借助于作为信息载体的文稿、出版物和电脑文字处理系统。而当信息输入载体时，又要经过整理和加工。这就是公关写作。

2. 传播沟通的工具

组织与公众之间的沟通，可以借助于探访、谈心、开会、联谊活动等人际交往的方式。但借助于传播媒介进行沟通，则是现代组织更为常用的手段。电视、广播、报刊、书籍、传真、电脑网络则被视为最有力的传媒。其长处是覆盖面广，不受时间或空间限制。而要利用这些媒介，就得写作。传媒是传播沟通的工具，公文写作就是工具的工具。或者说传媒是沟通的载体，公文写作是为载体提供承载的内容。

3. 社会交往的信使

现代组织的生存和发展离不开正当而必要的社会交往，这就是我们平时所说的广结良缘。在这种交往中，文字常常起到别的形式所不能替代的作用。一份经过作者精心构思撰写的邀请书、意向书，一本经过巧妙编排、装帧精美的公关小册子，往往可以成为社会交往中不辱使命的信使。

4. 协调咨询的桥梁

协调咨询是公共关系的重要职能，一个组织要横向经济联合，吸收外来投资，协调比邻关系，理顺内部各个职能部门之间以及领导与职工之间的关系，回答股东、经销商、消费者的问题，处理好内外部的是非纠葛等，都需要准备或提供有关的文件、资料。这些文件、资料在协调咨询中可以起到桥梁的作用。它可以跨越时空，使协调咨询扩大到最大范围；可以使思维清晰化、条理化，迅速推进协商；它还可以把协商成果以文字符号的形式准确记录下来，便于有关方面执行和监督。

5. 教育引导的益友

从公共关系的角度来看，组织员工是内部公众，他们也是公关工作的重要对象。组织对内公关工作的总体目标是把员工的积极性、责任感和聪明才智充分调动起来，与领导集团同心同德，共同塑造和完善组织的良好形象。这需要精神的、物质的鼓励；需要管理，建立和健全各种规章制度；更需要教育和引导，提高他们的素质。现代组织十分重视信息分享，分享原则具体体现在组织的信息库及内部刊物上。具有一定规模、人力、财力等条件许可的组织一般都拥有自己的内部报纸、简报、有线广播；大中型组织甚至还有自己的杂志、闭路电视、内线电话系统、电脑网络、职工培训中心等。在这里，公文写作成了教育引导的益友。

8.1.3 公关文书的分类与特点

1. 公关文书的分类

公关文书涉及面广，内容丰富，应用范围广且性质特点不一。按照常见的分类方法，可以将其划分为以下三类。

（1）常规性文书写作。常规性文书写作是指各类社会组织在各类公共关系活动中经常采用的通用的公共关系文书，如函、请示、批复、协议、意向书、请柬、聘书、启事、祝词、贺信等。

（2）新闻类文书写作。新闻被称为"不花钱的广告"。在公共关系活动中，要使公众了解你、理解你，就必须把企业内部的事件通过大众传播报道出去，而报纸、杂志、广播和电视这些大众传播媒介影响最广泛、信息密度最高、在公众中最具权威。因此，公共关系人员和新闻机构建立经常的密切的联系是必不可少的。正如一位公共关系专家所说："公共关系人员的第一要务，就是与新闻界充分合作。"在公共关系实务中，新闻稿的撰写是一项经常性的大量的基本工作。

（3）调查咨询及策划类文书。咨询调查类文书主要包括调查方案、调查报告、调查问卷、咨询项目建议书、咨询报告及公共关系策划书等。本部分具体内容在本书第 3 章和第 4 章中已有相关介绍，本章中不再赘述。

2. 公关文书的特点

（1）权威性。权威性来自它的制发机关的权威和合法地位。也就是说，这是由它的制发机关的法定职权和工作威信所决定的。一个拥有法人资格并在公众中享有盛誉和地位的组织，它制作的文书才能得到社会的承认，发挥它的效用。

（2）规范性。公关文书要讲究格式的规范。所谓格式，包括书写、排印、行款式样、结构层次、习惯用语、称谓、签署等。公关文书有了格式，可便于写作、阅读、承办、归卷、查询。

（3）实用性。公关文书是公关活动过程中的文字材料，具有很强的实用性。它不必像记述历史那样客观平实，也不需要像创作文学作品那样运用虚构和夸张。公关文书是传递信息、交流信息、反馈信息，具体处理公关活动中所必须用文字来表达的事情，目的非常明确。

（4）艺术性。公关工作本身是一项富于艺术性的工作。作为公关工作的书面表达形式，公关文书无疑也要讲究艺术性。这里讲的艺术性，并非花言巧语、哗众取宠、矫揉造作、华而不实，而是指文章的结构、语言、表达方式等要给人以美感，达到内容和形式上的完美结合。如书函、广告、请柬等常用的公关文书，都应讲究内容美、语言美、形式美，做到庄重而不矜持、亲切而不庸俗。

8.1.4　公关文书的写作原则

公关文书是应用文，它同一般的应用文具有共同性，例如主题鲜明、结构紧凑、层次清楚、文字流畅等。但由于公关文书的实用性强，除了这些共性外，它还有自身的一些特殊要求。概括起来，主要有以下几点。

1. 准确、真实

公关文书与供读者欣赏的文学作品不同，不能像文学家那样对生活中的素材加以提炼集中创造出典型，也不能用含蓄的倾向性去感染读者，让读者自己去联想和品味。公关文书是个办事工具，要用它来联系工作、树立组织形象，因此，必须准确无误，实事求是。

准确的关键是"立意"要准确、鲜明，提倡什么，反对什么，说明什么观点，解决什么问题，都要十分明确。古人云："意在笔先。""意"即主题，是文章的灵魂。主题明确才能有的放矢地开展工作。

"真实"，主要指恰如其分。公关文书的各种体裁都是直指其意、述其事、表其情，不允许任何的虚构和杜撰。

2. 新鲜、及时

文学作品可以用曲折的故事情节来扣人心弦，可以用逼真生动的描写来吸引读者。那么，公关文书怎样才能写得生动呢？一是要从公关工作的根本目的出发，写出本单位的个性与特色。如果写出来的东西尽是套话、大话，照抄照转，千篇一律，没有新鲜感，没有本单位、本企业最能叫人信服的东西，别人看起来就会索然无味。像商品广告，如果千篇一律地说什么"质量可靠""实行三包""誉满全球"，就没有多少感人之处。二是写作的语言要新鲜活泼。公关文书虽然大多属直接叙述性文章，但是，如果讲究语言的表达方式，同样可以写得生动。那种认为公关文书不需要生动活泼的想法，完全是一种错觉。公关文书大都用于交流传递信息，所以，及时就是生命，如果磨磨蹭蹭、拖拖拉拉，"构思十年"，就会失去它的功效。

3. 利人、利己

关系因为利益而维持，同时因为利益而难处。在人类社会还未进入按需分配的时代，利益分配总是困扰人们的一大难题。公共关系在激烈的竞争中提出利益共享原则，合理地解决了组织和公众之间的利益纷争，从而遏制了损人利己的经营观念。因此，无论是报告、总结、调查报告，还是广告或新闻报道，在写作之前，都应对组织的各种行为所引发的利益作出科学评估：哪些是有利于国家和社会的，哪些是有利于组织自身的；哪些是长远的规划，哪些是"杀鸡取卵"的短期行为；即使是受益，又有哪些人受益，哪些人受到伤害……对于这些问题，如不能从整体上认识和把握，势必纠缠在组织眼前的、局部的得失上。而通过公关文书写作欺瞒以至愚弄公众，这种做法虽有可能于己一时有利，但危害广大公众利益，组织自身的生存和发展就成了空中楼阁。从这点出发，公关文书不能急功近利、见利忘义，而应该从大处、远处着眼，使公关文书更好地为组织、为公众服务。

4. 简洁、清晰

公关文书只有便于阅读和处理，才能提高办事效率，所以，简洁、清晰非常重要。要写得简洁，就要对所办事情的情况、存在的问题、采取的措施和步骤有一个清楚的分析和概括。如果在认识上比较模糊，抓不住症结和主要问题，写起来就无法做到层次清晰、文字简练。在写作技巧上，公关文书都应开门见山，简明扼要；切忌"帷幕"重重，画蛇添足。为了使语言简洁、清晰，经常使用一些专用词语与固定的习惯用语，如"业经""遵照""收悉""为要""照办"等。

5. 质朴、得体

公关文书大都在广大公众中传递，散发面广，而且，从文书上可以看出这个组织的文化修养和知识水平，所以，无论在用纸、书写和外观设计上，还是在传递的方式和时机选择上，都要严格把关，不可草率从事。公文的内容和形式都必须美观、大方。公关文书涉及的文种较多，而各类文种都有自己的格式，不可僭越和混淆，否则，就会贻笑大方。因此，文书的起草人员必须掌握各种文体的规定形式，发出的文件必须符合本组织的身份和地位，落落大方，质朴得体。

8.1.5 公关文书写作的一般步骤

1. 拟稿

拟稿时必须采取极端负责的态度，政策观点要明确，事实数据要准确，论述层次要精确，文字表达要简练，标点符号要正确，并且合乎公文体式。

2. 核稿

核稿是把好公文的质量关。主要审核下列几点：是否符合国家法制要求，是否体现党和国家方针政策，措施是否妥当，方法是否可行，结论是否正确，结构是否合理，用语是否符合语法和公文的特点，文件的格式是否得体。

3. 签发

签发是指机关主管领导人对已审核的文稿进行最后审定并签署印发。会议讨论通过的文稿，可由办公室主任签注什么时间和什么会议通过，代行签发。属于重要的涉及面广的文件，应由正职领导人签发。签发文件人应写上自己的姓名并注明签发时间，以示负责，便于查考。

4. 制发

文件经领导签发后即送文印部门印制。文件进入制发阶段，要做到保证质量的同时按具体要求及时印制，校对认真细致。

5. 用印

用印是指使用印章，俗称盖公章。盖章时必须同时压盖落款和落款下的年月日，加盖印章的党徽、五角星和单位组织名称必须做到端正清晰。

6. 封发

封发是指对印好的文件登记、封装和发出。一切发出文件均需经过严格登记，以便对文件进行管理、统计和查找。登记的项目主要有：顺序号、发文日期、发文字号、文件标题、附件、密级、份数、发往机关、签收人、归卷日期、文件入卷号、备注等。封发时，除"亲启"件外，一般写收文的机关或办公室收，以便对方及时受理。凡是应当收回的文件，要注明收回日期，按期收回。需要回执的文件，应预先在封套背面贴上回执单，注明发文编号。

7. 归档

机关撰制的文件在发文后，并不意味着该项工作的结束，承办人还应将发文底稿和正式文件两份一起归档，留底保存，以备查考。

8.2 常规性文书写作

常规性文书写作包含内容较广，限于篇幅，本书主要介绍以下几种。

8.2.1 函、请示、报告与批复

1. 函

函即是信的别称，但又有别于一般的书信，具有更加规范和正式的特点。函是公文中

唯一的平行文，具有广泛的应用范围，适用于平行或不相隶属机关之间商洽工作、询问和答复问题、请求批准和答复审批事项的公文。

理解函的定义时，需要把握住"不相隶属机关"这一概念。所谓"不相隶属机关"，是指双方在行政或组织上没有领导与被领导关系、业务上没有指导与被指导关系，即使一方比另一方具有更高的行政级别，只要不存在上述关系，都可以称之为"不相隶属机关"。在不相隶属机关之间，级别高的一方不能向级别低的一方发出指挥、指导性公文（个别晓谕性的通知例外），级别低的一方也不需向级别高的一方发出请示和报告。双方之间如果有事项需要协商或请求批准，都要使用"函"这种平行文体。

（1）函的特点。

首先，函是一种平行文，主要用于不相隶属机关之间互相商洽工作、询问和答复问题，体现着双方平等沟通的关系，有平等性和沟通性。这与上级对下级的批复、指示及下级对上级的请示有着根本的区别。

其次，函对发文机关的资格要求很宽松，高层机关、基层单位、党政机关、社会团体、企事业单位，均可发函。函的内容和格式也比较灵活，而且不限于平行行文，所以运用得十分广泛。

最后，函的内容必须单纯、实用，一份函只能写一件事项，即一事一函。函不需要在原则、意义上进行过多的阐述，开门见山、直截了当说明事由即可。

（2）函的分类。

①公函与便函。按照文本格式划分，函可以分为公函和便函。公函是正式的公文，有文件头、有发文字号、有标题、有公章，总之，严格按照公文格式撰写制作。便函则不属于正式公文，格式比较随意，没有文件头，没有发文字号，甚至可以没有标题，但正文之后，要有机关署名、日期和公章。

②发函和复函。根据函的去向分类，函可以分为发函和复函。主动制发的函为发函，回复对方的来函为复函。根据对应原则，对方发来的是函，回复的也应该是函，但有时可以灵活处理。例如上级发函向下级询问有关情况，下级回复时最好用答复报告，以示郑重。再如，对下级机关的请示，上级机关的办公部门（一般与下级机关在级别上是平级的）在接到授权的情况下，可以给以答复，但不能使用批复，只能用函的形式。

③商洽函、询问函和请批函。按照函的内容和目的进行分类，函主要可以分为商洽

函、询问函和答复函、请批函。此外,还有通知事项的函、催办事宜的函、转送材料的函等。

(3) 函的结构。便函的结构相对自由,但公函要求较为严格。公函的结构需包括标题、发文字号、主送机关、正文、落款和日期等部分。

①函的标题、字号和主送机关。公函的标题由发文机关名称、主要内容(事由)、文种组成。较完全的写法如《国务院办公厅对国家工商行政管理局关于贯彻〈食用盐加碘消除碘缺乏危害管理条例〉有关问题请示的复函》《国务院办公厅关于羊毛产销和质量等问题的函》等。也可以采用省略发文机关名称的写法,如《关于请求批准××市节约能源中心编制的函》。

②函的发文字号。公函要有正规的发文字号,由机关代字、年号、顺序号组成,在标题下方右侧标注。大机关的函,可以在发文字号中显示"函"字。如国办函〔2000〕16号。

③函的主送机关。函的主送机关是指询问情况或答复问题的单位。函的行文对象一般情况下是明确、单一的,所以多数函的主送机关只有一个。但若内容涉及多个部门,也会出现多个主送机关的情况。

④函的正文。函的正文一般由发函缘由、事项和结尾组成。其中,发函缘由是函的开头部分,主要用来说明发函的原因、目的等。如果是答复对方来函,应以来函为引据,然后再说明缘由。这部分结束时,常用一些习用的套语转入下一部分,如"现将有关情况说明如下""现就有关问题函复如下"等。事项是函的主体部分,主要是把需要洽商、询问、答复的问题讲述清楚。结尾部分主要是向对方提出希望或请求。最后,另起一行以"特此函商""特此函询""请即复函""特此函告""特此函复"等惯用结语收束。

⑤落款和发文日期。在正文右下方签署发文机关名称及年月。

(4) 函的写法。函的写作要简洁明了,开门见山,用语要真诚、朴实。同时还要注意用语的分寸,因是平行文,语言要平和礼貌,但要避免阿谀逢迎。最后,还要注意针对性和时效性。

2. 请示

请示是下级机关向上级机关请求对某项工作、问题作出指示,对某项政策界限给予明确,对某事予以审核批准时使用的一种请求性公文,是应用写作实践中的一种常用文体。请示可分为解决某种问题的请示和请求批准某种事项的请示。请示必须具备以下三个条件:第一,必须是下级机关向上级机关的行文;第二,请示的问题必须是自己无权作出决定和处理的;第三,必须是为了向上级请求批准。由此可见,请示与公函间最大的区别在于公函是平行函,而请示是上行函,这使得两者在写作要求等方面存在着很大的差异。

(1) 请示的分类。根据请示的内容和写作意图的不同,可以将请示分为以下三类。

①请求指示的请示。此类请示一般是政策性请示,是下级机关请示上级机关对原有政策规定作出明确解释,对变通处理的问题作出审查认定,对如何处理突发事件或新情况、新问题作出明确指示等请示。

②请求批准的请示。此类请示是下级机关针对某些具体事宜向上级机关请求批准的请示,主要目的是解决某些实际困难和具体问题。

【范例8-1】　　　　　关于增建地下消火栓所需资金的请示

×食字〔19××〕×号

××市二商局:

我公司××冷库,系地区性重点仓库,有库房×间,建筑面积×万平方米,可以贮存×千吨、价值约××万元物资,每年上缴利税××万元。但多年来,冷库的防火设施十分简陋,器材不足。库内仅一处有消火栓,且由于年久失修,压力低,达不到喷射要求。一旦发生火灾,其后果难以设想。去年以来,市区有关防火部门多次检查,要求增建消火栓,但均因我单位缺少资金,一直无能为力。为保证库区安全,做到有备无患,急需增建地下消火栓4处及增设一部分消防器材,共需资金××万元,请局予以拨给。

妥否,请速批复

附:《增建冷库地下消火栓资金预算》一份

××市食品公司(公章)

一九××年×月×日

③请求批转的请示。下级机关就某一涉及面广的事项提出处理意见和办法,需各有关方面协同办理,但按规定又不能指令平级机关或不相隶属部门办理,需上级机关审定后批转执行,这样的请示就属此类。

（2）请示的特点与写作要求。

①请示的特点。请示的特点可简单概括为以下四点：一是请示事项的时间性较强，一般都是急需明确和解决的，否则会影响正常工作；二是写作时注意一事一议，切不可一事多议或多事一议；三是一般主送一个机关，不多头主送，如需同时送其他机关，应当用抄送形式，但不得在请示的同时又抄送下级机关；四是应按隶属关系逐级请示，一般情况下不得越级请示，如确需越级请示，应同时抄报直接主管部门。

②请示的写作要求。请示一般由标题、主送机关、正文、发文机关、日期五部分组成。请示的正文，主要由请示的原因、内容、要求三部分组成，请示时应将理由陈述充分，提出的解决方案应具体，切实可行。请示的注意事项除其特点中所述之外，还应注意请示与报告的区别，切忌用报告代请示行文；请求的内容若涉及其他部门或地区时，在正常情况下应事先进行协商，必要时还可联合行文，如有关方面意见不一致，应如实在请示中反映出来。另外，请求拨款的，应附预算表；请求批准规章制度的，应附规章制度的内容；请示处理问题的，本单位应先明确表态；正式印发请示送上级机关时，应在文头注明签发人姓名。

3. 报告

报告是向上级机关汇报工作、反映情况、提出意见或者建议，答复上级机关的询问时使用的公文。报告使用范围广泛，如下级按照上级部署或工作计划，每完成一项任务，一般都要向上级写报告，以反映工作进展的基本情况、工作中取得的经验教训、所存在的问题以及今后工作设想等，其目的是获得上级领导部门的指导与支持。

报告属于单向行文，一般不需要受文机关的批复。同时，大多数报告都是下级在做完事情或事件发生之后向上级机关作出汇报，是事后或事中行文。因为报告具有汇报性，是向上级讲述做了什么工作，或工作是怎样做的，有什么情况、经验、体会，存在什么问题，今后有什么打算，对领导有什么意见、建议，所以行文上一般使用叙述方法，即陈述其事。

报告的类型较多，主要有例行报告、综合报告、专题报告等，这些报告的写作要求有所不同。如例行报告（日报、周报、旬报、月报、季报、年报等）要随着工作的进展，反映新情况、新问题，写出新意。综合报告要有分析，有综合，有新意，有重点。专题报告要迅速、及时，一事一报。呈报、呈转要分清写明。

报告一般分为标题、上款（收文机关或主管领导人）、正文、结尾等部分。其正文是报告的主体部分，其结构与一般公文相同。从内容方面看，报告情况的，应有情况、说明、结论三部分，其中情况不能省略；报告意见的，应有依据、说明、设想三部分，其中设想不能省去。鉴于本书其他章节对公共关系专题报告、调查报告、评估报告等已有专门阐述，故有关报告的写作要求等内容在此从略。

4. 批复

批复是上级用于答复下级机关请示事项的公文。批复的写作以下级的请示为前提，它是专门用于答复下级机关请示事项的公文，先有上报的请示，后有下发的批复，一来一往，被动行文。这一点与其他公文有所不同，这是批复的最大特点。同时，批复还具有内容的针对性、明确性和效用的权威性等特点。同时，批复必须有针对性的一文一批复，请示要求解决什么问题，批复就答复什么问题。

根据批复的内容和性质不同，可以分为审批事项批复、审批法规批复和阐述政策的批复三种。根据批复的结论还可以分为肯定性批复、否定性批复和解答性批复三种。

批复一般由标题、主送机关、正文和落款构成。

最常见的是完全式的标题，即由发文机关、事由和文种构成。在事由中，一般将下级机关及请示的事由和问题写进去。

主送机关一般只有一个，是报送请示的下级机关。其位置同一般行政公文，写于标题之下，正文之前，左起顶格。批复不能越级行文。

正文是批复的主体部分，包括批复引语、批复意见和批复要求三项。批复引语要点出批复对象，一般称收到某文，或某文收悉。批复意见是针对请示中提出的问题所作的答复和指示，意思要明确，语气要适当。批复要求是从上级机关的角度提出的一些补充性意见，或是表明希望、提出号召。如果同意，可写要求；不同意，亦可提供其他解决办法。

落款部分写在批复正文右下方，署成文日期并加盖公章，成文日期用阿拉伯数字（2012 年新规）。

8.2.2 请柬、聘请书与启事

1. 请柬

请柬，又称请帖、邀请书。它是公共关系礼仪交往中邀请某单位或个人参加某项活动而发出的书面信函，用以表示郑重邀请之意。一般来讲，在举行重大活动，如召开业务洽谈会、经验交流会、庆祝会、纪念会、学术讨论会、茶话会、招待会、宴会、开业庆典、周年庆、奠基仪式等，而对方又是作为宾客参加时，才发送请柬。请柬的最大特点就是言简意赅，但要表达出较浓的感情色彩和诚意。设计制作和书写请柬应注意以下几点。

（1）请柬的装帧设计。请柬在款式和装帧设计上，要讲究艺术性和实用性，使其不仅作为传情达意的书信，而且也成为美观、精致的纪念品，这对于宣传组织形象会起到意想不到的效果。

（2）请柬的格式和内容。

①标题。用较大的字体书写"请柬"二字，可放在第一行的正中，也可放在一页的正中当作封面。现在市场上可以买到印刷好的请柬，其印刷比一般的打印或书写更精美。但是，正式的公函要求用印有公司标识的请柬，所以有些机构在资金充足的条件下，可以要求请柬的设计制作企业为机构定制各种公函用纸，包括请柬。

②内容。抬头顶格书写被邀请者的机构全称或个人的姓名。如果收帖人是个人，除了要写上他的姓名外，还要写上其头衔或职务。第二行空两格写正文，要求用最简练的语句写清事由、时间和地点，并换行顶格写上"敬请参加""恭请光临"等。如果是邀请参观或看表演，还应将参观券或入场券等附上。

③落款。在正文下面靠右写明发帖的单位全称或（及）个人的名字、头衔，换行写上发帖的年、月、日。一般表示恭敬和诚意，落款的个人名字由本人手写。

请柬的语言应文雅大方，简洁明确，热情洋溢；不要堆砌辞藻或套用公式化语言；用语要恰当，注意尽量用口语。请柬无论是自制的还是购买的，其设计都要表现出喜庆和热烈；但作为一份公函，又要求请柬保持严肃的风格。

【范例8-2】　　　　　　　　　　请　柬

张××总经理：

　　本公司在天津市和平区××路××号的新址已落成，兹定于2021年12月8日（星期一）9：30正式开张营业，敬请光临并为之剪彩。

　　　　　　　　　　　　　　　　　　　　　　　　　　　××大酒店

　　　　　　　　　　　　　　　　　　　　　　　　　　总经理　李××

　　　　　　　　　　　　　　　　　　　　　　　　　　2021年12月1日

请柬在填写和签发时，往往工作量比较大，所以要特别注意收帖人的姓名和头衔不能出错，请柬内收帖人的名称和信封上的收帖人要相符合；否则会给收帖人极差的印象，认为发帖人缺少邀请的诚意，发帖机构的工作质量也会受到怀疑。

2. 聘请书

（1）聘请书的概念和作用。聘请书是一个单位聘请有关人员担任本单位某一职务或承担某项任务时使用的一种应用文书，通常简称聘书。

聘请书有三方面的作用。一是向应聘者表示敬意。一般来说，被聘请者都是学有专长或是单位急需的，使用聘请书，表达对应聘者的尊重。二是加强应聘者的责任感。聘请书以书面文字的形式，表明应聘者的权利、义务。因此，聘请书的授予会增加应聘者的工作责任感，更好地发挥他们的聪明才智。三是加强协作的纽带。一个单位要开展某项工作或承担某项任务，如本单位缺少一些必要的人员，需要从外单位聘请时就要使用聘请书。这样聘请书就成了互通有无、调剂力量、加强协作、互相支援的重要手段，起到把需方和援方紧紧联系起来的纽带作用。

（2）聘请书的格式与内容。聘请书由标题、称谓、正文、结语、落款五部分构成。

①标题。在封面居中写上"聘请书"或"聘书"。

②称谓。被聘请者的姓名、称呼，可以在开头写，也可以在正文中写。

③正文：聘书的主体。一般要交代聘请的缘由和请去干什么，也可以不写缘由，只说明聘请去担任什么工作。正文中还要写上对被聘请者的希望和要求。现在，不少聘请书相当于"聘请合同"，它规定双方的权利和义务，应聘者承担的具体职责、报酬、权限、聘请的起止日期等。由于内容较多，常常分条一一加以叙述。

④结语。一般要写上表示敬意和祝颂的话语。

⑤落款。如署名、日期、公章。结语下行右下方写上聘请单位和名称，并加盖公章。如是合同性质，要有三方签字：受聘人、聘请单位和公证单位。日期另起一行，标明具体的年月日。

（3）聘请书的写作要求。一是陈述要清楚。聘请谁、为什么聘请、聘去做什么，一定要说清楚，否则被聘者无法应聘，即使接受聘书，也只能是盲目应聘，影响工作质量。二是文字庄重、简洁是对应聘者的敬重，行文要庄重礼貌。聘书不同于其他专用书信，只需说明聘请的理由和聘去干什么即可，语言要简洁、干练。三是加盖公章。聘书是以单位名义发给受聘者的，加盖公章后才能生效。

【范例8-3】　　　　　　　　聘请书

××先生：

　　我所是西南地区最大的水产研究基地，承担着国家及省、市下达的科研项目一百余项。为了集中西南地区水产专家的力量参与我所的科研，经我所决定，兹聘请您担任我所兼职研究员，负责进口鱼类的繁殖研究工作，聘期三年（自××××年×月×日到××××年×月×日）。

　　特此聘请。

××市水产研究所（盖章）
××××年×月×日

---

3. 启事

（1）启事文种的特征。启事是围绕某个事项在一定范围内公开说明情况、提请注意、寻求帮助而使用的事务工作文案。它的目的在于告知，不带有约束力或强制执行力。

（2）启事的种类。

①找寻启事。主要有寻人启事、寻物启事。

②征召启事。主要有征集启事、招聘启事、招领启事、招标启事等，如征文、征物、失物招领、招工、招生、工程招标等。

③声明启事。这类启事具有声明性质，有时就以声明的形式出现。主要有遗失启事、迁址启事、更正启事、更名启事、除名启事、聘用或解聘启事、开业或停业启事、作废声明等。

需要说明的是，本文介绍的启事不包括那些以启事的名义发出、实际上带有推销商品和服务等直接营利目的的广告，如《换季商品降价启事》。

启事一般以张贴、登报、广播或电视的形式发布。无论哪种启事，它们的写作结构和要求基本是一致的。

(3) 启事的写法。

①标题。启事的标题有多种写法，一是直接写文种名称《启事》或《声明》就可以了。二是只写启事的事项，如《征稿》《寻合作伙伴》等。三是写出启事的事项和文种名称，如《招工启事》《迁址办公启事》等。四是以启事单位和文种名称组成，如《××大学启事》《××厂声明》等。五是以启事单位、事项、文种三部分组成，如《××大学中文系汉语言文学专业××年本科插班（作家班）招生启事》《×××公司聘请××为常任法律顾问的启事》等。六是只写启事单位名称，因为报纸上刊登启事的版面每天基本固定，读者已经熟悉，在固定的征召启事版面上看到公司名称，就会想到招聘。一般说来，如果只写单位名称，这个单位应该在社会上具有一定的知名度。七是根据内容，为引人注目而自行设定的灵活性标题，如有的招聘启事标题是《高薪诚聘》《10万年薪寻总经理》《你知道我在等你吗?》等，有的寻人寻物启事的标题是《×××速回厂》《目击证人你在哪里?》等。有的启事内容重要，干脆在标题中写明《重要启事》，以期引起受众特别注意。

②正文。启事的正文篇幅一般都很简短，说清启事的原因、目的、事项、要求就行了。有的启事只写事项，有的启事还要写清联系办法（如联系地点、联系人、联系电话或者通信地址、邮政编码等），还有的启事因为事项十分重要，所以可以写上关于酬谢的内容。这部分文字要认真斟酌，力求周全、具体、准确，不能含糊或有歧义。比如寻人或除名启事中关于时间限定问题，有的写"×日内"，有的写"自登报之日起×日内"，有的写"×月×日之前"，这些细微区别反映到启事的写作上就要慎重，启事本身要不要写日期？该启事具体何日见报？规定的限定时间是否具有可操作性和合理性？这些问题都要考虑周全。

实际生活中就有这样的例子：一位擅自离职的职工看到原厂在报上刊登的启事，要求他"×月×日前回厂"，否则将除名。结果他在限期的最后一天晚上10点左右回厂报到，而此时厂里下班，只有门卫值班。第二天厂里宣布除名，他不服，向法院提起诉讼，认为厂里的启事没有具体说明应在几点前回厂，所以不能除名（实际上此人明知下班时间而故意钻了厂里《启事》的空子）。此事后来虽然得到解决，但反映了一个很值得重视的问题：任何事务工作文案的写作都不能因为它的"事务性"而放松要求。如果该厂在启事中写明"×月×日×点以前回厂"，就不会发生后来的问题。

③落款。启事的落款包括启事单位名称和启事日期。如果标题中已经有了单位名称,这里可以省略。张贴的启事一定要写明启事时间,通过新闻媒介公开发表的启事一般以公开发表的日期为准,这里也可以省略。

此外,将"启事"写成"启示"是错误的。有些启事的内容,涉及国家专项政策,要经过有关主管部门批准之后才能刊登。这些启事刊登时,要在文尾或标题下注明批准文号。

8.2.3 介绍信、推荐信与自荐信

1. 介绍信

(1) 介绍信的概念和特点。介绍信是介绍本单位被派遣人员到有关单位联系工作、接洽业务及参观学习时所写的专用信件。介绍信用于单位和单位之间,用于特定的正式场合,有证明人物身份的特点。持介绍信的人,可以凭着此信件同有关单位或个人联系事务。对方从介绍信里就可以知道来者是何单位的,担任什么职务,办理什么事情。在交际使用中,介绍信使用有单位名称的便笺,不仅有联系对方的作用,还有证明持信人身份的作用。

(2) 介绍信的种类。目前,在中国通用的介绍信有两种形式:一种是印刷介绍信,常用语与格式都是现成的,使用时,只需要经办人将持信人的姓名、职务、办理什么事情等分别填在介绍信上和存根中就行了。另一种是一般便笺介绍信,这种介绍信使用印有单位名称的便笺,不受印刷框架的限制,不留存根,写的内容及写法比较灵活。

此外,还有一种用于非正式场合的私人介绍信。私人介绍信类似于一般书信,写作目的也是联系或办理具体事宜。它只在熟悉的人中间使用,随意性很强,内容也写得更为具体详细。

(3) 介绍信的格式和内容。印刷性介绍信的格式是固定的,这里不再介绍写法。便笺式介绍信由五个部分构成。

①标题。在便笺的第一行居中写上"介绍信"。

②称谓。换行顶格写受文单位或名称。介绍信必须写清称呼,否则会影响办事效果。

③正文。介绍信正文内容简单,通常不分段。换行空两格写有关内容,包括持介绍信者的姓名、年龄、政治面貌、职务或职称、需要联系办理的事务及向对方提出希望。若私人间介绍信,也可注明持信者与所写者之间的关系。

④结束语。为了礼貌和向对方表示尊敬，在正文之下写上"此致""敬礼"。

⑤署名、日期、公章。另起一行的右下方写上单位全称，加盖公章。换行再写具体的年月日。

（4）介绍信的写作要求。称谓要恰当，必须写全称；正文要简明扼要地讲清目的是什么，具体事项是什么；结构要完整。写毕介绍信，不能忘了盖公章。

【范例8-4】　　　××大学数学与信息学院学生专业实习介绍信

_____单位：

　　我院各专业已进入社会实习阶段，专业实习对于提高学生业务能力和综合素质具有重要作用。兹介绍我院专业学生前来贵单位实习，请予以大力支持，并给予指导和严格管理。

　　感谢贵单位支持我校的学生专业实习工作。

　　此致

敬礼！

××数学与信息学院
年　　月　　日

2. 推荐信与自荐信

（1）概念和作用。随着市场经济的发展，就业竞争日趋激烈。在这种自由竞争中，人才也同商品一样，需要推销、竞争。推荐信和自荐信是经济改革不断深化过程中出现的新文种。推荐信是指通过有关人士的介绍，向用人单位推荐人才的书信。自荐信是指自己向用人单位推销自己，以谋求某一职务或岗位的书信，又称自我推销书。

推荐信和自荐信是竞聘者实现人生价值的桥梁。它们的目的明确，在于谋求一个理想的工作或职务，以展示个人才干，实现人生的理想和抱负。它能充分表达个人意愿，向用人单位充分展示一技之长，使自己得到社会的承认。

推荐信和自荐信也是解决人才需求问题的途径。推荐信和自荐信可以传递、反馈人才市场某方面的信息。用人单位也可通过此信找到本单位所需人才，使竞聘者找到用武之地，达到供需双方相互了解和双向选择的目的。

（2）特点。推荐信和自荐信关系一个人的事业、前途、生存与发展，在人生旅程中的作用不可低估。因此，它们显示出一些与其他实用文体不同的特征。

①真实地展示才干。推荐信和自荐信的目的是让用人单位相信被荐者的才干，能够胜任所求职位。因此，必须本着对本人负责、对用人单位负责的精神，实事求是地介绍才能，不能夸大其词，自吹自擂。

②态度诚恳，语言谦虚、诚恳。推荐信和自荐信是让用人单位了解被荐者的一种途径。因此，除阐明竞聘的有利条件外，还须表现出态度的诚恳和语言的谦虚，注意既不能曲意逢迎，又不要傲慢无礼。要讲究语言的艺术，既要生动有文采，又要谦虚可信，分寸把握得恰到好处，这样才能打动人心，在无数的竞聘者中脱颖而出。

（3）内容与结构。推荐信和自荐信并没有固定的格式，但在实际的写作过程中，常有一些约定俗成的内容，一般由四部分组成。

①标题。标题可直接标明文种"自荐信""自荐书""推荐信"或"推荐书"，位置居中。

②称谓。在标题下一行顶格书写用人单位名称（需用全称或规范简称）；如写给单位领导，则应据收信人的身份、地位给予恰当的称谓，在其姓名后加上职务或尊称。

③正文。正文是全文的核心部分，其主要内容有四点：一是被荐者的基本条件。无论是推荐信还是自荐信，都要着重介绍被荐者的知识结构、业务能力、实践经历、工作成绩、基本素质等内容，给用人单位留下深刻印象。这一部分是求职成败的关键，因此，要求写得充分、具体。二是提出竞聘要求。根据所长或用人单位所需，提出所要应聘的具体岗位名称、职务，不可同时要求多种不相干的职务，可适当提出任职后的酬金、待遇。三是被聘后的打算。竞聘者应对自己所求职位有一定的了解，并可对应聘岗位提出自己的设想、目标及实现的具体措施。目标要客观，有可行性；措施要具体可行，有操作性。四是推荐语。推荐信可写"为此，本人乐于推荐他或她到贵公司工作"，自荐信可写"我恳切希望能到贵公司发挥所长，请给予我一个机会"等。

（4）落款。自荐信写上姓名、日期即可。推荐信的发信人如是单位，须加盖公章。推荐信和自荐信写起来不难，但要写好却不容易。因此，在写作推荐信和自荐信时，应注意以下四个方面。

①格式规范，结构合理。自荐信的写法"千人千面"，但作为一种实用型文体，具有

一般信件的规范格式。不管如何布局安排，都要层次分明、简洁明了、突出重点，避免出现体例失范、层次混乱的毛病。

②层次清晰，文字简洁。自荐信切忌篇幅过长，洋洋洒洒几十页，容易使对方厌烦。哈佛人力资源研究所的一份测试报告表明：如果一封自荐信的内容超过400个单词，则其效果只有25%。因此，中文自荐信一般以500～800字为好，长度最好不要超过一页A4纸。

③文笔流畅，措辞恰当。作为一种实用型文体，自荐信最好用简明的短句、稳重的语气来写。文风要平实、沉稳，以叙述、说明为主。不宜过多引经据典、抒情议论，不要使用拗口的语句和生僻的字词，切忌出现错字、别字、病句及文理欠通的现象。

④如实全面，突出优势。在介绍自己情况时一定要实事求是，优点不虚谈，缺点不掩饰；自我介绍材料要全面、完整，自荐信、推荐表、个人简历、证明材料等一应俱全，切忌丢三落四。所谓"突出优势"，就是要突出那些能引起对方兴趣、有助于获得工作的内容，主要包括专业知识、工作经验、特长和个性特点等，强调与众不同之处，体现个性化的元素。

【范例8-5】　　　　　　　　自荐信

××经理：

　　我从《××日报》上的招聘广告中获悉贵酒店欲招聘一名经理秘书，特冒昧写信应聘。

　　两个月后，我将从工商学院酒店物业管理系毕业。我身高165cm，相貌端庄，气质颇佳。在校期间，我系统地学习了现代管理概论、社会心理学、酒店管理概论、酒店财务会计、酒店客房管理、酒店餐饮管理、酒店前厅管理、酒店营销、酒店物业管理、物业管理学、住宅小区物业管理、应用写作、礼仪学、专业英语等课程。成绩优秀，曾发表论文多篇。熟悉电脑操作，英语通过国家四级，英语口语流利，略懂日语、粤语、普通话运用自如。

　　去年下半学期，我曾在×××五星级酒店客房办化验室实习半个月，积累了一些实际工作经验。我热爱酒店管理工作，希望能成为贵酒店的一员，和大家一起为促进酒店发展竭尽全力，做好工作。

> 我的个人简历及相关材料一并附上，如能给我面谈的机会，我将不胜荣幸。
>
> 联系地址：广州×××工商学院酒店物业管理系510507
>
> 联系电话：×××××××
>
> 此致
>
> 敬礼！
>
> 求职人：×××
>
> ××年×月×日

8.2.4　祝词与贺信

1. 祝词

（1）祝词的特征。祝词是指在社会活动中为欢庆佳节、迎送宾客或者为举办其他隆重庆典时，领导人向公众表示节日祝贺或者主客双方分别向对方表示欢迎、祝贺、答谢所使用的讲话稿。

祝词适用的范围十分广泛。在国际国内各种场合的集会、宴会、喜庆活动等，客人应邀来访或者参加活动，主人表示欢迎和欢送，都经常用祝词来表达各自的衷心祝愿之情。祝词的运用，可以促进不同国家之间、政党组织之间的友好往来，可以沟通单位之间、部门之间和干群、政群、军民之间的联系，在公关活动中起着联络感情、增进友谊、促进交流和加强合作的作用。

祝词大致有三类：一是祝寿词，它是在寿辰纪念活动中所作的祝福。二是祝贺词（贺词），是用于各种集会或聚会场合的讲话。三是祝酒词，这是在酒席宴会的开始，主人向客人表示热烈的欢迎、亲切的问候、诚挚的感谢，客人进行答谢并表示衷心祝愿的应酬之辞。

（2）祝词的写法。祝词的结构形式常见的有两种：一种是"点睛"式，多用于祝寿词或特殊场合的祝贺词、祝酒词。即用一两句精粹的词语，把自己美好的祝愿表达出来，有时也可以引用贺词或名言，借以表达自己的心意。另一种是文章式结构，全文由开头和正文构成。

写祝词时要注意以下事项：祝词短小、精练、炽烈，总的来说应该做到主旨鲜明、集中，感情真挚、热烈，语言平实、得体，富于感染性、启发性和鼓舞性。

祝词属于演讲词的范围，除文稿本身的写作要求外，还有一个演讲技巧问题，其中包括仪表、仪态要自然大方，口语表述要清新、流畅，语势要波澜起伏等。这就对讲话者提出了更高的要求，即不仅要有一定的文字修养，还要具备一定的社交能力。

2. 贺信

贺信是向受信一方表示祝贺的一种专用公关书信。这种专用书信在古代就已产生了。古代帝王有庆典等大事，大臣们都要上书赞扬、祝贺，也叫"贺表"。唐代作家韩愈就写过《贺皇帝即位表》，就是献给皇帝的贺信。

在现代社会，贺信已成为一种重要的公关手段，某个单位或个人为社会做出了重要成绩，某项重大科研成功地通过了鉴定，某个体育团体获得了比赛的好成绩……都可以用贺信祝贺、赞扬。它往往可以激励受贺一方再接再厉，在已有的成绩上百尺竿头，更进一步。它也可以沟通双方情感，密切关系，进一步增进友谊。

贺信可以在适当场合宣读，也可以采用其他形式公布，重要的贺信还可以借助新闻媒介广为传播。

贺信通常包括四种类型：一是上级单位对下级单位所属职工的贺信。这类贺信有节日祝贺（如春节、元旦、国庆等），也有对其所取得成绩表示祝贺的。二是同级单位之间的贺信。祝贺对方取得成绩，表示向对方学习。三是下级单位给上级领导的贺信。这类贺信除了表示祝贺外，还表示下级单位努力做好工作，认真完成任务的决心。四是给重要领导人、科学家、艺术家寿辰的贺信。

贺信的格式同一般书信差不多，包括标题、开头、正文、结尾四个部分。

贺信的标题有两种。一种是在首行中间用略大字体写上"贺信"两字；另一种是写明祝贺者及受贺原因，如"致××企业的贺信""祝贺中文系××级毕业生实习归来"。

贺信的开头顶格写被祝贺单位或个人的称呼。若是写给个人的，要加上相应的称呼，称呼之后加冒号。

开头写好后，另起一行开始贺信的正文。可根据贺信的内容、不同类型有区别地加以写作。贺信内容要有比较明确的对应性。如果是祝贺取得好的成绩，要回顾对方所取得的成绩，对对方的进步予以肯定和祝贺。如果是祝贺会议，则要阐述会议召开的历史条件和社会背景，阐明会议的重要性。不管是哪一种内容，都要表示热烈的祝贺、赞颂。祝贺的感情要热烈、真挚。受贺者应该得到实事求是的赞扬和有力的鼓舞。

贺信的结尾通常写上表示祝愿的话，如"祝大会圆满成功"等。

贺信的内容要实事求是，评价成绩要恰如其分，表示决心要切实可行，不可言过其实，空喊口号。贺信的表达要优美，语言要精练、明快、流畅，要处处洋溢着真挚的友谊与情感。

【范例 8-6】　　　　　中国旅游研究院贺南开大学百年华诞

南开大学：

　　欣闻贵校百年华诞，谨致热烈祝贺！历百年风雨，培英育俊，承千载文明，继往开来。贵校秉"文以治国、理以强国、商以富国"之初心，承"允公允能、日新月异"之校训，坚守爱国主义之魂，"为了中华民族站起来去培养人才"，堪当仰止。作为中国最早开办旅游本科专业和第一批旅游管理科学硕士、专业硕士、旅游管理博士学位授予权单位，南开大学积极引领旅游教育创新，科学研究、社会服务与文化创造成果丰富，国际交流广泛，实为旅游学术共同体之要地。中国旅游研究院依托贵校旅游与服务学院设立的旅游市场与目的地营销研究基地，咨政建言成果丰硕，产业影响力日渐增长。愿贵我双方互促共进，为美丽中国旅游梦而努力奋斗。

　　祝百年庆典圆满成功！

中国旅游研究院
2019 年 9 月

8.3　新闻类公关文书

8.3.1　新闻稿的要求

新闻稿是一种特定的写作文体，一般包括消息和通信两个体裁。它的具体要求如下：

（1）让事实本身说话，始终保持客观叙述的态度。所谓"新闻"，就是"新近发生的事实的报道"。事实是新闻的灵魂，没有事实就没有新闻。而任何事实只要是真实的，就必然含有5个"w"，即"when（何时）""where（何地）""who（何人）""what（什么）""why（为什么）"。让事实说话，就是要清楚地写出每个事实的5"w"。同时，应严守中立立场，以客观叙述的手法来报道事实，让读者根据自己的看法来对事实做出判断，而不是把自己的意见和观点强加给读者。

（2）提炼和确定新闻稿的主题，尽可能使新闻稿主题典型而新鲜。提炼和确定新闻稿主题就是透过事实现象，抓住事实的本质。新闻稿所要求的客观叙述并不是简单的事实的堆砌，而是要从5"w"的有机联系中揭示其内在的联系。

（3）准确、简明地运用新闻语言。新闻稿撰写在语言运用上与文学语言及政论性语言有所不同。新闻稿既要有文采又不能过于华丽，以免导致失实；同时也不能直接发议论，否则就违反新闻用事实说话的基本要求。新闻稿的语言运用基本要求如下。

①具体。即尽量提供准确的事实材料，少用或不用形容词、副词，尽可能用名词、动词、量词来反映事实。

②明快。在新闻稿中，其文字词组要求通俗平易，人人都能理解，结构要简单，少用长句，只要有可能，就用一般的词语来代替专业名词。

③简洁。只要事实的表达明白无误，就应该把任何多余的词语统统删掉，在这方面要像电报用字那样进行筛选，直到去除所有的水分。

8.3.2　新闻稿的消息结构

在新闻稿中，消息是新闻的主体，它占据了报纸的大部分版面和广播新闻、电视新闻的主要时间、空间和画面。在公共关系活动中，消息是一种使用最多、最广泛的新闻体裁。消息可以分为两种结构：一种是按具体的行业或具体事件的性质来分，如政治新闻、经济新闻（包括工业、农业、交通、能源、财贸、饮食、服务等行业）、文教新闻、科技新闻、体育新闻、国际新闻等。这种分法强调个性特点。另一种是按照各行业新闻报道的共性来分，有的简明报道某一地区、单位的某种活动；有的反映全局性问题；有的详细地反映某某单位、某件工作的经验或某个人物的先进事迹等。这些就是动态消息、综合消息、典型报道。消息的写作在西方被视为热门学问。在中国，由于信息越来越被人们所重视，因此，作为传播信息的消息在写作内容和技巧上也有了很大的发展。

一条消息一般由导语、主体、背景材料、结尾构成，将其任意组合便形成了不同的结构。一般而言，消息的结构是把最重要的事实放在最前面，然后再将次要的和无关紧要的事实材料置后展开。这犹如重心在上的"倒金字塔"，因此这种结构也称"倒金字塔形"。这种结构有两个优点，一是符合读者阅读心理，能将他最想知道的事实先告诉他；二是便于编辑，在组版时，如果版面不够，只要由下往上倒着删就行，基本无损消息的大意。

1. 导语

导语是消息的开始，它起两个作用：一是用简洁的语言把最新鲜、最重要的事实放在前面，说明主题，给人以概括的印象；二是引起读者极大兴趣，非看下去不可。因此它被称为消息的"眼睛"。导语的写作无一定程式，只要达到了上述两点要求，导语便成功了。而要达到要求，则必须先消化全部事实，所以，写出一个好的导语，离写出一条好的消息相差只有半步。一般常见的导语有以下几种形式。

（1）直叙式：简明、概括地叙述消息的主要事实。

（2）描写式：通过记者对耳闻目睹的新闻事实现场的描绘，造成读者身临其境的感觉。

（3）提问式：把要报道的事情先用一个尖锐、鲜明的问题提出来，引起读者的关注。

（4）引句式：引用一两句生动、隽永的话，或引用诗句、典故、史实、哲言等，增强导语的生动性和力量。

（5）评论式：对所报道的事实先发表评论，指出其重要意义。一般用在社会关注性和针对性强的消息中。

此外，还有悬念式、观感式、结论式等。

2. 主体

主体是消息的主要内容部分。它用充实、典型的具体材料印证导语中的提示，回答导语中的问题。主体部分使用的材料必须是经过选择的、有说服力的，但又必须是客观的、实事求是的。它的写作要求如下。

（1）观点鲜明，内容充实。要善于抓住消息事实中最典型、最关键的材料，如事实、数据、细节来证实导语中的观点。

（2）通俗易懂，生动耐看。要写得简明朴素，深入浅出。以生动朴实的叙述语言为主，辅以描写、抒情、议论等表达手法。读起来朴实而不单调，优美而不花哨，概括而不枯燥，明白而不乏味。

（3）层次清楚，逻辑严密。采用纵向深入还是横向并列，直线叙述还是略有波澜，要根据内容而定。要精心设计布局，层次要清楚、分明。

3. 结尾

结尾是消息的结束语。它的作用是阐明新闻事实的意义，指出事件发展趋向，加深听众或读者的理解和印象。好的结尾可以起到画龙点睛的作用。结尾一般有以下几种形式。

（1）小结式：概括新闻事实的结果，进一步显示新闻的价值。

（2）希望式：从新闻事实中引申发挥，启示和希望人们从中得到教益。

（3）评论式：以对新闻事实的深刻议论，升华主题，切中要害，发人深省。

在整篇消息中，结尾不是主要部分，要意尽即止，切忌画蛇添足。目前，报纸、杂志、电台、电视台都有"一句话新闻"，熔导语、主体、结尾于一炉，同样可以起到传播的作用。

本章习题

一、单选题

1. （　　）是指机关主管领导人对已审核的文稿进行最后审定并签署印发。

　　A. 核稿　　　　　　　　　B. 签发

　　C. 制发　　　　　　　　　D. 用印

2. （　　）是公文中唯一的平行文，具有广泛的应用范围，适用于平行或不相隶属机关之间商洽工作、询问和答复问题、请求批准和答复审批事项的公文。

　　A. 函　　　　　　　　　　B. 请示

　　C. 批复　　　　　　　　　D. 指示

3. （　　）是在公共关系的礼仪交往中，邀请某单位或个人参加某项活动而发出的书面信函。

A. 聘请书　　　　　　　　　B. 请柬

C. 推荐信　　　　　　　　　D. 介绍信

4. （　　）是围绕某个事项在一定范围内公开说明情况、提请注意、寻求帮助而使用的事务工作文案。它的目的在于告知，不带有约束力或强制执行效力。

A. 函　　　　　　　　　　　B. 启事

C. 批复　　　　　　　　　　D. 请示

5. 在新闻稿中，（　　）是新闻的灵魂。

A. 事实　　　　　　　　　　B. 问题

C. 人物　　　　　　　　　　D. 记者

二、多选题

1. 公关文书的主要功能有（　　）

A. 信息集纳的载体　　　　　B. 传播沟通的工具

C. 社会交往的信使　　　　　D. 协调咨询的桥梁

E. 教育引导的益友

2. 公关文书的特点有（　　）

A. 权威性　　　　　　　　　B. 规范性

C. 随意性　　　　　　　　　D. 实用性

E. 艺术性

3. 根据批复的内容和性质不同，可以将其分为（　　）三种。

A. 审批事项批复　　　　　　B. 审批法规批复

C. 阐述政策的批复　　　　　D. 请示的批复

E. 启事的批复　　　　　　　F. 否定性批复

三、名词解释

1. 公关文书　　2. 批复　　3. 启事　　4. 介绍信　　5. 聘书

四、简答及论述题

1. 常见的公关文书分类有哪些？

2. 公函和便函的主要区别是什么？

3. 写祝词时需要注意哪些事项？

4. 试论述公文写作的一般步骤。
5. 试论述请示的特点与写作要求。

案例讨论

中芯国际全面量产14nm芯片

2020年初,国内芯片产业链再次传出好消息,中芯国际自2019年下半年成功进入到14nm芯片工艺时代之后,在良品率方面也得到了大幅度提升。中芯国际因此受到了众多芯片企业的青睐。目前中芯国际生产的14nm芯片供不应求,根据中芯国际的规划,接下来中芯国际除了会进一步加大投入、增加产能,同时也将会向更高的芯片工艺制程前进。在接下来的一段时间,中芯国际有望继续缩小与台积电、三星之间的技术差距。

不得不说,中芯国际实现14nm芯片工艺,对于国内芯片企业无疑是极大的利好消息,毕竟从目前的芯片市场份额来看,14nm以及更低工艺的芯片更是直接占据了将近70%的市场份额,这意味着中芯国际能够满足绝大部分的芯片工艺制造需求,这对于华为等国内手机企业而言,无疑是一大利好。

思考讨论题

结合本案例请谈谈新闻稿的写作要求。

第 9 章

公共关系语言艺术

本章导读

凡是与人交往，都离不开语言。掌握公共关系语言艺术，对于培养公关人员素质、提高其社会交往能力、取得优秀的公关成绩都具有极为重要的意义。本章主要介绍公共关系演讲的基本概述、技巧、语言艺术及演讲活动的组织，公共关系谈判概述、谈判的一般程序、谈判的技巧及策略，公共关系说服的原则、策略、技巧。

知识结构图

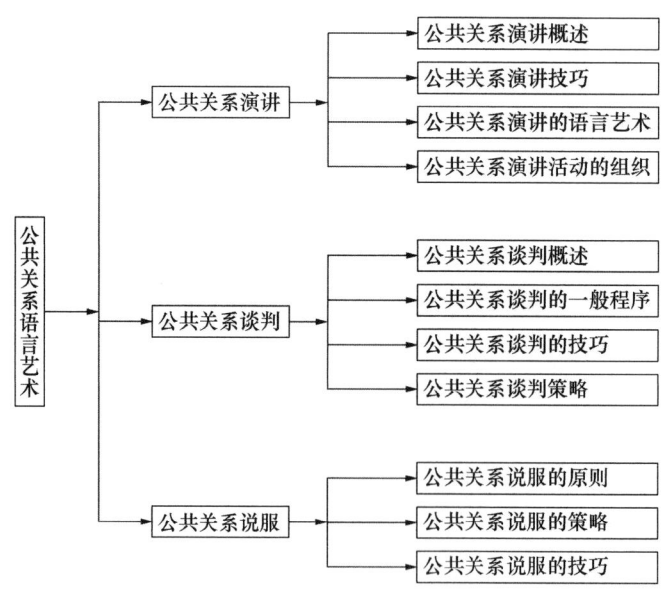

【开篇引例】　　　　　周总理的即兴演讲艺术

1957年，周恩来总理访问尼泊尔。他在加德满都市民欢迎会上发表演讲："当我们站在这个广场上，同千千万万的尼泊尔人民在一起的时候，过去时代的回忆就又涌现在我的眼前。虽然在我们两国之间横亘着世界上最险的喜马拉雅山，然而我们的人民却自古以来就保持着友好的往来……在我要结束我的讲话的时候，我祝中国和尼泊尔的友谊像连接着我们两国的喜马拉雅山那样巍峨永存！"

同一座山，在周总理演讲的开头和结尾被赋予了不同的象征意义。开头，周总理借喜马拉雅山的自然阻隔反衬中尼两国人民之间友谊之深厚，历史之悠久。结尾，总理借喜马拉雅山的巍峨高大和不可撼动，来象征中尼人民友谊长存，牢不可破。借得自然，用得灵活，寓意深远，语言贴切。

作为人类所特有的一种符号系统，语言是人们思想的"衣裳"，也是人们传递信息、交流感情的工具。在人类社会发展过程中，语言对推动社会进步发挥了重要的作用。公共关系语言是指社会组织为了塑造良好形象，在与公众传播沟通、协调关系、塑造形象的过程中所使用的符号。它在公共关系实务活动中发挥着巨大的作用，如提高传播沟通的效果，拉近组织与公众的距离，改变公众的态度，引导公众的行为。因此，组织公关人员乃至所有员工都必须认真钻研公共关系语言艺术。

9.1　公共关系演讲

演讲是一种有准备的、较规范的语言传播方式。演讲是演讲者就某一问题向一定范围的听众发表讲话。演讲是公共关系工作中最常用、最普遍的一种口语传播方式，是一种永远都不会过时的公关手段。演讲是由演讲主体（演讲者）、演讲客体（听众）、演讲的沟通手段（语言）、演讲环境（演讲场所的时空环境和人文环境）四大要素组成的传播方式。它通常是由演讲者利用一定的场合，向听众陈述某些事实、宣传某些观点和思想，或营造某种情绪和气氛。组织领导人和公关人员时常由于工作的需要进行演讲，向公众传递特定的公关信息。当演讲围绕着专门的课题，作了较充分的准备，并面对专门的对象时，就成为报告。

9.1.1 公共关系演讲概述

1. 公共关系演讲的概念

公共关系演讲是公共关系人员为了提高社会组织的知名度和美誉度、塑造良好的组织形象、争取内外部公众的支持，在特定的时间和特定的环境下，向社会公众发表声明、宣传主张、抒发情感，以感召听众的一种社会实践活动。

2. 公共关系演讲的特征

（1）时空性。公关演讲者和听众都处在一定的时空环境中。同时，一定的时空环境又反作用于演讲，制约着演讲的内容、语言和表情动作等。

（2）群众性。公关演讲是一项综合性的、群众性的社会实践活动，是演讲者和听众之间思想碰撞、信息交流的过程，所以演讲者要从听众的实际出发，使演讲的内容易于为听众所接受。

（3）目的性。每次公关演讲都要有一个或几个既定目的，事先应围绕既定目的做好充分准备，条理清晰地、完整地体现这个目的。

（4）鼓动性。为了达到特定目的，公关演讲从演讲的内容到演讲的语言都应当有较强的宣传鼓动性。

（5）临场性。演讲总是在一定的场合进行，面对的听众也是各异的。讲话能否抓住听众，取得好的效果，除了演讲前的充分准备外，很大部分取决于临场的发挥。再好的演讲稿，再充分的准备，如果临场发挥不好，就不能达到预期的效果。因此，演讲者一定要镇定自若，随机应变，根据现场的反应和出现的问题，随时调整讲话内容。尽可能地先了解掌握清楚场地、设施、听众状况，以及当地的风土人情，随时插入一些当地群众熟悉、关注的事情，引起情感的沟通。

3. 公共关系演讲的作用

（1）公共关系演讲是塑造社会组织良好形象的一种重要形式。它以语言为中心，融声音、表演、形象等综合因素为一体，比单一形式的口语或文字表达更具鼓动力、感染力、说服力。

（2）通过内部公共关系演讲活动的展开，可以协调社会组织内部员工工作的热情和生产的积极性，协调各方面关系，进一步增强爱岗敬业精神。

（3）通过外部公共关系演讲活动的开展，可获得外部公众对社会组织的了解、合作、谅解和支持，进一步提高组织的知名度和美誉度。

4. 公共关系演讲的分类

公共关系演讲可以从不同的角度分类。下面重点讲解从内容和形式两个角度分类的情况。

（1）从内容上分。

①政治演讲。政治演讲是指代表某一个政治组织，表明立场、阐明观点、宣传主张、争取支持的一种演讲。竞选演说、就职演说、个人代表组织发表的公开演说等，都属于政治演讲。

政治演讲要求主题突出、态度鲜明、论证严密、鼓动性强。在强劲的现代媒体推动下，政治演讲对社会生活发挥的作用越来越大。

②学术演讲。学术演讲是指就某一学术问题发表见解或介绍某一学术成果的演讲，如各种学术会议上的发言、学术讲座、论文答辩等。

学术演讲要求内容富有独创性，论证严谨、层次清晰，语言简明准确。在知识经济时代，学术演讲对推动科学文化事业的发展、普及科普知识、传播文化都有着巨大的推动作用。

③法律演讲。法律演讲是指以法律内容为主题的演讲，包括法庭演讲、法律咨询、法律仲裁、法律报告、普法讲座等。法律演讲对维护法律权威、鞭挞犯罪违法行为、维护人民群众的合法权益、提高人们的法律意识，都发挥着巨大的作用。

法律演讲要求观点鲜明、材料准确、推理严密、用词严谨。在中国依法治国的背景下，法律演讲将日益发挥重要的作用。

④礼仪演讲。礼仪演讲是指在各种社交场合当众发表的带有情感性的演讲。礼仪演讲包括庆贺和凭吊两种，如迎送、答谢、祝福、赞颂、哀悼等内容的演讲都属于礼仪演讲。

礼仪演讲要求主题突出，语言朴实，富有情感色彩，遵守相应的礼仪规范。

随着社会的发展，运用礼仪演讲的场合也日益广泛。它对密切人际关系、沟通人们的感情有着十分重要的作用。能够在相应的场合潇洒自如地进行礼仪演讲，是一个现代人应该具备的能力。

（2）从表达形式上分。

①命题演讲。命题演讲是指按照别人给定的题目或根据别人划定的范围，自己拟定题目，经过准备而发表的演讲。命题演讲分为全命题演讲和半命题演讲。

命题演讲的要求：内容体现时代特点、符合听众口味；表达方式应情理交融，以理服人、以情感人。

②即兴演讲。即兴演讲是指在几乎没有准备的情况下，围绕所限定的或自选的题目，被迫或自愿进行的临时性演讲。即兴演讲无论是被迫还是自愿，都要紧紧抓住话题，短小精悍地展开演讲。因为事先没有时间准备，因此，即兴演讲对演讲者的思维能力、表达能力的要求比较高，同时也是演讲者思维能力、表达能力最真实的体现。随着人们社会交往程度的日益频繁，即兴演讲的机会也越来越多。因此，不断提高自己即兴演讲的能力，实属必要而且及时。

9.1.2 公共关系演讲技巧

1. 演讲形式技巧

（1）善于利用演讲空间。所谓空间，就是指进行演说的场所范围、演讲者所在之处以及与听众间的距离等。演说者所在之处以位居听众注意力容易汇集的地方最为理想。例如开会的时候，主席位置多半位居长方形会议桌的上方，因为该处正是最容易汇集出席者注意力的地方。反之，如果主席位居长方形会议桌之正中央，恐怕会使出席者注意力散漫，且有会议冗长不休的感觉。因此，让自己位居听众注意力容易汇集之处，不但能够提升听众对于演讲的关注，甚至具有增强演说者信赖度和权威感的作用。

（2）演讲时的姿势。演讲时的姿势也会带给听众某种印象，例如堂堂正正的印象或者畏畏缩缩的印象。虽然个人的性格与平时的习惯对此影响很大，不过一般而言仍有方便演讲的姿势，即所谓"轻松的姿势"。要让身体放松，也就是不要过度紧张。过度紧张不但会使姿势笨拙僵硬，而且也会对舌头造成不良的影响。可以张开双脚与肩同宽，挺稳整个身躯，想办法扩散并减轻施加在身体上的紧张情绪，将一只手稍微插入口袋中，或者手触桌边，或者手握麦克风等。

（3）演讲时的视线。在大众面前说话，必须忍受众人目光的注视。当然，并非每位听众都会对你报以善意的眼光。尽管如此，你还是不可以漠视听众的眼光，不能避开听众的视线来说话。尤其当你走到麦克风旁边站立在大众面前的那一瞬间，来自听众的视线有时甚至会让你觉得有种刺痛感。克服这股视线压力的方法就是一边进行演讲，一边从听众当中找寻对自己投以善意而温柔眼光的人，并且无视那些冷淡的眼光。此外，把自己的视线投向强烈"点头"以示首肯的人，对巩固信心进行演说也具有效果。

（4）演讲时的脸部表情。演讲时的脸部表情无论好坏，都会带给听众极其深刻的印象。紧张、疲劳、喜悦、焦虑等情绪无不清楚地"写"在脸上，这是很难借由本人的意志来加以控制的。演讲的内容即使再精彩，如果表情总觉缺乏自信，老是畏畏缩缩，演讲就很容易变得欠缺说服力。

控制脸部的方法，首先不可垂头。人一旦垂头，就会给人丧气之感，而且若视线不能与听众接触，就难以吸引听众的注意。其次是缓慢说话。说话速度一旦缓慢，情绪即可稳定，脸部表情也得以放松，全身上下也能够为之泰然自若起来。

（5）有关服饰和发型。服装也会带给观众不同的印象。尤其是东方男性总是喜欢穿着灰色或者蓝色系列的服装，难免给人过于刻板无趣的印象。轻松的场合不妨穿着稍微花哨一点的服装。不过如果是正式的场合，一般来说仍以深色西服、无尾晚宴服以及燕尾服为宜。发型也可塑造出各种形象来。长发和光头代表的形象反差很大，而鬓角的长短也被认为是个人喜好的表征。演讲之际，你的服装究竟会带给对方何种印象，应当好好地思量一番。

（6）声音和腔调。声音和腔调乃是与生俱来的，不可能在一朝一夕有所改善。不过音质与措辞对于整个演说影响颇巨，这却是事实。某项研究报告指出，声音低沉的男性比声音高亢的男性，其信赖度较高，因为声音低沉会让人有种威严沉着的感觉。当然，人不可能马上就改变自己的声音。总之，重要的是让自己的声音清楚地传达给听众。即使是音色不好的人，如果能够秉持自己的主张与信念，依旧可以吸引听众的热切关注。

说话的速度也是演讲的要素。为了营造沉着的气氛，说话稍微慢点是很重要的。一般演讲速度为每分钟200字左右。不过，此时要注意的是，倘若从头至尾一直是相同的速度，那么演讲会变得枯燥无味。

2. 演讲思维组织技巧

对于一个演讲者来说，演讲词的组织是很重要的，尤其是要点的组织。因此，这样的能力对于演讲者来说是最为重要的。听众要求有连贯性，他们对于在各个想法之间胡乱跳动的演讲是没有耐心的。所以应该牢记，听众如果没有明白演讲者的意思，他们不可能再重头来回顾前面的内容。一般来说，演讲思维的组织有以下几方面。

（1）要点的组织。要点是演讲的重要特征，应该谨慎选择要点，并有逻辑地安排要点。如何选择要点呢？一次演讲总要确定几个要点来支持论点，并把几个要点围绕论点组织演讲。确立演讲中的要点以后，就需要确定演讲过程中如何排列它们的顺序。这是非常重要的，因为它会影响到思想的清晰程度，也会影响到演讲的说服力。最有效的顺序取决于三个方面：演讲主题、目的和听众。演讲时要点的组织顺序有时间顺序、空间顺序、因果顺序、问题与求解顺序、主体顺序。

准备要点的时候，要点要独立，演讲中的每个要点都应该与其他要点彼此分开；而且要点的措辞应该前后一致，每个要点花费的时间应该均衡。另外，还要根据要点组织辅助材料，使论证材料更好地和要点产生直接联系。

（2）要点预示和总结。要点预示经常出现在演讲过程中，但在演讲当中不需要每一个要点都来一个要点预示。不过，如果演讲者觉得要点预示有助于让听众跟上自己的思路，就应该用上要点预示。

要点总结与要点预示相反。要点总结不是要告诉听众接下来要谈到什么，而是要提醒听众注意到刚刚讲完了什么。这样的总结一般会在演讲人说完一个复杂或者特别重要的要点后用到。

（3）使用标志性词语。用标志性的词语是十分重要的，标志性词语可以是一个简单的数字，也可以是一个简单的提问，这样可以达到意想不到的效果。

综上所述，清晰的组织能力在演讲当中非常重要。组织良好的演讲会强化演讲的可信度，并使听众更容易理解所传达的信息。演讲应以特别的方式组织起来获得特别的效果。大部分演讲应该包含2~3个要点，每个要点都应该集中在一个想法上，用准确的词语表达出来。在组织论证材料的时候，应确保与该论证的要点产生直接的联系。

9.1.3 公共关系演讲的语言艺术

1. 公共关系演讲开场白的语言艺术

（1）开门见山式。演讲的开场白是演讲者与听众进行交流的第一步。采用开门见山式，简明扼要地讲清所要演讲的主要论点，可使公众直接了解演讲的主要内容。开门见山式的特点是简洁明快，能够尽快吸引听众的注意力，使他们聚精会神地围绕你的思路展开一系列联想。

（2）设问、祈使式。演讲的开场白还可使用设问句、祈使句来开头。这种方法的运用能让听众由被动转为主动，达到发人深省、催人振奋、引起共鸣的目的。这个方法也较常应用于公共关系演讲中。

（3）幽默导入式。演讲的开场白在诙谐幽默中开始，可以使听众在轻松愉快的气氛中不知不觉地进入角色。这种方法不仅能较好地表现出演讲者的智慧与幽默，而且能与公众快速沟通，使公众尽快接受演讲者的思想。

（4）名言警句式。演讲的开场白采用与主题相关的名言警句开头，可以强化演讲的分量和主题效果。这种方法要求公共关系人员在平时注意提高文学素养的同时，多收集一些名言警句，做到有备无患。

（5）提出问题式。开场白采用演讲者首先提出问题的方式，能够起到吸引公众的关注、增加悬念的效果，而问题的答案是演讲者在演讲过程中所要揭示出来的。这种方式可拉近与公众的情感距离，达到由浅入深、由表及里的演讲效果。

演讲的开场方式还有很多种，而且在实践中还将有不断的新发展。

2. 公共关系演讲主体部分的语言艺术

主体部分是公共关系演讲的重中之重，在这一阶段应注意以下问题。

（1）演讲的内容既要真实也要充实。众所周知，演讲应该具有鼓动性，具有说服力和感染力。而要取得这种效果，主要靠的就是真实和丰富的内容。

（2）中心要突出。每一次演讲，必须突出一个中心思想，以便讲清楚一个思想、一种意见、一种看法。切勿选取多个主题，分散听众的注意力，降低演讲的效果。

（3）层次要清晰。一次演讲要说明一个中心观点，就必须按照一种结构顺序，有条理、分层次地讲下去。如果演讲时结构紊乱、层次不清，公众就会混淆你的演讲思路和表达的意思，继而产生厌烦心理，导致注意力没办法继续集中下去。

（4）语言要通俗、精练。通俗是用浅显的话语说明富有哲理的主题。精练是指语言精辟、简明，观点鲜明。

3. 公共关系演讲结束语的语言要求

结束语是公共关系演讲的最后一步，是保证演讲成功与否的重要环节，绝对不能忽视。俗话说"编筐织篓，难在收口"就是这个道理。结束语可采用以下表现形式。

（1）鼓动感召式。演讲结束时演讲者运用一些激昂，富有鼓动性、感召性的语言做结尾，可以起到进一步强化公众的情绪、信息，以带动起今后行动的作用。

（2）画龙点睛式。演讲结束时演讲者采用精练的语言，将演讲的主题思想进行概括和强化，可深化公众对演讲主题的印象，收到画龙点睛的效果。

（3）对比结尾式。演讲结束时演讲者使用名言警句，可提高演讲者与公众的心理撞击度，发挥名人效应，使演讲的气氛得到升华。若开头也是以名言警句开始，还可达到首尾相应的效果。

同样，演讲的结尾形式还有很多种，但要特别强调的是，演讲结束切忌草率收兵或离题太远，只有紧扣主题，达到言已尽而意无穷的效果，才是不同凡响的结束语。

9.1.4 公共关系演讲活动的组织

1. 演讲的准备工作

（1）应当清楚演讲活动的目的、规划、规格、范围、时间、参加人数、演讲内容等，以便做好心理和精神准备。

（2）做好相关宣传工作，邀请有关人员到会，并力所能及地为演讲者搜集和查找有关资料。

（3）选择和布置演讲场地，并准备演讲用的器械，如照明设备、视听设备、通信设备、幻灯机、投影仪等。

2. 演讲现场的工作

（1）检查麦克风，安装好视听设备，并调整好幻灯机或投影仪的焦距，准备好图、表或电子演讲稿。

（2）准备好讲稿的复印件，以便把它们分发给新闻界人士以及那些想要一份讲稿的听众。

（3）把演讲用录音机或摄像机摄录下来，并作为资料保存。录音带或录像带可以用来解决演讲内容可能引起的争议，并可以向当地电台、电视台提供"货真价实"的录音、录像剪辑。演讲者的撰稿人还可以用它来对演讲时的表现做事后分析。如果演讲者非常有名，尤其当演讲者是外地人时，公关人员应该在向电台、电视台提供录音、录像带的同时，安排电台、电视台、报社对演讲者做进一步的采访。

3. 演讲善后工作

（1）协助有关人员把讲稿的复印件有选择地寄给一些相关部门或知名人士。

（2）协助有关人员将改写后的演讲稿在内部出版物上发表或向某一适合的公共媒体投稿，以延伸演讲效果与扩大影响。

（3）了解公众对演讲活动的看法和意见，以求今后做得更完善。

9.2 公共关系谈判

9.2.1 公共关系谈判概述

1. 公共关系谈判的概念

有这样一个故事：两个人面前摆着一个橘子，这两个人都想得到这个橘子。于是，谈判开始了。通过一番商谈，他们都认为最好的办法就是将这个橘子切成两半，每人一半，而且为了公平、合理，他们决定由一个人用刀来切，然后由另外一个人先进行挑选。两个人都很认可，他们把橘子毫无争议地分了。分完橘子后，两个人随意地说起自己想得到橘子的目的。原来，一个人是想榨橘子汁，而另一个人是想要橘子皮做蛋糕。这样一交流，他们找到了更好的解决办法，两个人都得到了自己想要的东西。

"谈判"这一名词，说起来简单，解释起来却很复杂。人类在其进化发展过程中，始终经历或者伴随着谈判。但是到目前为止，并没有一个让大家都能接受的、统一的定义。

综合国内外众多学者的观点,本书认为谈判是指具有某种相互联系或关系的各方,为了满足各自的需求,进行沟通和协商,达成兼顾各方利益的协议的过程。

在理解谈判的概念时需注意以下几点:①谈判至少是双方的或者是多方的行为,而且相互之间具有某种联系或关系。②谈判的各方都有各自的需要,是为满足某一种或几种需要而进行的。③谈判各方的目标都是争取到各自的利益,满足各自的利益。④谈判是一种协商和沟通,目的是要达成一项对各方都有利的协议。

公共关系谈判同其他谈判一样,其本质、规律、方法、技术和技巧基本都是相同的。

2. 公共关系谈判的特点

谈判是一项涉及诸多学科、十分复杂的协商沟通过程。公共关系谈判具有其他形式谈判的共性,也有其特殊性。

(1) 既相互矛盾又相互合作的过程。谈判双方之间存在着矛盾,彼此都存在着尚未满足的需求。但是,彼此之间还需要合作,否则,各方的利益可能都要受到损害。这是谈判之所以产生的基础。在不同的谈判场合中,谈判各方都是为了保证各自的需求和利益而进行沟通协商,通过沟通协商寻求合作,在合作中求得共同发展。

一般来说,谈判的主题越是单一,矛盾的冲突表现就越强烈,因为矛盾全部集中在一个焦点上了。所以,在谈判中要善于将主题分解,对各方矛盾分歧进行全方位的分析,根据各方的需求逐项探讨、协商,容易化解矛盾。另外,谈判各方之间相互的依赖程度越大,对自身长远利益的考虑也就越多,对合作也就越重视。此外,谈判各方实力强弱的差距,也直接影响谈判的矛盾冲突和合作关系的事态变化。

(2) 通过协商实现互惠互利的过程。在各种形式的谈判过程中,任何一方都在努力实现自己的需求和利益,都希望对方放弃要求,做出让步。这就要求谈判的各方在考虑满足自己的方案和策略时,同时考虑到对方的需求,考虑到对方对己方提案的接受程度。好的谈判者并不是一味固守立场、寸步不让,而是与对方充分交流,从各方的最大利益出发,创造各种解决方案,用相对较小的让步来换得最大的利益。在满足各方最大利益的基础上,如果还存在达成协议的障碍,那么不妨站在对方的立场上,替其着想,帮助其扫清达成协议的障碍。这样,最终协议必将是一个双赢的、互惠互利的结局,而且一个好的结局对今后的相互信任与合作产生积极的影响。很多谈判桌上的对手在私下里都是好朋友，代表各自的组织建立了良好的彼此信任关系。长远的信任与合作关系所带来的利益，已经远远超出了一局谈判的收获。

公共关系任何活动的目的都是树立组织的形象，提高组织的美誉度，与不同的公共关系客体建立长远的信任合作关系，谈判更不能例外。因此，作为公共关系谈判人员，更应该注重这一特点。

(3) 内容具有广泛性、多变性和不确定性。实践表明，任何一项谈判活动都要涉及许多非常复杂的因素，既有人的方面的因素——谈判者的性别、年龄、文化程度、经验、素养、性格、爱好、接受语言的能力和习惯，以及使用的谈话方式等；又有谈判内容方面的因素——公共关系活动涉及的所有内容，都有可能成为谈判的内容；还有环境方面的因素——不同的国家、地区，不同的民族，不同的场所，从而涉及不同的礼仪和文化等。这些不同的因素造成了谈判内容的广泛性、多变性，即谈判的对象、谈判的时间、谈判的地点和内容的不确定性。这就要求公共关系谈判人员在谈判的准备过程中，要充分考虑到问题的复杂性，全面综合所涉及的内容，合理设计谈判方案，以适应谈判的需要。

(4) 结果具有相对平等性。一切成功的谈判，各方都是胜者。但是从谈判的结果上看，不平等是绝对的，平等只是相对的。造成这种结果的因素很多，但主要因素是实力问题。如何辩证地看待谈判的这个特点，对正确认识谈判目的有重要的实际意义。首先，只要参加谈判的各方都具有否决权，谈判就可以说是平等的；其次，谈判不是体育比赛，在一局谈判中，可能是赢在现在，也可能是赢在未来；最后，尤其需要注意的是，公共关系谈判与商务谈判的目的有很大不同，公共关系谈判所侧重的不是暂时的经济利益，而是组织形象的树立，这就需要有更长远的发展目标。

(5) 重视协商和沟通，以理服人。公共关系的功能是塑造形象、协调关系、传播沟通和优化环境，公共关系谈判应该是为实现其功能服务的。所以，公共关系谈判应该重视沟通和协商环节，强调以理服人、以信取人，不必过分计较枝节问题，应以公共利益为重，将着眼点放在发展组织的长远利益上。

公共关系谈判的另外一个特点是，其结果一般不具备法律约束效力，往往是意向性的、展望性的文件，谈判的结果一般是签署意向书、备忘录或者是口头许诺。

3. 公共关系谈判的原则

公共关系谈判的原则是指在公共关系谈判中所应依据和奉行的准则，这是争取成功圆满谈判结局的前提。

（1）平等互利原则。无论谈判双方在经济、政治等实力与地位上有多么的不同，但在谈判过程中都应享有平等的地位和权利，应尽各自的责任和义务。谈判所达成的协议应建立在双方自愿的基础上，绝不能以强凌弱、以大压小、强人所难。谈判既是竞争，又是合作。谈判双方的利益是相互依赖、相互制约的，双方都希望通过谈判实现本组织一定的目标，这既是谈判产生的诱因，也是双方期待的结果。只要一方无所收获或谈判中一方损害了另一方的根本利益，谈判就会破裂，双方都无法实现其目标。

（2）求同存异原则。谈判作为谋求一致而进行的协商洽谈，它本身就存在着谈判各方利益上的同与异，这是产生谈判的前提条件。俗话说"欲取之，必先予之"，这就要求谈判各方在总体上求大同、存小异。求大同，是指谈判各方的总体原则必须一致，摒弃细枝末节的分歧和不同意见，从而使参与谈判的各方都感到满意；存小异，就是谈判各方必须做出适当让步，容许与自己利益要求不一致的异议存在谈判的议题之中。要找到一个对双方都有利的、折中的、妥善的解决方案，重要的是谈判各方都应看到各自所具有的共同利益，发现对方利益要求中的合理成分，并根据对方的合理要求做出相应的让步，这样才能使对手也做出相应的让步，促使谈判达成目标。

（3）最低目标原则。在谈判过程中，目标决定着人们谈判行为的方向。目标可以分为大目标与小目标、长期目标与近期目标、总体目标与具体目标、最高目标与最低目标。在谈判过程中，为实现不同的目标，应分阶段、有步骤地开展谈判。有的学者认为，遵循最低目标原则是谈判获得成功的基本前提，这是有一定道理的。谈判各方在不违背总体利益的条件下，各自做些适当的让步和妥协，这是达成协议的必要前提。如果对人过于苛求，就难以有良好的合作前景。只有先确定一个最低目标，并进而加深了解，取得对方的信任，才有可能逐步地接近最高目标。

（4）遵守法律原则。谈判双方在实现自身目标而达成协议时，不能损害国家的利益或第三者的利益。达成的协议必须合法，并按照有关法律、法规对协议条款作出明确解释，使协议具有法律效力。这样做不仅对谈判双方具有约束力，而且才能保证双方利益的实现。

（5）时效性原则。时效性原则指的是人们在谈判过程中应当坚持效益与效率的有机统一，谈判既要有好的效益，又要有高的效率，不能陷于马拉松式的谈判中而无法自拔。

随着科技日新月异的发展，新产品的有效周期日益缩短。为此，企业一旦开发了某种产品，就应广泛而有效地开展供需双方的经贸洽谈，并力求在较短的时间内达成协议，以争取市场，取得良好的经济效益。

9.2.2 公共关系谈判的一般程序

1. 导入阶段

这是进入正式谈判的前奏，主要是参与谈判人员通过相互介绍而认识对方。无论正式或非正式场合，较理想的介绍形式是自我介绍，互递名片。一些正式的场合还可以在谈判人员前摆放座席卡，从中可以了解对方谈判人员的基本背景，如姓名、地位、职务等。

相互认识后，可以说说社会新闻、天气等，会缓解谈判前的紧张气氛，制造轻松、愉快、融洽的谈判气氛，有助于正式谈判顺利进行。在此阶段，一般不涉及谈判内容，也不宜费时过多，一般由主办方主谈人控制，适时自然地将话题引入正式谈判。

2. 概说阶段

正式谈判从此阶段开始。在此阶段，要亮出己方的基本想法、意图及目的，切忌全盘托出所有资料，这样会将自己逼入无援之窘境。概说成功与否十分重要，因为要打开局面，"第一印象"起着关键作用。若概说阶段不能得到对方首肯，谈判难免从开始就陷入僵局，因此要格外谨慎。概说内容应简短而能把握重点，没有必要进行反复解释；言辞要简洁明了，富于情感，避免激怒对方，产生情感障碍。概说发言一般要提前做好准备，时间不宜过长。

在此阶段，需要赢得对方的肯定，要特别注意对方对概说的反应，轻轻点头或其他表示同意的情态，都说明对方愿意在己方概说的基础上做更深入的商谈，这是预示成功的好兆头。

3. 明示阶段

在此阶段应明确展示各方的需求，及早将分歧摆在桌面上。极力掩饰和挤牙膏式的做法均是不可取的，这会招致对方怀疑你是否有诚意产生。谈判各方更关心的是对方与己方的分歧，只要各自都坦诚说出自己的意愿，并且不责怪对方，大家就会认真地去考虑对方的看法，使谈判的努力更可信赖，进而能够融洽而有效地发现促进各自利益达成的最佳方式。及早摊牌可能成为谈判者的最佳投资，但所谓摊牌，并非要将己方的方案袒露无遗。

4. 交锋阶段

此阶段是谈判的关键阶段。谈判各方列举事实和理由说服、反驳对方，希冀对方理解并接受己方的意愿，同时根据施受原则，从中寻求符合各方利益的妥善方案。谈判各方的对立状态在这个阶段真正显现出来，气氛趋向紧张，这正是谈判策略和技巧得以充分发挥的阶段。

交锋中需要注意以下几点。①对于双方的质询特别是情绪性宣泄，要有高度的自控能力。保持冷静，力戒浮躁，注意不让对方摸到自己的弱点。②从对方的谈话、姿态、表情动作中，细心揣摩其心理，测定其意向，揭示对方的逻辑错误和致命弱点。③根据事先准备的多种假设和方案随机应变。④不以势压人，避免无关宗旨的争执。⑤善于做心理沟通，巧妙地扭转谈判中出现的曲折和僵局。⑥就各方利害关系所做的分析要透彻，逻辑性要强。

5. 妥协阶段

此阶段是谈判中最后一道防线，谈判开始进入柳暗花明的阶段，气氛趋向缓和。经过交锋阶段，各方已经把握了可能妥协的范围。虽然还会有小的交锋，那也只是心平气和地讨价还价了。妥协的范围是指：己方估计对方能接受自己要求的最低和对方估计己方所愿付出自己要求的最大限度之间的差距。这个范围并不是根据实际情况而定，主要是依照各方对于情势的估计而定，很可能出现误测，需要在得到新的信息、资料后，随时做出修正。妥协范围最终界定后，各方从此范围中做出让步，并从对方的让步中得到相应补偿，取得理想中的利益。这是令谈判各方都满意的结果，否则就是不成功的谈判了。

6. 协议阶段

这是谈判的结束阶段。各方对一致同意的妥协方案表示认可，并形成协议书，由各方代表签字，使其具有法律效力，必要时还需进行公证。签字仪式结束后可以根据实际情况举行小型庆祝活动。自此，整个谈判过程全部结束。

9.2.3 公共关系谈判的技巧

谈判是智慧和实力的较量，也是技巧高低的比试。公关谈判的技巧种类很多，掌握谈判的技巧，并在实践中灵活运用，是谈判取得成功的重要条件。

1. 谈判地点的选择

美国心理学家泰勒和他的助手兰尼做过一次有趣的实验，证明许多人在自己的客厅里谈话，比在别人的客厅里更能说服对方。因为人们有一种心理优势：在自己所属领域交谈，无须分心于熟悉环境或适应环境；而在自己不熟悉的环境中交谈，往往更容易变得无所适从，导致出现正常情况下不该有的错误。所以，选择谈判的地点，虽然必须视情况而定，但一般来说，把谈判的地点设在自己一方，即主场较为有利。在己方谈判，能使自己有一种安全感和成功欲望。对于谈判对手来说，由于缺乏地理优势，不但需要适应环境，缓解心理压力，而且因为具有客人身份，出于礼节要求也不能太咄咄逼人。

若争取不到主场，则至少应选择一个双方都不熟悉的中性场所，最差的谈判地点，则是在客方的"管辖区"内。但这并非说客场谈判没有可为我们所用的有利因素。如果在谈判中己方处于不利，可以以资料不全、决策权力有限等理由暂停谈判；另外，选择客场谈判，如果己方信心十足，也会给对方一种心理压力。

当然，选择最佳谈判地点的关键还在于研究对手，考虑双方的关系。

2. 谈判时间的选择

谈判时间适当与否，对谈判效果影响很大。在谈判时间的选择中，要尽量避免身心处于低潮时进行谈判。现代心理学、生理学认为，16：00~18：00是最没有效率的时间。在这段时间，人一天的身心疲劳已达到顶峰，思考力减退。还有，要避免在休息日后的第一天早上进行谈判，因为这时人们心理上可能仍未进入工作状态。总之，对谈判时间的选择，既要避免在连续紧张工作后进行，更要避免在身体不适时进行。任何对己不适当的谈判时间，都是影响谈判成功与否的因素。

另外，在谈判进程中要及时捕捉有利时机，善于用沉默的技巧。要善于聆听对方的陈述和提问，注意其措辞、语气、声调、手势、姿态等表达方式，以窥探其用意；或者以不露声色的方式来对付对方的咄咄逼人气势，避其锐气，攻其弱点，做到后发制人。在谈判过程中，要善于忍耐。在较量中遭受挫折时，往往会影响情绪和心理，此时最好的办法是克制自己，忍耐焦虑，等待时机，尽量避免不良情绪下的针锋相对和"以牙还牙、以血还血"的做法，否则会导致谈判的破裂。当谈判出现僵局时，可以提出休会，利用这个间隙调整对策，或私下沟通，也可趁此时间休养生息；等紧张气氛缓和之后，再重新以积极的姿态来到谈判桌前。在谈判交锋时，出其不意地突然调整策略，使对手措手不及、无法深思熟虑，进而达成自己所期望的协议。在较量的关键时刻，如果对方实力雄厚且立场强硬，自己处于明显的劣势状态之下，无法立即决断时，可以找一些借口拖延时间，以便厘清头绪、思考对策、调整方案。

3. 制造有利的谈判气氛

谈判人员在谈判前和整个谈判过程中都要尽可能地创造一种和谐、轻松的气氛。创造一种良好的气氛，也是对对方谈判人员施加影响的过程。谈判人员必须懂得制造和利用谈判所需要的良好气氛的意义，并根据双方关系、谈判的目标，确定制造气氛的周密方案，为谈判的顺利进行开辟道路。特别是谈判陷入僵局时，良好的气氛制造是可以促成谈判转机的。

4. 陈述技巧

陈述是指在谈判过程中，一方主动介绍己方情况，阐述对某一问题的看法，以便对方了解其立场、观点等的沟通方式。在谈判中，双方都要进行陈述。陈述看似简单，但决定着谈判的成功与否。怎样陈述才能取得好的效果，其中技巧性很强。在谈判过程中，陈述主要有"入题"和"阐述"两部分。

（1）入题技巧。谈判双方刚进入谈判场所时，难免产生忐忑不安的心理，尤其是新手。因此，为了缓和紧张气氛，营造一个宽松的氛围，谈判双方都必须为下一步谈判做好铺垫。为此，双方应尽量找一些轻松愉快、与谈判无关但能拉近双方距离的话题，如天气情况、旅途行程、风土人情等。此类话题适可而止，不宜扯得太远。待双方人员坐定后，谈判正式开始，进入正题。

为了避免直接入题的突兀，影响谈判的气氛，一般采用或迂回或从细节或从国家（际）形势入题。

（2）阐述技巧。谈判入题后，接下来双方都要进行开场阐述，表明就谈判的议题各自所持的观点、立场。因为随后的谈判都要以此为中心进行,所以双方的阐述非常重要,必须注意如下技巧。

①观点明确。明确谈判主题,表明态度、希望实现的目标等。

②概念清晰。为了避免引起误解,应尽量使用对方听得懂的语言,专业术语最好以通俗的语言解释清楚。

③态度诚恳。认真对待谈判,尊重对方,避免使用攻击对方的做法。

④语言具体生动、简明扼要、含蓄幽默。在谈判中,应避免平铺直叙、简单说教,而要使用具体生动、生活化的语言;无论自我阐述还是回答对方的问题,都应简明扼要,不拖泥带水、拐弯抹角;谈判中难免冲突对抗,用含蓄幽默的语言往往能缓解紧张气氛,甚至化干戈为玉帛。

5. 提问技巧

提问是指在谈判过程中,一方向对方提出问题,要求对方陈述或解释的沟通方式。在谈判中,经常要运用提问摸清对方的底细、了解对方的心理,以便不断调整谈判的策略和方法。巧妙的提问不仅可以获取己方所需要的信息,而且还可以促进双方的交流;反之,则可能既得不到所需信息,还破坏气氛。因而,作为谈判人员,应该掌握提问技巧。

常用的提问形式有下面几种。

(1) 封闭式提问。这是指为获取特定领域中的特定答案而发生的提问。如:"这种新产品是否投向市场?""下个月货款能打过来吗?"等。这种提问可以使发问者获得确定的信息,但带有某种咄咄逼人的势头。

(2) 证实式提问。这是一种针对对方的答复重新措辞,以便证实或补充的提问。如:"您是说,可以以更优惠的价格提供给经销量更大的经销商,那么是否可以考虑,将经销商按销量的多少划分等级,销量越大,级别越高,享受的优惠也越多呢?"这种提问既可以使发问者挖掘到更多信息,还表现出对对方答复的重视。

(3) 引导式提问。这是一种带有暗示答案的提问,通常以反义疑问句的形式出现。如"这个价钱对你我双方都有利,是不是?""今天的谈判咱们双方都感觉很愉快,是不是?"等。这种提问是一方希望或暗示另一方赞同自己观点的一种提问。

(4) 选择式提问。这是一种迫使对方在己方所限定的答案中做出选择的提问。如"您要茶还是要咖啡？"对于这种提问，对方索性一口回绝的概率较低，往往会选择其中的一种，从而大大提高了发问者的成功率。

（5）坦诚式提问。这是一种当对方有困难时发出的一种推心置腹的提问。如"这个问题，我们可以帮助解决。您看，好吗？"这种提问的目的是表示友好，其结果也正如此，营造出了真诚友好的气氛。

6. 应答技巧

提问和应答是谈判中最主要的沟通方式。如果说提问需要一定的技巧，那么应答更需要技巧，因为对方会提什么问题、从哪个角度提出问题等都不得而知，应答比提问往往面临着更大的压力。

应答的技巧不在于回答"是"或"否"，也不在于表示"对"或"错"，而在于回答什么、怎么回答。其一，对对方有备而来的提问，面临时间紧迫的问题；其二，面对对方精心设计的问题，怎样应答才能不掉入"陷阱"；其三，应答一旦出口，面临"一言九鼎"的压力。因而，应答的技巧性更强。

常用的应答方式主要如下。

（1）明确式应答。对表明己方立场、态度问题的答复，必须旗帜鲜明，不容含糊。比如在中美问题上，中国多次声明，台湾是中国的一个省，属于中国内政，关于台湾问题不要谈。

（2）回避式应答。当遇到不好回答的问题时，应机智地避开对该问题的答复。如"关于价格问题好解决，现在我们谈谈产品的规格"。

（3）模糊式应答。当遇到不便确切答复的问题时，可以采用含糊其词、模棱两可的方法答复。如"关于这个问题，由于条件所限，目前还难以解决，相信以后会有办法的"，一方面避开了发问者的锐利锋芒，另一方面给己方留下了退路。

（4）拖延式应答。对对方的问题没有做好准备时，采用拖延式应答能较好地解燃眉之急。比如"您刚才提出的问题我没有完全听明白，您是否可以把刚才的意思再重复一下？"利用对方重复的时间，迅速做出反应给予解答。

（5）拒绝式应答。对某些不值得或不愿意回答的问题，采用礼貌性的拒绝，效果比较理想。如"这个问题，说起来话长了，以后咱们再谈"，这样既不伤对方的面子，又有效地拒绝了对方,可谓一举两得。

案例9-1 　　　　　　　　　　**农夫卖玉米**

一个农夫在集市上卖玉米。因为他的玉米棒子特别大,所以吸引了一大堆买主。其中一个买主在挑选的过程中发现很多玉米棒子上都有虫子,于是他故意大惊小怪地说:"伙计,你的玉米棒子倒是不小,只是虫子太多了,你想卖玉米虫呀?可谁爱吃虫肉呢?你还是把玉米挑回家吧,我们到别的地方去买好了。"买主一边说着,一边做着夸张而滑稽的动作,把众人都逗乐了。

农夫见状,一把从他手中夺过玉米,面带微笑却又一本正经地说:"朋友,我说你是从来没有吃过玉米咋的?我看你连玉米质量的好坏都分不清,玉米上有虫,这说明我在种植中,没有施用农药,是天然植物,连虫子都爱吃我的玉米棒子,可见你这人不识货!"接着,他又转过脸对其他的人说,"各位都是有见识的人,你们评评理,连虫子都不愿意吃的玉米棒子就好吗?比这小的棒子就好吗?价钱比这高的玉米棒子就好吗?你们再仔细瞧瞧,我这些虫子都很懂道理,只是在棒子上打了一个洞而已,棒子可还是好棒子呀!"他说完了这一番话语,又把嘴凑在那位故意刁难的买主耳边,故作神秘状,说道,"这么大,这么好吃的棒子,我还真舍不得这么便宜地就卖了呢!"农夫的一席话,把他的玉米棒子个大、好吃,虽然有虫但是售价低这些特点都表达出来了,众人被他说得心服口服,纷纷选购,不一会儿工夫,农夫的玉米销售一空。

资料来源:豆丁网。

7. 聆听的技巧

作为一种沟通,谈判有"说",就有"听"。谈判是否能够成功,相当程度上取决于"听"。

"听",说起来容易真正做起来难。如何克服主客观因素的影响,提高有效倾听率,成为一名高效倾听者,是任何一名谈判人员的基本能力。

聆听的技巧主要如下。

(1) 保持良好的状态。倾听是一项人体各个器官共同参与的综合性活动,受身体是否健康、情绪是否高涨、感情是否真挚等多种因素的影响。因此，在谈判前，应在生理上、心理上做好充分准备。

（2）排除外界干扰。外界环境对谈判的效果影响较大，譬如对环境的熟悉程度、谈判处所的大小、光照的强弱以及是否有噪声干扰等。在谈判时，如果感觉不太适宜，应及早提出，改善环境，而不要被动适应，以免因小失大。

（3）采取移情式的聆听方式。日常人们聆听的方式有三种：批判式、漫不经心式和移情式。批判式的听是指因事先带有成见而采取批判态度的聆听。这种尽管听得很认真，但听的目的是挑毛病，其结果是毛病挑了一大堆，但对说者的内容没记住多少。漫不经心式的听是指由于听者的不重视或说者的表达不吸引人，致使听者不能专心聆听，表现为常常"开小差"，偶尔有趣的故事听听，而其他许多重要的内容就遗漏掉了。移情式的听是指听者从语境到内容再到表情、动作，完全融入说者的情境中去，并适时地给说者以积极的反馈。在谈判中，采取移情式的听，听者能听出说者的很多信息，还可以激发说者更大的说话兴趣，促进沟通的不断进行。

（4）适时、适度的提问。适时、适度的提问有下列作用：有利于听者争取时间思考答复的内容；有利于听者把不清楚的问题搞明白；有利于说者重新整理思绪和表达方式，厘清所讲内容的重点和难点；满足了说者的自尊心，提高了说者说话的积极性。但是，提问一定要适度，否则就有审问之嫌了。

9.2.4 公共关系谈判策略

公共关系谈判策略是指在谈判中，根据谈判的实际情况，所采取的方针、技巧、方式、方法。在长期的谈判实践中，人们积累了丰富的经验，总结出许多谈判的技巧、方法。谈判的策略可分为时机性策略和方位性策略。时机性策略指如何把握谈判时机，控制谈判的策略。其主要方法有：忍耐策略、出其不意策略、体会策略、解剖"死线"策略、让步策略、适时提问策略、时间限制策略。方位性策略是指根据不同的谈判场合、条件、局势采用不同的手段的策略。其主要手段有：合伙、联系和排斥，以攻为守，运用代理人等。下面介绍几种在公共关系谈判中常采用的策略。

1. 让步策略

让步是公共关系谈判中最常用的策略之一。在妥协阶段，适时采用让步策略，能促使谈判朝着成功的方向发展。任何成功的谈判，都必须建立在相互均衡让步的基础之上。采用让步策略应遵循以下几条原则。

（1）不要做无谓的让步。让步应体现对各方都有利的宗旨，只不过是利益分配多寡而已。力争每一次让步都能得到某种相应的回报。

（2）让步要恰到好处。让步要把握时机，缺乏通盘考虑的让步会得不偿失；对方的让步已经明朗化而己方坚持一步不让，有可能导致谈判失败。成功的让步能使己方以较小的让步使对方有较大的满足。

（3）不要做同幅度、对等的让步，这是毫无意义的。

（4）重要的问题力求使对方先让步。

（5）让步要三思而后行，速度不宜过快，力争"步步为营"。

（6）避免追溯性让步。被对方逼迫让步不仅要付出代价，而且会使己方处于被动地位。

2. 忍耐策略

忍耐策略是交锋阶段经常采用的策略。当对方咄咄逼人或情绪激动之时，采用忍耐策略，以缓制急，以静制动，使各方都保持冷静，避免直接冲突，直至时机成熟，再给对方以明确答复。无论是正式谈判中还是非正式谈判中，谈判者一定要控制住情绪，审时度势。俗话说"小不忍则乱大谋"，忍耐不是屈服，忍耐是为了掌握具体情况，寻找应对措施。

3. 休会策略

休会，即暂时中止谈判。休会是一种缓和矛盾冲突，使谈判各方冷静思考，重新审视谈判方针、方案，有利于谈判继续进行下去的一种策略。休会策略是一种时机性策略。当谈判处于以下几种情况时，应采用休会策略。

（1）谈判时间过长而没有实质性进展，谈判人员已精疲力竭，处于生理低潮。

（2）谈判进入交锋阶段，达到白热化程度，各方彼此唇枪舌剑，各不相让，谈判已进入"临界点"，面临破裂的可能性，应提出休会。

（3）对方采用出其不意策略，在某一问题上突然提出一个新的方案，令己方措手不及，此时可提出休会。

（4）谈判各方意见分歧过大，一时难以磋商，可建议休会。

（5）谈判进行到正常就餐、入寝休息时间，可建议休会。

在休会期间，谈判各方应本着谈判的原则，认真总结，审视原来的方针、方案是否切实可行。如若不合适，应做相应调整，重新部署新的谈判方针、方案，采用新的谈判策略。

4. 出其不意策略

"攻其不备，出其不意"是中国古代名著《孙子兵法》中的一种军事策略。在谈判中，主要是指突然改变谈判方针、方案，令对手措手不及。公共关系谈判尽管是合作型谈判，但并不排斥正常的合理的竞争手段。当谈判处于以下情形时，可采用出其不意策略。

（1）对手在某一问题上占绝对优势，而该问题又是己方基本利益需求，此时可考虑采用一个与原方案截然相反的提案，出其不意。

（2）当对手迫于成交，而己方感到成交的时机不成熟、条件不具备时，可采用出其不意策略。

（3）对手轻易接受己方认为非常重要的谈判条件，己方难以揣测其真实意图，此时可采用出其不意策略，测试对手反应，积极把握谈判的主动权。

采用出其不意策略应十分慎重。否则，盲目使用该策略，容易造成紧张局面，招致谈判破裂。但如果适时使用，会使对方感到措手不及，收到较好效果。

5. 解剖"死线"策略

"死线"是指谈判对手势在必得，不可摆脱的关键问题。解剖"死线"策略是指在谈判中，掌握对方的利益需求，当对方在非重要问题或细枝末节上斤斤计较时，及时解剖"死线"，阐明利害，迫使对方让步，积极争取主动的一种策略。

"死线"往往是对方谈判的希望所在，属于对方的长远利益需求，是对方十分需要但绝不肯轻易放弃的关键问题。谈判者在谈判过程中必须仔细分析，找出对方的"死线"，在关键时刻及时抛出，并给对方以思考的时间。这样，对方必然要权衡利弊，让步的可能性极大。

6. 以攻为守策略

以攻为守策略是指在对谈判做了充分准备的前提下，积极主动进攻，以提问为主，咄咄逼人；以细枝末节问题让步，换取较大利益需求。以攻为守策略的主要手段有两个：一是不断提问。在谈判中，寻找更多问题适时发问是占据主动地位的一种方式。提问也是一种技巧，提出的问题越尖锐棘手、越多，从对方答复中获取的信息就越多。二是主动让步。如果对谈判的情况了如指掌，对对手可能做出的让步范围心中有数，可能会得到更多的补偿，即可主动让步。这种让步，看似妥协退让，其实是一种更有力的进攻。

7. 适时提问策略

有人说，上帝给人类造就了两只耳朵一张嘴，恐怕就是希望人们多听少说。在谈判中，运用提问策略就是令自己多听少说的最有效方法之一。在谈判中适时地进行提问，这是发现问题与需要的一种有效的手段。提问时必须明确：提出的问题必须有针对性；问题的表述要清晰准确；提问的时机要适当，切忌中途随意插话提问；尽量使用对方习惯的或喜欢的方式提问；避免一次提出两个以上的问题；避免盘问式或审讯式提问；避免使用威胁性、讽刺性语言提问；避免暗示性提问。

8. 倾听策略

倾听策略就是指在谈判中，当对手发言时，专心致志地倾听。认真倾听对方发言，一是显示对对方的尊重，对谈判的重视；二是有助于激发或调动发言者的谈话情绪。

有关研究结果表明，一个人倾听和思考的速度大约比讲话的速度快 4 倍。在谈判中，谈判者应充分利用这"多余"的时间，边听边分析，缜密思考，寻求对策，或适时提出关键问题，令对方再打开话匣子，得到你所需要的信息。

9. 运用代理人策略

运用代理人策略是指选用非谈判利益的直接承受人，即"代理人"作己方的谈判代表，赋予其一定的权限与对方进行谈判。它属于间接谈判。代理人一般都是谈判的行家，具有丰富的知识和较高的应变能力、表达能力。利用代理人进行谈判，代理人可以向当事人提出任何问题或要求，而无须向对方作出任何承诺。代理人凭其专业水平和丰富的实践经验，容易在谈判中掌握主动，成功的机会相对较大。利用代理人谈判也可以在处于不利局面时，以问题了解不全面、不具体、代理有限等为理由，暂时休会。

运用代理人谈判时，应注意以下几个问题：代理人必须持有当事法人的委托代理书；代理人不能超越委托权限，越权代理；代理人必须全力以赴，实行真实代理；代理人应随时与当事人进行信息沟通，寻找解决问题的权利和途径。

10. 时间限制策略

时间限制策略也叫最后通牒策略，是指公共关系人员已确认对方非常渴望谈判成功，而且是在朝着这个方向努力，只不过是对于某些细节犹豫不决，拖拖拉拉，故意设置障碍。这时可施展一下时间限制的威力，或许会使他们抛开细枝末节，在急于谈成的心理和限定的时限双重压力下，屈从你的意志，促使协议的及早拟定和签署。

9.3 公共关系说服

说服是指通过有效的语言沟通，一方使对方接受某一种观念、实施某一种行为的传播行为。其目的主要不是向对方传播信息，而是向对方施加影响。在公共关系活动中，说服被大量地运用于许多场合。说服不仅是公关人员的一项基本技能，而且也是现代人走向成功的一个秘诀。

9.3.1 公共关系说服的原则

1. 平等互惠原则

平等互惠原则是指说服要兼顾双方利益，在平等的地位上使双方互利互惠。平等互利，就是既讲"利己"，又讲"利他"。公共关系说服是在不违反法律和道德的前提下，让别人先得益，最后对自己也有利。平等互惠原则不能片面地理解为简单对等的原则。

2. 讲究礼仪原则

在对对方施加影响的过程中，要充分尊重对方、多赞美对方，少夸耀自己，千万不可伤害对方的自尊心；否则不仅不能实现目的，反而会导致误解的产生，最终不欢而散。

3. 诚实守信原则

诚实，即忠诚老实，就是忠于事物的本来面貌，不隐瞒自己的真实想法，不掩饰自己的真实感情，不说谎，不做假，不为不可告人的目的而欺瞒别人。守信，就是讲信用，讲信誉，信守承诺，忠实于自己承担的义务，答应了别人的事一定要去做。

4. 双向沟通原则

公共关系说服过程就是一个传播过程和信息交流过程。双向沟通原则的基本含义是指在开展公共关系说服活动时，既要有信息输出，又要有信息输入和反馈，从协调组织与公众的关系角度来看，信息输入和反馈较之于信息输出来说，具有更重要的意义和价值。只有组织对公众的态度和意见是敏感的，它才能真正了解自己。

信息交流有单向和双向之分。如果只是组织单方面地对公众传播自己的产品、服务信息，就叫单向交流。公共关系的信息交流强调的是双向的传递过程，一方面吸取舆情民意，以调整改善自身；另一方面有效地对外传播，使公众了解和喜欢自己。真正贯彻双向沟通原则，既是保证组织公众关系得以成功的条件，也是实事求是原则得以实现的条件。这是因为，要切实遵循实事求是原则，就必须通过双向的信息交流，了解和把握事实真相，以此为依据调整自己的政策和行为。

5. 多种语言并用原则

在说服过程中，除使用有声语言外，还应该适时地使用非自然语言，即灵活运用表情语言、动作语言、体态语言，使身体各部位有效地参与到说服过程中，利用这些表情、动作、体态可以加深语言和语感的效果，提高说服的成功概率。

心理学家甚至认为，无声语言所显示的意义要比有声语言多得多、深刻得多，而且在特定的语言环境中，非自然语言的作用是其他载体所无法替代的。"无声语言"常常可以收到"无声胜有声"的效果。

9.3.2 公共关系说服的策略

1. 投其所好策略

引起对方的兴趣是成功说服的第一个步骤。"真心诚意地表现出对对方和他们所讨论的主题有兴趣的人，才有资格称作优秀的领袖。"比尔·伯恩在其著作《富贵成习》一书中提出了上述见解。

的确如此，如果你对别人的话题不感兴趣，他们也不会对你所陈述、表达和准备沟通的内容感兴趣。"找出对方的兴趣"可以说是一件需要热忱与诚意去做的事。如果你希望说服有进展、有成果,就不要轻视它。

在谈话之前,要通过调查来掌握对方的兴趣所在。每个人都有自己的兴趣、嗜好,若你表现出和对方的趣味相同,一定会越谈越没有距离,一拍即合。你的目的是要说服别人,如果用对方最感兴趣的措辞提出自己的构想、建议,就比较有机会达成目的。

案例9-2　　　　　　　　　**一次成功的谈判**

招商经理:刚才我根据您的投资计划,对项目做了一个介绍,您看还有什么地方需要我再详细阐述一下?

客户:我觉得×××的加盟比你们的优惠,你们加盟费8万元,他们才5万元。

招商经理:说得很好!您知道为什么吗?这就是投资我们项目的关键。

客户:为什么?

招商经理:一个投资1万元回报1万元的项目和一个投资2万元回报5万元的项目,您会选择哪个呢?

客户:当然选择2万元的了,不用说,做生意就是为了赚钱啊!

招商经理:对,这就是我们费用跟他们有区别的地方。

客户:嗯,道理是这样,但是说实话,我还是对项目信心不足。

招商经理:您谦虚了!您有做服务管理的经验,做得都还不错啊。虽然不是同一个行业,但是服务行业的管理是相通的。这个管理能力对您以及项目来说,是成功的关键,这也是我们选择加盟商的必要条件之一。

客户:那倒是。我还是懂一些管理的,我曾经开过店,也帮别人管理过店,做过公司的部门经理什么的,他们都说我适合做老板……(开始炫耀和细说以前的得意的事情)。我人缘比较好,跟我做事的人一般都喜欢跟我在一起,我就喜欢交朋友。您是什么地方的人?

招商经理:我是山东人,看我爽直真实的性格就知道,做事利索,有什么说什么。您就跟我脾气比较像,做事干脆,干净利落。

客户:做事嘛,看好了就做,怕这怕那就没有办法做事。

> **招商经理**：就是，就是，跟您在一起很开心，谈任何事情都很轻松，不用我过多介绍。明白人吧，一点就通。开店啊，就是需要您这样有勇有谋、做事有魄力的老板。您看没有其他异议的话，我就拿合同过来，我们一起看看。
>
> **客户**：好的。

2. 拖延战术策略

拖延战术实际上是一种欲擒故纵的方法。具体做法是，谈判的一方必须要做成这笔交易，但在谈判中装出满不在乎的样子，使自己的态度保持在一种半冷半热、不紧不慢的状态。在谈判日程安排上，不是非常急切，相反，要求延期谈判；在对方激烈强硬时，任其表演，不慌不忙，从而使对方摸不着头脑，相应地增强了自己的心理优势。

事实上，采用该方法的目的是要攻，故而先拖，即欲擒故纵。通过"拖"激起对方的成交欲望，降低谈判的价码，相应地增强了你的议价力量和支配力，最终达到使对方让步的目的。比如，一个买卖房屋的交易，卖方为了提高自己的支配力，故意采取了一种对卖此屋不甚积极的态度。卖方从电话上告诉买方："我个人很希望把这幢房子卖掉，但我的妻子和孩子很喜欢这个地方，我觉得这地方也不错。所以，我现在也开始有点犹豫。不过这事还可以再商量。"很显然，卖方说这话是为了对买方施加压力，希望对方鼓励他把房子卖给他。

这时，买方就要采取拖延战术策略，态度表现得冷漠一点告诉他："对不起，我不想参与你的家务事，你自己决定吧。"这样一来他可能很快会主动找上门来，使买方的支配力大大提高。而如果买方表现出积极想买他的房子的话，卖方就会乘机提出更多的要求，使买方处于被动地位。

采用拖延战术策略，要注意三个方面：一是每一次"拖延"不能拖死，要给对方一个"还有机会"的感觉；二是注意言论，在施行"拖延"时说话要委婉，避免从感情上伤害对方，从而造成矛盾焦点的转移；三是当"拖延"时，要考虑到自己手中一定要有几个有利的条件可以重新把对方吸引回来，不能使自己处于被排除局外的边缘，无力再拉回对方。

3. 权威、朋友策略

一个人是否接受某个观点、采取某个行动，一般会受到别人的影响，尤其会受到这方面的专家、周围的某个熟人和与自己背景相同人士的影响。在说服对方的过程中，不妨告诉他某专家、某朋友、某人士已经接受了该观点、采取了该行动，可能有助于说服对象考虑自己的观点和行动，也有助于提高说服者说服的水平。

4. 联结诱因策略

说服别人并不只是了解别人的感情而已，你对他的"了解"还无法改变他的观念、调整他的态度，如果你要赢得他的合作和支持，你需"挠"到他的"痒处"。当然，行为和诱因的联结需要非常清楚，且此诱因符合标的对象的价值，并在分配上须公平无私。当你开始说明你的意见和想法时，应该抓住与对方切身有关的事物。你要说动对方，直接以其关心的"利益"和他沟通，你要真正了解他需要什么。他如果有困扰的事情，要让他知道你将有诚意帮他解决问题。

说服别人应该是帮助他们得其所欲，你的说服策略要摆在如何发掘、刺激并引爆他所关注的事物上。至于如何探知对方的欲望，进而刺激其欲望，"询问"是最简单的方法，当你了解他关心的事物之后，要想办法满足他。

5. 以退为进策略

以退为进的说服策略，貌似与本意相悖，实际是用退一步的方法，取得优势，而最终说服别人接受自己的意见。以退为进，比只进不退好。因为通过退，可以积蓄更大的进的优势，比平平而进取得的效果更大。

我们有这样的感觉，当我们用力来撞某件东西时，如果你直接冲过去，你不一定会撞开它；但如果你退几步再去撞，你会感觉比之前的力量要大得多。同样的道理，可以用在你的说服中。

6. 迂回出击策略

若想把一棵大树连根拔起，恐怕难度很大。但如果将树根一根一根挖断，难度就小了很多。有时候，我们为一个问题交涉时，对方坚定不移的不配合立场，有如盘根错节的一棵大树，这时我们千万不要气馁，因为我们可以运用迂回接近的战术，一步一步地从每一个小问题谈起，最终达到自己的愿望。

在人际关系中，当遇到难以正面说服的人或难以拒绝的人时，我们就要考虑改变一下策略，避开正面，迂回出击对付说服的对象。说服对象的头脑中总会抱有一定的观点、立场,乃至成见,这些观点、立场乃至成见不是随意产生的,而是经过生活的点滴积累和思考分析后形成的,所以它的根牢固,不容易改变。说服者如果只知道单刀直入、直截了当地针对对方的观点、立场、成见展开辩论,肯定难以奏效。倘若从旁门、侧面入手,通过一些迂回的劝导自然而然地创立一种和谐的环境和气氛,进而借机转入正题,展开说服,这就是迂回劝导的说服方法。

7. 压力策略

来自外在机会、时间等方面短缺所造成的压力,也会对人们的决策造成影响。说服者利用压力策略,如"限量销售""限期服务"等,可以加快说服的速度,缩短说服的时间,降低说服的成本。

9.3.3 公共关系说服的技巧

1. 容情动心法

冰冷的态度、公事公办的言辞,都会引起对方的逆反心理。"通情"才能"达理",没有心理上的沟通做基础,即使有理,也达不到说服的目的。正如德谟克利特说的:"用鼓励和说服语言来造就一个人的道德,显然比用法律来约束更能成功。"

2. 借此说彼法

利用两个事物之间的某一相似点,借甲事物来说明乙事物,不仅通俗易懂,且具有很强的说服力,往往能收到事半功倍的效果。

唐太宗为了扩大兵源,想把不在征调之列的中年男子都召入军中。宰相魏征知道后对他说:"把水舀干了,不是得不到鱼,但明年恐怕就不会有鱼了;把森林烧光了,不是猎不到野兽,但明年就无兽可猎了。如果中年男子都召入军中,生产怎么办?赋税哪里征?兵员不在多,关键在于训练有素,指挥有方,何必求多呢?"太宗无言以对,只好收回了成命。在这段话中,魏征借用两件与主要事件类似的事例作比较,既形象又深刻地阐明了不能把中年男子都调入军中的道理,很有说服力。

3. 循循善诱法

"循循"是指有步骤、有耐心;"善"是指得当、巧妙;"诱"就是启发、开导。所谓"循循善诱",就是指有步骤地、巧妙地启发开导他人。

4. 侧击暗示法

侧击暗示的说服方法就是通过委婉、隐晦的语言形式，把自己的思想观点传送给对方，使对方顺着你的思路做进一步的理解。这种语言表达方式既可达到批评教育的目的，又可避免难堪的场面，所以常被用来做说服的有效手段。

5. 以褒代贬法

所谓以褒代贬，就是把明明是应当批评的人和事，通过含蓄、幽默的表扬语来说明。在公共活动中，更需要以褒代贬的语言艺术来维系双方的合作，否则，会使友好的合作受到影响。

某校一年级新生军训，一位学生因训练不认真，三次打靶三次剃了"光头"，使全班团体总分成为全年级倒数第一。打靶回来的路上，班主任一捶这位学生的肩膀，笑着说："嗨，三次你都'吃烧饼'，靶子以外的地方都打中了，也真不容易啊！"老师不乏幽默的"赞扬"引起了同学们的笑声，连这位学生也忍不住笑了。但笑过后，这位学生抓了半天后脑勺，很不好意思。如果班主任这样对他说："三次打靶，三次鸭蛋，全班都受了你的累。你也太不认真了。"不仅达不到教育的目的，甚至会使这个学生从此背上思想包袱。

6. 激励法

激励的前提是信任。苏联教育家马卡连柯说过："你信任他、任用他、赋予他更多的责任，往往正是调动他积极性的最好手段。"这话是很有道理的。领导向部下布置任务，要想对方把事情办得出色，就应该用信任的态度、商量的口气对他们说："×××，你脑子灵活，技术又好，考虑再三，觉得只有你做这件事最合适。这件事很急，我相信你有办法尽快把这件事做好。"听了这样的话，对方即使有困难，也会乐意地接受下来，并千方百计地去完成。如果这样说："这事是你职责范围内的，事情很急，你得在明天把它办好。"这种命令式的语言激不起对方工作的热情，也调动不了他的工作积极性。

7. 激将法

激将法通常是指从反面刺激对方以达到正面激励的效果，从而接受建议的方法。有时由于种种原因，有的人正面鼓动难以奏效，就不妨有意识地运用反面刺激的方法，直接贬抑对方，以激起其正面心理冲动，不自觉地接受说服。

8. 引证权威

引证权威是指在说服过程中，引用经典文献、名人名言等具有较强说服力的事例、言行等来进行说服的方法。

本章习题

一、单选题

1. （　　）是指就某一学术问题发表见解或介绍某一学术成果的演讲。
   A. 学术演讲　　　　　　　　B. 政治演讲
   C. 法律演讲　　　　　　　　D. 礼仪演讲

2. 一般来说，谈判的主题越是单一，矛盾的冲突表现得就越（　　），因为矛盾全部集中在一个焦点上了。
   A. 单一　　　　　　　　　　B. 强烈
   C. 复杂　　　　　　　　　　D. 柔和

3. 公共关系谈判的第四个阶段是（　　）。
   A. 导入阶段　　　　　　　　B. 概述阶段
   C. 交锋阶段　　　　　　　　D. 妥协阶段

4. 公共关系工作中最常用、最普遍、最具公关效果的口语表达方式是（　　）。
   A. 演讲　　　　　　　　　　B. 会议
   C. 会谈　　　　　　　　　　D. 谈判

5. 语言是人类特有的社会现象，是声音、文字、意义结合的（　　）。
   A. 符号系统　　　　　　　　B. 工具系统
   C. 操作系统　　　　　　　　D. 心理系统

二、多选题

1. 公共关系演讲的特征是（　　）。
   A. 时空性　　　　　　　　　B. 群众性

  C. 目的性   D. 鼓动性

  E. 临场性

2. 公共关系说服的原则包括（ ）。

  A. 平等互惠   B. 求同存异

  C. 讲究礼仪   D. 多种语言并用

  E. 时效性

3. 公共关系说服的策略包括（ ）。

  A. 求同策略   B. 权威、朋友策略

  C. 从众策略   D. 鼓励策略

  E. 压力策略

三、名词解释

1. 公共关系演讲 2. 即兴演讲 3. 命题演讲 4. 谈判 5. 说服

四、简答及论述题

1. 公共关系演讲的作用有哪些？
2. 为什么公关人员必须研究语言艺术？
3. 公共关系谈判具有哪些特点？
4. 试论述公共关系谈判交锋阶段应注意的问题。
5. 试论述公共关系谈判让步策略应遵循的原则。

案例讨论

谈判专家的语言技巧[①]

  美国一位著名的谈判专家有一次替他的邻居与保险公司交涉赔偿事宜，谈判是在专家的客厅里进行的，双方就保险理赔金额展开了谈判。

  谈判开始后理赔员先发表了意见："先生，我们都知道你是交涉专家，一向都是针对巨额款项谈判，恐怕我方无法承受你的报价，我们公司若是只出100美元的赔偿金，你看

---

① 资料来源：NBA 智库。

如何？"

专家表情严肃，据以往经验，不论对方提出的条件如何都应表示出不满，因为当对方提出第一个条件后，总是暗示着可以提出第二个，甚至是更多。

果然理赔员沉不住气了："抱歉，请勿介意我刚才的提议，我再加一点，200美元如何？"

"加一点，抱歉，无法接受。"

理赔员继续说："好吧，那么300美元如何？"

专家沉吟了一会儿道："300？嗯……我不知道。"

理赔员显得有点惊慌了，他说："好吧，400美元，这在以往的赔偿金额中算很高的了。"

"400？嗯……我不知道。"

"那就500美元好了！真的不能再高了。"

"500？嗯……我不知道。"

"这样吧，我们最多出到600美元。"

……

专家无疑又用了"嗯……我不知道。"谈判继续进行着。

最后这桩理赔案以950美元的赔偿金额达成协议，然而邻居原本只希望得到300美元！

思考讨论题

1. 在此次谈判过程中，谈判专家采取了什么样的谈判策略？
2. 本案例给我们的启示有哪些？

第 10 章
公共关系专题活动

本章导读

公共关系专题活动是组织以公共关系为主题，有计划、有步骤地开展各种有特定目的和内容的社会活动。本章主要介绍公共关系专题活动的作用、特点、基本要求及策划技巧，以及赞助活动、庆典活动等常见公共关系专题活动的相关内容。

知识结构图

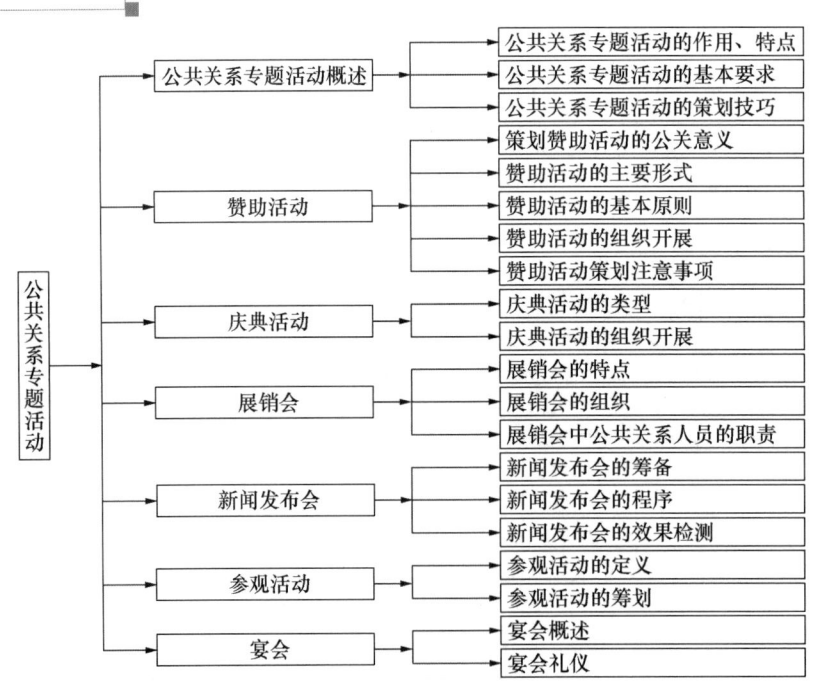

【开篇引例】 南开校友返校，喜迎母校百年华诞

2019年10月17日，是南开大学建校100周年纪念日，中国科学院大连化学物理研究所研究员、南开大学1960级化学系校友张玉奎院士等众多校友返回母校南开，庆祝南开大学百年华诞。

现场，前来参加校庆活动的校友手持"与总理同框，见证南开荣耀""南开人，用青春告白祖国""爱国奋斗，公能日新"等标语的打卡牌在百年校庆主题墙前打卡，带着孩子与周恩来总理像合影留念，在校钟前广场排队领取百年校庆主题蛋糕为母校庆百年华诞……据悉，这是南开大学为迎接百年校庆举行的大型校庆主题游园活动。

学校主干道、教学楼等多处悬挂着印有"心系南开，情怀中华，面向世界，争创一流""巍巍南开允公能，百年风华更日新"等横幅。此外，还特别设置了留言墙，"百年华诞，再创辉煌""百年南开，日新月异"……留言墙上写满了众校友对母校的祝福。

最引人注意的当属"校庆护照"，记者了解到，这是南开大学在百年校庆之际，为返校校友特别策划推出的"持'校庆护照'游园打卡，重温南开记忆"活动，在南开大学八里台、津南、泰达三个校区设置了13处游园打卡地点，13处打卡点串联了三个校区的主要景观、重要建筑，可以让阔别母校多年的校友以打卡的方式再游南开故园，感受母校变化，重温求学岁月。

此外，南开大学还专门设立了"南开百年周恩来大讲堂"实体捐赠纪念墙。该纪念墙由捐赠"南开百年周恩来大讲堂"额度达到5000元的团体名字共同组成，是继2019年7月9日南开大学百年校庆倒计时100天大会上发布的"我是爱南开的"首个捐赠纪念墙后的又一个南开百年校庆纪念景观，也是首个以团体名字组成的校庆标语景观，表达南开人对百年南开的祝福和爱意。

资料来源：新京报官网。

10.1 公共关系专题活动概述

公共关系专题活动是指有目的策划的、有明确主题的活动,亦称作公共关系的"特殊事件"。它是在确定了一个明确主题的基础上,围绕这一主题而设计的一系列具体的活动内容和活动方式。策划公共关系专题活动是富于挑战性和创造性的工作,通过公关人员独具匠心的设计,使之成为日常公关工作的高潮,变"无心插柳"为"有意栽花",为企业创造有利的公共关系时机。

10.1.1 公共关系专题活动的作用、特点

1. 公共关系专题活动的作用

(1) 扩大组织的社会影响。在坚持真实性的前提下,举办具有新闻价值的公关专题活动,可以吸引新闻界和社会公众的注意,争取被报道的机会,扩大组织的社会影响,提高组织的知名度。

(2) 为促销服务。通过公共关系专题活动制造有利的营销气氛,淡化推销色彩,使社会公众从感情上接受一种新产品、新服务,从而为进一步的销售活动开拓道路。

(3) 营造喜庆气氛。利用社会上传统的重大节日或企业自身富有意义的纪念日,举办一定的活动来表达企业对社会公众的善意,改善社会舆论和关系环境,改善企业内外部的人际关系。

(4) 联络感情。通过策划和举办公共专题活动,与社会各界广泛联络交往,为企业广结善缘,达到"争取有用的朋友"的目的。

(5) 挽回影响。当企业形象受到损害时,需要运用各种手段加以纠正。举办公关专题活动即为方法之一。可以通过针对性强的活动设计,改变公众原有的印象,纠正不利的社会舆论,使受到损害的组织形象得以恢复。

2. 公共关系专题活动的特点

公共关系专题活动是社会组织为了加强与特定公众的联系、扩大组织的社会影响,围绕某一确定目标而开展的特殊的公共关系活动。它一般具有以下特征。

（1）主题的明确性。公共关系专题活动是专门为实现某一具体目的而举行的，具有明确的主题，活动的策划与程序的安排都要围绕这一主题进行。只有主题鲜明，才容易引起舆论和公众的关注和兴趣，从而使组织形象在公众的心目中留下深刻印象。明确的主题能让公众更好地知晓组织行为的目的及意义，加深公众对组织的了解和信任。

（2）内容的丰富性。一项专题活动往往是一系列活动的组合。例如，一个庆典活动涉及宴请、仪式、联欢、新闻发布等各项活动。也就是说，一个鲜明主题需要各个活动来展示，专题活动有着丰富的内容。

（3）媒介的多样性。一个专题活动若要达到预期目标，需运用各种媒介，如电子媒介、印刷媒介，通过声、像、光和现场、实物、纪念品及报告、解说、咨询等各种形式来最大限度地吸引公众的注意力，引导公众参与，并借助各种可能运用的媒体来扩大专题活动的影响。

（4）对象的广泛性。一般说来，组织举办专题活动所邀请或参与的对象比较广泛，具有不同的层次。例如，商场举办一个开张典礼，邀请的对象除了上级主管部门领导之外，也应该包括兄弟单位的领导、新闻人士、社区的群众、供货商、顾客代表等。

（5）目标的层次性。组织开展公共关系从根本上说是为了宣传组织形象，使组织行为为公众所接纳，这是公关活动的总目标。专题活动作为特定的公关活动，是为了塑造组织形象；从近期来看，则是通过活动吸引公众、赢得公众。专题活动目标的这种层次性，要求组织做到近期目标和长远目标的一致和统一。

（6）程序的规范性。专题活动是一个环节、运作复杂的公关活动项目，要求有规范、完整的程序和步骤，讲究组织严密、安排得当。程序的规范化有利于活动按部就班地运作，及时进行监控，有效地协助各环节间的工作，使各项活动循序渐进、井井有条，从而保证活动质量。

10.1.2　公共关系专题活动的基本要求

要使公共关系专题活动开展得有特色，有一定的影响面，要做到以下几点。

1. 明确的活动目的

任何公共关系专题活动都要有明确的特定的目的，在活动中要努力促使其目的的实现。比如，通过开展纪念活动，使人们不忘历史人物对今人的影响，从而达到激励、教育人们的目的。美国通用汽车搞的历代汽车"进步大游行"，就是选在汽车发明周年纪念时举行，车队慢悠悠地开出纽约，连续"走访"几个城市，意在让人们了解汽车的发展史，宣传通用汽车公司的不朽贡献、可靠信誉、经营宗旨和最新技术成果。再比如，通过发布信息，解惑释疑、消除误会；通过专项服务、联络感情、提高信誉等。

2. 鲜明的活动主题

任何一项专题活动都必须有鲜明的活动主题，它是专题活动目的的具体化，是专题活动的中心。主题要根据组织面临的主要问题、人们共同关心的问题和主客观条件来确定，如理论问题、社会问题，或以纪念某一重大节日、历史事件或历史人物等为主题。

3. 认真策划，周密安排

公共关系专题活动的主题确定之后，就应着手制订活动计划，包括确定活动的时间、地点、形式及规模，确定主持人、报告人、参加人员等。另外，还要安排与专题活动相联系的一些辅助活动。同时，还要组织一支精干的筹备队伍，分工明确、密切合作，安排好活动的各项事宜，这是举办专题活动的组织保证。

4. 努力实施，确保成功

公共关系专题活动一般来说影响都是很直接的，效果也是明显的。但是，一项专题活动成功与否，评价是客观的。因此，要求每一项专题活动都必须既认真努力实施，又要慎之又慎，稍有疏忽将造成难以弥补的损失。

10.1.3 公共关系专题活动的策划技巧

策划公共关系专题活动是根据特定的组织目标，协调社会组织与公众之间关系而组织筹划的，具有自己的特色和魅力，使人们的生活有了新鲜的情绪体验和良好的情感交流，感染和促进人的情感氛围。公共关系专题活动策划需把握以下技巧。

1. 确定的目标

目标是公共关系专题活动的灵魂和统帅。目标直接控制着公共关系专题活动的整个过程，可以增强专题活动对公众的影响，扩大专题活动的工作效果。所以，社会组织在开展专题活动时首先要明确目标。

公关专题活动目标往往需要分成外宣目标和内控目标。外宣目标是对公众公开的本次专题活动的目标；而内控目标是组织自己把握的本次专题活动的目标。两个目标可能不同，但需要在活动中有机结合。公共关系专题活动的目标不能过于抽象、概括，更不能含糊其词。常见的专题活动目标主要有：让公众接受某个信息；清除公众对社会组织的误解和偏见；让公众知晓社会组织的新发展；加强内部公众的互相了解及相互信任；巩固社会组织与社区公众的友好关系；促使新闻界对社会组织的关注；鼓动公众支持社会组织的某项决策；收集公众对社会组织的意见和对社会组织提出的建议。虽然每个公共关系专题活动都有明确的目标，如塑造组织形象，但不可急功近利地看待一两次专题公关活动的效果，公关活动的目标往往需要一定的时间和活动次数的积累才能达到。

2. 确定一个有吸引力的主题

策划公共关系专题活动是社会组织在审时度势后，专门为实现某一具体目的而举行的，但是组织的目的和活动的主题不一定一致。选择有吸引力的主题，活动的策划与程序的安排都要围绕这一主题进行，只有主题鲜明而富有吸引力，才容易引起舆论和公众的关注，引发他们的浓厚兴趣，从而使组织在公众的心目中留下深刻印象。

（1）主题与组织战略一致。专题活动的主题要适合组织的中长期公关战略目标，与组织的长远发展战略相一致。有悖于组织整体战略目标实现的专题活动，无论其他设计如何精彩，都应当缓行，或对其进行修改后再实施。

（2）主题与公众心理、时代要求一致。专题活动的主体首先必须符合参与活动公众的道德、心理、需求和审美，其次还必须符合社会以及其他公众的评判标准，符合时代的精神和特征。

（3）主题必须个性鲜明，富有特色。公关专题活动强调适度而有特色，活动没有个性，设计得再奢华也难以给公众留下印象。如果主题千篇一律，不能吸引公众，专题活动就不会有满意的效果。

（4）主题表述应言简意赅，易于传播。公关专题活动形式是多种多样的，可以是一次庆典活动，也可以是一次公益性活动。不管是什么样的活动，其主题必须表达得清楚、明白。主题的表达可以是一句话、一段精辟的文字甚至一个词。无论采用何种形式，都要求容易传播。对公众来说，要有亲切感，要朗朗上口，要具有震撼力、冲击力。

3. 综合运用各种传播媒介

一个专题活动若要达到预期目标，可以运用多种媒介，如电子媒体、印刷媒体，有时要通过声、像、光和现场、实物、纪念品等多种形式来最大限度地吸引公众的注意力，引导公众参与，并综合运用广播、电视、互联网等媒介来扩大专题活动的影响。为了扩大公共关系专题活动的影响范围，制造公共关系专题活动的轰动效应，使公共关系专题活动取得更大的成功，社会组织在开展专题活动时需要整合宣传。

公共关系专题活动宣传工作主要是做好以下几件事：①力求使公共关系专题活动充满特色、富有魅力，以引起新闻媒体的关注，争取新闻媒体的报道；②积极制作社会组织的媒体刊物，如网站、报纸、电视台等，及时向公众发布有关的信息，使公众充分知晓公共关系专题活动的内容；③认真做好公共关系专题活动的记录工作和摄影工作，主动为新闻记者提供宣传材料和新闻稿。

4. 程序的规范

活动的组织安排体现了组织的管理能力、经济实力、协调能力，如果在某些环节出问题，会直接影响公众对组织的评价。而专题活动又是一个多环节、运作复杂的公关活动项目，容易出现一些意外，因此要求有规范、完整的程序和操作规程，例如庆典仪式包括场地布置、签到、剪彩、致辞、座谈、参观等环节。程序的规范化有利于活动按部就班地进行，及时进行监控，有效地协调各环节间的工作，使各项活动循序渐进、井井有条地开展，从而保证活动的质量。程序的设计应注意以下几点。

（1）符合特定的社会文化环境要求。程序的设计时常受传统文化、传统习俗的制约。东方文化和西方文化不同，举办一个专题的公关活动若符合特定的文化背景，会取得一个很好的效果。如安徽淮南每年举行的"豆腐节"很好地展示了地方特色，吸引了游客的眼球。

（2）符合专业水准。公关专题活动的开展忌讳出现"短板"和枝节问题，一个令人扫兴的"短板"的出现会在很大程度上影响公众的评价，甚至起反作用，因此专题活动要周密而专业。专题活动的程序一忌平铺直叙，枯燥呆板；二忌杂乱无章，头绪不清；三忌随心所欲，想到什么就添加什么。如安徽合肥某化妆品店开业，为增加公众的参与度，该店决定在第一天举行免费赠送活动，经报纸宣传，开业当天店前人气很旺，很多人排起了长长的队伍等待领取礼品，店方准备的赠品只够发给很少的排队者，大多数人带着一肚子怨气和上当受骗的感觉离开，从而使此活动造成了非常不好的影响，影响了企业形象。

（3）符合艺术审美要求。并不是所有能吸引公众眼球的事物都可以给组织形象加分，过于怪诞的活动有损组织形象。

5. 感染力

公关意识的融入使得公共关系专题活动不单纯强调处理具体业务，而是在业务处理和活动中使公众或耳闻目睹组织的情况，或与组织直接交往沟通。这种亲身体验会给公众留下深刻的印象，再加上情境气氛的烘托，具有较强的感染力。当公众来参加某一项专题活动时，首先感受到的是现场的气氛，热闹会给人留下较为深刻的第一印象。因此，营造一个具有感染力的氛围，是开展专题活动取得良好效果的必要条件。例如，大多数组织在举办专题活动时都会悬挂很多气球，燃放很多烟花，或请乐队演奏欢快的音乐，以达到烘托热烈气氛的目的。

6. 周密筹备

策划者一般在策划方案中对公关活动的内容进行表述，具体活动细节由公关组织者和公关实施人员进行落实。但是对于公关活动具体细节，策划者应该有全面的了解。公共关系专题活动内容丰富、复杂，涉及面广，工作量大，所以社会组织在开展专题活动时需要周密筹备。

开张、周年纪念、节假日以及某些社会活动时期，都是开展公共关系专题活动的大好时机。但应注意的是，公共关系专题活动的时间安排不能与重大事件或重大节日的庆祝活动相冲突，否则不易收到好的效果。开展公共关系专题活动的地点，一般应选择组织所在地或组织熟悉的地方，因为组织在熟悉的地域内容易支配公众的心理过程。此外，也可以选择在交通方便或公众集中的地方。

公共关系专题活动的效果与接待工作有很大关系。每个公共关系专题活动都要做好接待工作。提前一周左右发出请柬和通知，预先布置活动现场，培训接待人员和服务人员，精心准备讲话稿，都是开展公共关系专题活动前必须认真准备的。

7. 媒体选择

媒体的选择将直接关系到专题活动的传播力、影响力。不同的媒体，观点不同，对公关活动评价和宣传的口径可能不同；媒体运作方式不同，对公关活动宣传方式可能不同，受众的接受程度也可能不同，因此必须精心选择媒体。媒体选择应注意如下情况。

（1）媒体选择要适合公众的认知水平。专题活动的出席对象层次不同，不同地区的公众认知水平也不一样，即使是同一专题活动，在不同的地区举行，在选择媒体时也要考虑公众的认知水平差异。

（2）媒体的选择要达到活动的预期目标。任何一个组织举办一项专题活动，都是为了通过活动，让广大公众了解组织并加深印象。媒体报道就是要把组织的意图、活动的内容和形式等一一展现在广大公众面前，让不参与活动的人有身临其境的感觉，把组织的形象通过这一活动深深地印在广大公众的脑海中。选择这样的媒体，才能达到活动的要求与目标。例如，合肥公交公司在第一台快速公交正式投入运营当天，邀请当地以关心市民小事为主的安徽电视台经济生活频道《第一时间》节目组的记者全面报道了该事件，报道了快速公交清洁、舒适的车内环境，通畅美观的快速车道，市民良好的反应。画面和声音完美结合的方式给市民留下了深刻印象。

8. 把握时机"制造新闻"

出色的新闻使人震撼，具有轰动效应，但新闻在于策划、在于创造。制造新闻就是在专题活动中借助某些信息，反复多次以新闻的形式向社会报道专题活动。在专题活动期间，尽可能地设计、制造一些新闻活动，以造成轰动效应。"制造新闻"是一种最主动、最有效的传播方式，其他如新闻报道、专题通信、记者专访、新闻发布等形式，都带有一定的机遇性，而且主动权不在组织手中。"制造新闻"就是组织积极、主动地抓住一些特殊的人物和事件，及时、准确地报道一些被一般人视为平凡小事的"新闻"信息，加以利用和策划，挖掘其中不为人知、超越常规的意义，寻求扩大影响的机会，创造"热点"，以激起新闻媒体采访、报道的兴趣，从而促使新闻媒体为组织做免费宣传。

9. 运用名人、权威机构效应

组织适时地利用名人和权威机构烘托公关活动的影响力，如政府官员、知名人士、影视明星等参与活动，权威机构主办活动，制造良好的宣传效果。有不少组织和产品正因为运用了名人战略和权威机构战略才有了良好的品牌效应。但是，在运用名人效应时应注意该名人的气质、特点等是否符合组织、产品形象定位要求，而且需要防范因名人自身可能发生的事件影响组织和产品形象。

10.2 赞助活动

10.2.1 策划赞助活动的公关意义

赞助活动特指社会组织以不计回报的捐赠方式，出资或出力支持某一项社会福利、社会公益和慈善事业，以此证明组织实力，表明组织的社会责任感，赢得社会普遍好感的公共关系传播活动。社会组织赞助往往是针对一些公益性、慈善性、服务性、娱乐性、大众性的项目。举办赞助活动的作用主要有以下四点。

1. 完善组织的道德人格形象

组织作为社会大家庭的一员，承担着为社会发展做贡献的义务。追求经济效益与社会义务的统一，是组织履行社会责任的具体表现。

2. 赢得公众认可与好评

赞助活动具有明显的奉献特点，因此，必然会获得公众的好评，再加上新闻媒体的正面宣传，无疑会使组织声誉倍增。赞助活动对于组织来说，的确是一种自我牺牲和无私奉献，但结果却使组织从社会得到更多的回报。

3. 强化与目标公众的情感关系

赞助活动总是以一定单位或个人为对象的。被赞助对象由于接受了组织的无私帮助，必然会加强与组织的密切联系，易于与组织发生感情上的交流，这样为深化今后的公共关系工作打下基础。

4. 提高组织知名度

有效的赞助活动和相应的宣传工作，使组织的名声得到广泛传播，提高了组织的知名度。赞助活动大多有比较广泛的群众基础，容易引起公众的兴趣与关注，新闻媒体对这类报道也比较热心。所以，组织举办社会赞助活动，本身就是作宣传。另外，有些企业还特别注意将赞助宣传与商品广告联系在一起，使广告更具说服力。

10.2.2 赞助活动的主要形式

赞助活动的类型很多，涉及社会生活的各个领域，从大型的体育比赛到一部电视剧的拍摄，从教育事业、社会慈善到车站、码头的路牌、交通设施，都可以接受赞助者的捐助。下面谈谈几种主要的赞助活动。

1. 文化活动赞助

文化活动吸引的公众层面较宽，影响较广，品位较高。赞助的文化活动主要有音乐会、电影电视节目、文艺演出、书画展、摄影作品展等。企业赞助文化事业，有利于增进企业与公众的感情交流，改善企业形象。对文化事业赞助的具体做法有：资助重大文艺会演，资助重大文娱比赛，资助影视片的拍摄，向文化团体提供经费补充等。

2. 体育活动赞助

体育活动是广大群众喜闻乐见的活动，也是许多公众热心的活动，涉及的公众层面宽、范围大。赞助体育事业容易赢得公众关注，从而有利于企业形象的塑造。赞助体育活动，目的一般是增强广告效果，或扩大与体育有关的产品的销路，或测试新产品的性能。赞助体育活动的方式有提供食品饮料、经费、服装、器械、人员和其他便利条件以及组织体育比赛等。王老吉赞助广州亚运会，并以"亚运有我，精彩之吉！"为口号，开展第16届亚运会组委会和王老吉邀您一起参加"亿万亚运欢呼大征集"活动。

3. 教育事业赞助

赞助教育既为组织树立了关心教育的良好形象，又和教育界建立了良好的关系，为组织的人才招聘创造了条件。赞助教育事业的方式有提供奖学金、兴建校舍、赠送图书资料和教育仪器、资助学校教研活动以及协助学校进行职业训练等。中国教育事业面临的困难较多，赞助教育事业大得民心，有利于改善组织形象。而且，赞助活动还使企业与教育界的联系紧密了，无形中获得录用优秀人才的优先权。

4. 社会慈善赞助

社会慈善业是为广大弱势群体谋福利、促进社会协调发展的事业。这类赞助活动有益于组织与社区、政府搞好关系，也可以向社会表明其所承担的义务和责任，更能体现组织对社会公益事业的关心。这类赞助人情味最浓，商业味最淡，最容易博得公众的好感。赞助对象主要是社会需要救济的对象、有具体困难的公众和社会弱势群体等。社会福利赞助主要是在社区范围内进行的，如修建道路，绿化环境，修建托儿所、敬老院、康复中心，经常慰问年老、病残或生活困难的居民等。

5. 学术研究赞助

科技发展水平对一国经济发展至关重要，这类赞助活动的影响面虽然不大，但是意义重大而深远。首先可推动与本组织产品和服务有关的研究深入发展，为组织发展提供基础理论研究和技术支撑；其次可以提高本组织在同行中的知名度和影响面。这类赞助活动的形式有：提供科研基金，资助购买科研设备，赞助学术研讨会，资助学术专著出版等。企业赞助学术研究，表明企业对社会发展的关心，同时也有利于促进本企业科研水平的提高，可谓一举两得。

6. 新闻事业赞助

新闻单位的某些活动带有明显的社会公益性质，企业赞助新闻事业，既可实现企业的社会贡献目标，又密切了与新闻机构的关系，有利于实现企业公共关系目标。具体做法有：赞助新闻单位举办的某项活动，提供优秀新闻奖金等。

7. 救灾活动赞助

企业从利润中拿出一部分用于灾区救济和重建，必将获得灾区人民及广大公众的好感，有利于企业形象的塑造。

8. 重大节日活动赞助

重大节日往往为绝大多数公众所关注，企业赞助节日活动，有利于扩大企业与公众感情的交流。具体做法有：提供活动费用，捐赠节日用品，支援节日工作人员等。

9. 赞助特殊领域

专门支持某一特殊领域，如保护文化古迹和文化遗产；或设计专业奖项，如最佳摄影奖、新闻奖、设计奖等。环境保护是功在当代、利在千秋的公益事业，涉及广大公众的切身利益，是公众和媒体关注的热点，赞助环保事业能获得经济效益、社会效益和生态效益的三丰收。

10. 赞助社会公益事业及各种竞赛奖励活动

如赞助修路、修桥、治理黄沙、兴修水利工程等。这类赞助活动一家出钱，万家受益，社会影响范围广，是为公众办实事的行为。

11. 其他赞助活动

如赞助制作宣传用品、旅游图、日历等。公关人员应勤于思考，设计出别具一格的赞助形式，以提高组织的知名度，建立良好的公共关系。

总之，组织进行赞助的形式有很多种，公关人员应善于设计各种新颖的赞助形式，获得最佳的形象收益。

10.2.3 赞助活动的基本原则

赞助是一种技术性和政策性很强的公共关系宣传活动，开展赞助活动必须遵循以下基本原则。

1. 社会效益原则

企业开展赞助活动的目的是树立企业的社会形象，表明企业积极承担社会责任和义务，一般局限于公益事业、福利事业、救灾抗灾、教育事业和公共设施建设等方面。被赞助的对象必须有可靠的社会背景和良好的社会声誉。

2. 合法原则

合法原则是开展赞助活动的基本要求。企业开展赞助活动时必须遵守相关的政策、法律和法规。利用赞助活动搞不正之风，必将会受到法律的制裁。

3. 量力而行原则

一般来说，企业赞助的活动应当量力而行，根据企业利润额、经济实力和市场发展战略，支出合理的赞助经费。赞助经费的数额，必须在企业能够承受的范围之内，同时又要达到一定的额度，以形成较大的影响规模。

4. 相关原则

企业赞助的活动对象应当与公众生活或自己的经营内容相关联。例如，运动饮料厂赞助体育事业,这样的赞助活动自然和谐,既可赞助经费,又可提供饮料,实惠方便,容易取得公共关系宣传的良好效果,强化企业的品牌形象。

10.2.4 赞助活动的组织开展

赞助活动要想取得圆满的成功,达到组织所要求的目标,精心的策划和合理组织实施是必不可少的,具体的工作流程如下。

1. 进行赞助调研,确定赞助活动的类型和赞助对象

组织要开展赞助活动,预先的调研活动是不可或缺的,也是非常重要的。组织赞助活动可以自己选择赞助对象,也可以按照被赞助者的要求来确定。不论选择哪种方法,最重要的就是要进行深入、细致、科学的调查研究,在科学调研的基础上,确定赞助的活动类型和赞助对象。

调查研究的主要内容应该包括以下几个方面。①调查研究组织自身的相关情况,包括对组织自身的公共关系现状、组织公共关系的目标和政策、组织未来发展的目标和方向等进行调查,以此作为组织制定赞助政策、确定赞助对象、决定赞助金额的依据。②调查研究所要赞助的对象的有关情况,包括赞助对象的业务内容、经营状况、经济实力、社会信誉、公共关系现状、所面临的具体问题等,以使组织正确地选择所要赞助的对象。③调查了解所要赞助活动的具体情况,包括赞助活动的社会影响力、社会公众对该项活动的心理反应、赞助该项活动所需要的经费以及在具体的操作过程中可能出现的问题和困难等。④进行赞助成本效益分析。调查研究应该以组织的经济效益和社会效益的同步增长为依据,重点分析赞助活动的成本与效益,要依据自身的财力,量力而行,保证组织和社会共同受益。

2. 制订周密而又详细的赞助计划

赞助活动是组织有计划地开展公共关系实践的重要组成部分。在调查研究的基础上,制订详细的赞助计划是确保赞助活动取得预期效果的必要条件。组织的赞助活动计划应当包括以下几个方面的内容:赞助的目标、赞助的形式、赞助的对象、赞助的资金预算;为了达到预期的目标而选择的赞助主题和传播方式;赞助活动的组织管理;赞助活动的具体实施方案。同时,也应该考虑赞助活动中可能出现的一些问题和困难,制订一些必要的应变方案。另外，赞助活动计划要留有余地，做到有的放矢，防止赞助活动超过组织的承受能力。

3. 实施赞助活动计划

在制订赞助计划的基础上，组织应该派遣专门的公共关系工作人员去具体负责赞助活动计划的实施。公共关系人员应该首先弄清楚此次赞助活动的目的、内容和具体细节，所有宣传活动的安排、步骤和操作程序。

为了扩大赞助活动的影响面，赞助活动应当举办一定规模的签字仪式，要重点邀请政府有关部门的负责人、相关的新闻记者、社会各界的友人参加，最好能在签字仪式上宣布赞助金额、展示实物等。被赞助单位应该本着互惠互利的原则，尽可能地为赞助单位提供扩大宣传的机会，使宣传活动和赞助活动能同步进行，协调一致，赞助双方的利益均达到最大化。赞助单位应对赞助资金的使用、赞助项目的落实情况等进行必要的监督。在赞助资金的兑现上，最好能按活动实施效果分阶段提供资金，以便能从经济上约束被赞助单位，保证组织赞助目标的实现。

在具体的实施过程中，公关人员应该各司其职，互相配合，充分运用各种公共关系技巧与方法，尽可能使赞助活动扩大组织的社会影响力。如利用大众传媒广泛宣传报道，利用广告传播烘托气氛，强化效果，像场地广告、路牌广告、车辆广告、空中广告，甚至工作人员身着统一的广告衫，都能收到扩大宣传和影响的效果。

4. 赞助活动效果的评估

组织的公共关系活动要立足于组织的长远发展，因此，每一次赞助活动结束以后，组织都要及时地进行效果检测和评估，对赞助活动做出客观的评价，作为经验总结，指导今后的赞助活动。

检测和评估主要基于以下几个方面：第一，广泛调查、收集各方面的看法和反应，如社会公众、传播媒体、被赞助单位、组织的员工等对此次赞助活动的评价与反响；第二，对照原计划，测定赞助活动的实际效果，分析已达到的目标和未达到的目标，找出活动中的欠缺和不足，总结赞助活动的经验；第三，对评价的效果撰写信息反馈报告，在报告中，将实际效果与计划的比较、成果与不足、问题出现的原因与补救措施、今后努力的方向等一并纳入。报告将成为组织今后开展公共关系的依据和参考。

10.2.5 赞助活动策划注意事项

赞助各种有益的社会事业，在推动社会公益活动发展的同时可使本组织同步成名，这是一种行之有效的公共关系手段。为使公关赞助取得成功，任何组织都要遵循一定的规则。策划赞助活动须注意以下原则。

1. 传播目标明确

所赞助的项目须适合本组织的特点和需要，有利于提高本组织的社会影响，或有利于扩大业务领域。为企业创造一个鲜明、突出、慷慨大方的形象，这种机会能发展企业与消费者之间互利互惠的双边关系。

2. 受资助者的声誉和影响

要认真研究和确认被赞助的组织、个人或社会活动本身是否具有良好的社会声誉，是否有积极、广泛的社会影响，保证赞助活动取得良好的社会效益。

3. 本组织的经济承受能力

要考虑赞助额是否合理、适当，本组织能否承担，不要做超出本组织承担能力的赞助活动。确定赞助规模以及一致性和连续性；预测公关活动对提升企业形象、提高企业知名度的影响程度。

4. 别具一格的赞助方式

一般来说，凡是符合社会及公众利益的赞助活动，都会引起社会各界特别是新闻界的关注。但是，如果能够以新鲜、别致的方式来实现赞助，就能取得更好的效果，所以，赞助方式切忌雷同。

5. 跟踪媒体动态及消费者的反响

随时跟踪新闻媒体的动态、消费者的反响，及时将有关情况反馈给企业决策者。同时收集赞助反馈信息，为下一次活动积累经验。

6. 利用宣传和营销手段支持赞助活动

利用企业现有的宣传和营销手段支持赞助活动，如利用广告、小册子、企业出版物、新闻等进行宣传。

10.3　庆典活动

庆典活动是指组织在其内部发生值得庆祝的重要事件时，或围绕重要节日而举行的庆祝活动，一般将其作为一种制度和礼仪。组织自成立之日起，就进入了运行发展的过程。现在社会复杂多变，竞争激烈，组织要想正常生存、稳定发展、不断壮大，就需要利用各种庆典时机对内营造和谐氛围，增强员工凝聚力，对外协调关系，扩大宣传，塑造形象。它可以是一种专题活动，也可以是公共关系活动的一项程序。庆典活动往往给公众留下"第一印象"，如一家企业举行气氛热烈、庄重大方的开业典礼，这是在社会公众面前的第一次亮相，这个"相"亮得好，可以为企业树立良好形象。随着社会的发展，能够举办庆典的节日越来越多，这必然使社会各界举行庆典活动的机会越来越多。因此，现在组织的管理者应想尽办法利用庆典的各种活动，让自己广为人知。显然，这与现代公共关系为组织扩大知名度、提高美誉度的思路相吻合。

10.3.1　庆典活动的类型

庆典活动总的要求是喜庆的气氛、隆重的场面、热烈的情绪、灵活的形式，当然还应该有较高的规范性和礼宾要求。庆典活动在形式上，一般有开幕庆典、闭幕庆典、周年庆典、特别庆典和节庆活动五种。

1. 开幕庆典

开幕庆典，即开幕（开张、开业等）仪式，就是指第一次与公众见面、展现组织新风貌的各种庆典活动，包括各种博览会、展览会、运动会和文化节日的开幕典礼；企业的开业典礼或企业推出的重要服务项目第一次向公众开放的庆祝活动；重要工程的开工典礼或奠基典礼；重要设备及工程首次运行或运营的庆祝活动，如通邮、通车、通航等典礼活动；学校的开学典礼、部队的迎新典礼等。组织举行一场热烈、隆重、特色鲜明的开幕典礼，有助于迅速提高组织的知名度，为组织自身塑造良好的形象，给社会公众留下深刻而美好的记忆。

2. 闭幕庆典

闭幕庆典是组织重要活动的闭幕仪式或者活动结束时的庆祝仪式，包括各种博览会、运动会和文化节日的闭幕典礼，重要工程竣工或落成典礼，学校学生的毕业典礼，组织的重要活动或系列活动的总结表彰或者为圆满结束举行的各种庆祝活动等。闭幕庆典是各种活动的尾声，同开幕庆典相比，重要的程度和隆重的程度比较弱些，更多的是强调活动的有始有终、圆满结束。当然，有的活动从不同的角度来看，可以作为闭幕式处理，也可以看作开幕式，如何开展活动，要根据其内涵和意义来选择。如公路的建成也就意味着开始通车，多举行通车典礼；大型客船完工就要投入航运，通常举行首航仪式等。

3. 周年庆典

周年庆典是指组织在发展过程中的各种内容的周年纪念活动，包括组织"生日"纪念，如工厂的厂庆、商店的店庆、宾馆的馆庆、学校的校庆，以及大众媒体机构的刊庆或台庆等，还包括组织或企业之间友好关系周年纪念，某项技术发明或某种产品的问世周年纪念活动。组织利用周年庆典举办庆祝活动，对振奋员工精神、扩大宣传效应、协调公众关系、塑造企业形象等都有重要的意义。特别是利用周年庆典举行公众联谊活动，可以沟通关系，加深感情，或通过制造新闻获取轰动效应。

4. 特别庆典

特别庆典是指组织为了提高其知名度和声誉，利用某些具有特殊纪念意义的事件或者为了某种特定目的策划的庆典活动。组织可以根据自己的具体情况推出新的内容，尤其要抓住具有里程碑意义的事件进行策划。如某国际旅行社接待第100万位国外游客、某驾驶员安全行车100万公里等，都可举行庆祝活动，还有电信部门策划的300日无差错纪念活动，消费者协会组织的消费者权益保护法颁布10周年庆祝活动等。可以说，没有哪一年是没有特殊事件可供纪念的，关键是公共关系人员应注意选择时机，策划具有独特创意的特别庆典活动。

【阅读资料10-1】　　　　川航喜迎第100架飞机，全空客机队全新启航

2015年5月22日15时39分，一架编号为B-1663的全新空中客车A321飞机平稳降落双流机场。这架新飞机的到来标志着四川航空机队规模增至100架，正式进入百架飞机时代。伴随着热烈的鼓声、欢呼声，两条洁白的水柱形成巨大的水门，为新飞机接风洗尘，预示川航将迎来更加美好的明天。

> 庆典仪式上，四川航空集团有限责任公司总经理、四川航空股份有限公司董事长李海鹰代表川航致辞，回顾川航创业历程，展望未来发展规划。为庆祝与川航友好合作，表达对川航战略转型、深化改革取得显著成绩的赞赏，空中客车中国公司总裁陈菊明代表空中客车公司向川航颁发"锐意创新奖"；普惠商用发动机公司格雷戈·格恩哈特总裁向川航颁发"杰出运营20年奖"。

资料来源：民航资源网。

5. 节庆活动

节庆活动是指组织在社会公众重要节日时举行或参与的共庆活动。这里的重要节日可以是传统的节日，如春节、国庆节、五一劳动节、三八妇女节、六一儿童节等，还可以是改革开放后引进西方文化的节日，如圣诞节、情人节、母亲节等。节庆活动一般可分为两种：一种是组织利用节日为社会公众举办的各种娱乐、联谊活动，免费或优惠提供服务，目的在于联络感情、协调关系；另一种是组织积极参与当地社区举办的集体庆祝或联欢活动，如准备锣鼓、花灯、彩车、龙灯、旱船、高跷等节目参加聚会或演出，目的在于塑造积极参与社会活动的形象。

10.3.2　庆典活动的组织开展

1. 前期策划

庆典活动应纳入组织的整体规划，应使其符合组织整体效益提高的目的。组织者应对活动进行通盘考虑，切忌想起一事办一事，遇到一节庆一节。确定庆典活动主题，精心策划安排，并进行适当的宣传。由于受思维定式影响，社会组织容易将庆典活动的重点局限在即刻的庆典过程中。其实，应在庆典之前就着手做文章，有许多成功实例都在策划之中，或在距离庆典开始前一段时间就做好前期工作，以引起公众的关心、社会舆论的注意。例如，某食品饮料公司决定打开冷饮市场，赶在夏季即将来临之际，统一制作了500个小售货亭运抵某市，并分别安放在事先选好的地点。一天之内，该市主要商业区、居民点、交通要道口与旅游点同时出现了统一别致的小售货亭。这种做法立刻引起了市民的关注与评议。虽然冷饮尚未上市，开业典礼还未举行，但这家公司整齐、迅速、富有创意的策划与动作，已经给该市市民留下了深刻的印象。这是准确把握并运用公众期盼心理，形成开业前先声夺人的公关杰作，同时也是一次成功的广告宣传与促销活动。总之，切忌将庆典活动与前期策划实施孤立起来，否则会事倍功半。

2. 调查宣传

社会组织在安排庆典活动前，要针对社会组织自身的性质、特点和对象的情况，在其所处地区进行广泛的调查研究，充分了解公众对社会组织的认同程度，大力宣传组织的性质、目的，宣传组织对公众的益处。一般情况下，既要调查了解公众对本组织的兴趣所在，以便在庆典活动总体设计中安排某些独特的活动，以迎合与组织发展有极其重要关系的部分公众；又要调查了解周围环境对社会组织发展的一些不利因素，并且开展有针对性的宣传，激发公众的兴趣点或消除公众的疑虑点。

3. 选择最佳时间

调查研究是组织开展公共关系活动的基础，庆典活动也应在调查的基础上，抓住组织（企业）时机和市场时机，应尽可能使活动与组织、市场相吻合。选择最佳时间举办庆典活动，容易产生广泛的社会效应。通常，经营妇女儿童用品的商场，开业典礼时间宜选择在"三八妇女节""六一儿童节"；经营学生用品的商场，开业庆典宜选择在新学期将至之时；以名人姓名命名的基金会，庆典活动宜选择在名人的诞辰或纪念日等。

4. 确定形式和规模

确定庆典活动的形式和规模，应当考虑社会组织自身的性质、特点和与公众关系的密切程度等因素，同时还应考虑社会组织自身的规模大小、经济实力等。一般而言，与公众日常生活密切相关的餐饮、娱乐、服务行业等社会组织的庆典活动，最好选择能使社区公众最大范围地知晓该组织的庆典形式。如果业务性质具有重大意义或具有广泛影响的社会组织，策划最好采取有轰动效应的庆典活动形式。那些规模大、资金实力雄厚的社会组织，可以采用大规模或豪华的方式进行庆典活动，反之，则以小巧简朴取胜。

5. 邀请嘉宾

庆典活动的形式、规模一经确定，便要选择并邀请出席庆典活动的嘉宾。庆典活动的主要目的是：向组织协作方进行答谢、表示继续友好合作的愿望；获取社区公众和其他组织的信任、理解，以利于其对今后工作的支持；向员工与社区公众昭示本组织的创立是得到社会各界与有关机构的大力支持的。因此，选择的嘉宾主要有：与组织有关的政府领导、行政上级、该地区或社会的知名人士和"明星"、协作单位的负责人、社区公众代表、同行组织代表、组织内部员工和各类传媒机构的新闻记者等。公共关系人员应选好对象，提前发出邀请，特别是重要来宾应亲自上门邀请。

6. 组织好班子

（1）策划管理人员。他们对整个庆典活动进行整体构思和策划，并分工主管各部分、各环节的工作，是智囊人物。

（2）实施操作人员。他们主要负责策划阶段的材料准备、文字撰写、美工制作、广告设计、公共关系游说、迎宾礼仪、主持司仪、摄影摄像、乐队调音等各类具体工作。

（3）其他勤杂人员。他们主要根据庆典活动的实际需要，负责司机、厨师、清洁、勤杂、电工、木工等后勤工作。为了防止出现意外情况，能及时调整活动安排，最好准备若干备用方案和备用人员，以确保庆典活动的正常进行。

7. 物质准备和后勤、保安等工作

（1）场地选择。场地选择主要是指根据庆典活动的形式、规模、出席人数和一些附加活动等因素选好庆典活动的场所。

（2）设计制作组织标识和宣传品。应该在筹划阶段提前设计、制作组织标识、招贴画、广告词、主题词、条幅等，因为这些事情往往要受到印制工期的制约。另外，在宣传品设计上要突出本组织的公共关系意图、活动的主题、组织标识与代表色，主题词、广告词制作要求新颖活泼、富有情感。

（3）撰写、打印各种文稿。庆典活动一般需要安排演讲、致辞、报告、讲话，切忌忽视讲话的统一设计，否则各个发言人都作一通内容重复的讲话，会令公众趣味索然。因此，在庆典活动筹划阶段就应结合公共关系实务活动的目标、主题，设计好迎宾词、介绍词、演讲报告内容，注意简明扼要、突出中心，而且各个发言人所讲内容各有侧重。同时，需要分发给来宾、公众和新闻记者的各种文字材料也应撰写、打印、装袋，及时分发到参加人手中，以利用参加人的渠道广为传播，也便于记者筛选材料，有选择地予以报道。

（4）布置会场。布置会场应以隆重、热烈、大方为原则。

（5）其他物品准备。庆典活动的现场，需要有音响设备、音像设备、文具、电源等。

需要剪彩的，要有彩绸带。鞭炮、锣鼓等在特殊场合也要有所准备。宣传品、条幅和赠予来宾的礼品，也应事前准备好。赠送的礼品要与活动有关或带有企业标志。

8. 合理安排庆典活动的程序

庆典活动的程序一般如下。

（1）签到。宾客来到后，有专人请他们签到。如此时组织有关于产品经营项目及公司全方位说明的资料，均可发给宾客，扩大组织的知名度。此外，还可以准备两个盒子，一个装本单位领导或公关部经理的名片，另一个装来宾的名片，这样便于今后联系或制作通信录。

（2）接待。宾客签名后，由接待人员引领到备有茶水、饮料的接待室，让他们稍事休息并相互认识。本组织人员应在此陪同宾客进行交流，说些对宾客到来表示感谢的话语。

（3）主持人宣布典礼开始。正式场合需要奏国歌或奏厂歌、校歌等。

（4）宣读重要嘉宾名单。由主持人宣布重要嘉宾名单，组织大家对嘉宾的到来表示热烈欢迎。

（5）致辞。宾客方和主办方应分别致贺词和答谢词。在宾客致贺词后，主办方也应由组织的主要负责人发表简短的答谢词，起到融洽关系的作用。但是无论是贺词还是答谢词，都应该言简意赅、热烈庄重。

（6）剪彩、奠基、签字或颁奖等。这是活动的主体部分。庆典活动的正式开始应由主办方的负责人与重要的嘉宾一起宣布。组织负责人和嘉宾同时剪彩，工程奠基铲第一锹土，签字的双方握手互换合同协议，嘉宾给获奖人员颁奖等，不同的庆典活动具体内容也不一样。

9. 安排其他活动

（1）参观。安排嘉宾或部分具有影响力的公众参观本组织，有利于组织形象的传播，可以扩大组织的影响。参观内容可以因社会组织的业务性质不同而异。例如，企业可以安排参观生产车间、厂容厂貌、新产品陈列室、尖端工艺、重点生产设施等；商业、餐饮、娱乐、服务业可以结合销售经营业务，实行优惠销售、免费服务等；教育、文化、科研机构可以参观校舍、研究室、实验室、图书馆或教学科研成果展等。

（2）座谈会。安排座谈会既可以向嘉宾、公众宣传本组织，又可以与广大公众、上级机构、协作单位、同行代表、新闻记者等建立联系，听取意见、建议，中心议题应当围绕本组织的生存与发展。

(3) 观看表演。安排的表演可以是有关业务生产操作方面的,也可以是与业务间接相关的,还可以举行文艺表演等。

(4) 宴请招待。宴请招待形式有正式宴会、自助餐招待会或酒会、茶会等。

10. 善后工作处理

庆典活动之后仍有大量工作要做。主要是:敦促新闻媒体客观、迅速地报道本次活动的情况,收集传播媒体及公众的有关反应,做好新闻报道剪报资料的存档工作,制作庆典活动的音像资料,写好庆典活动的总结报告。

总之,只要做到认真充分,热情有礼,热烈有序,就会使庆典活动取得成功。

10.4 展销会

一些组织尤其是生产销售性企业,总希望借助某种场所和时期,实现产品信息的迅速集聚和销售订单的突破,展销会、展示会等便是经常运用的形式。今天,由此派生出的"会展经济"催生的一大批专门会展企业,举办展销会、贸易展示会等更是家常便饭。由于展销会和展示会在现实实施中基本相似,此处只介绍展销会。

展销会是通过实物、文字和图表以及音像、影视材料等来显示产品的一种信息沟通方法和促销形式。

【阅读资料10-2】　　　　中国进出口商品交易会

中国进出口商品交易会即广州交易会,简称广交会,创办于1957年春季,每年春秋两季在广州举办,距2014年已有57年历史,是中国目前历史最长、层次最高、规模最大、商品种类最全、到会客商最多、成交效果最好的综合性国际贸易盛会。自2007年4月第101届起,广交会由中国出口商品交易会更名为中国进出口商品交易会,由单一出口平台变为进出口双向交易平台。

广交会贸易方式灵活多样,除传统的看样成交外,还举办网上交易会。广交会以出口贸易为主,也做进口生意,还可以开展多种形式的经济技术合作与交流,以及商检、保险、运输、广告、咨询等业务活动。

10.4.1 展销会的特点

与其他社会型公共关系活动不同，展销会有以下三个特点。

1. 展销会是一种复合性的传播方式

一个展销会往往同时使用多种媒介混合传播，它以实物媒介为主体，辅之以模型、文字、图像、音响等媒介，再通过精心筹划、布局、装饰和艺术处理，集多种媒介之优点于一体，使之成为一种大型的综合艺术活动，具有直观性、形象性、生动性和娱乐性，因而能够吸引众多的参观者，同时也往往成为新闻媒介追踪报道的对象，易于达到理想的传播沟通效果。

2. 展销会是组织与公众直接接触和进行双向沟通的极好机会

一般都要安排专人讲解，并当面回答参观者提出的问题，也可同参观者就其感兴趣的问题进行深入讨论，或商洽订货。参展单位在让公众了解自身的同时，也了解了公众对自己形象、展品的意见反映。这种直接进行的双向沟通，针对性很强，能对个别公众或某一特殊情况进行即时沟通或及时处理，从而收到良好的效果。

3. 展销会是一种高度集中的高效率的沟通方式

一个展销会就可以集中许多行业的不同展品，也可集中同一行业中多种牌号的同类展品，为参观者提供更多的机会，节省其大量时间和费用。许多参展者正是通过展销会建立了自己的良好形象并打开了展品的销路。

10.4.2 展销会的组织

1. 确定展销会的主旨

对举办方企业或参展组织而言，可以利用展销会展销业务信息，拓展信息传递通道；通过精心奢华的现场布置和大面积的展位，彰显组织实力；在展销期间，可以收集丰富的信息，了解市场、客户、竞争对手或行业动态；如果解说和导购等推广工作做得出色，还能立竿见影地获取订单。

2. 邀请参展单位，确定展销项目和展销地点、时间

参展单位的数目和规格对展销会的宣传力有显著影响，参展项目决定了观展公众的规模和订购意愿。展销会的地点、时间是参展单位和观展公众博弈平衡的结果，举办方要充分兼顾二者后才能确定。如展销会的地点有交通便利、辅助配套设施齐全等方面的要求。

3. 展馆布置和撰写文案

展馆的布局设计、造型设计由专业人员进行规划和构思，标牌制作、图文装饰、实物造型、灯光运用、音响效果、产品码放等实行整合营销传播，浑然一体。全过程的展销脚本、配解说词等文案须精心润色，提前撰稿完成。必要时，展馆搭建过程中同时进行展销全过程的预演练。

4. 培训工作人员

培训的人员包括讲解员、礼仪人员、接待员、服务员、翻译人员等。

5. 准备各种辅助性材料和宣传性材料

例如展览会会徽、纪念品、幻灯片袋、绶带、签到簿、展会平面图、电线线路、宣传载体留位等。各种材料制作须细致，兼顾各方宣传之需，如展销会上礼仪小姐身上披戴的绶带文字就有多种印刷要求：独家举办可以标上组织（企业）名称，多家联合举办则写"欢迎光临"即可。

6. 成立专门的宣传机构，专职信息发布

展销会上的参展单位众多，成立专门的宣传机构，便于综合协调宣传事宜，进行前期的展销宣传，联系支持媒体工作，配备专门的新闻发言人，等等。

7. 确定展销会的费用预算

具体列出展销会的各项费用并进行核算，有计划地分配资金。

8. 公关活动安排

运用一些公关技巧，使展销会办得生动活泼、别具一格。举行展销会开幕式，应邀请有关知名人士出席，并为消费者签名，譬如"书市开业"时请名人、作者现场签名售书，以吸引更多的群众前往参观，也给记者提供好素材。展销厅最好的位置一般在一楼的入口附近，离入口位置越远，楼层越高，参观、购买的人就越少。展销位置不好的组织应设法以一些新奇事物来吸引客人。例如，有一家小厂参加了一个展销会，分到的展销室在六楼的一个偏僻角落，第一天始终门庭冷落。他们进行了研究，想出了对策。第二天一早，参观者一进入展览大楼,就发现有塑料圆牌子洒在地上,捡起来一看,上面写着:"请到六楼右角小室去,您会有意外的收获。"好奇的参观者于是纷纷跑到六楼右角的小室,只见室前有一红纸黑字的海报,上面写着:"拾到小牌者,可打八折购买一件本厂产品。"拾到牌子的人都不肯错过八折的机会,纷纷购买自己中意的产品;没拾到牌子的人,由于受到从众心理的影响,亦纷纷跑去凑热闹。又如服装展销会,可当场进行时装模特表演,吸引参观者。

9. 做好展销会的效果测定

为使组织有更好的发展,每举办或参加一次展销会,都应做事后效果测定工作,可采取问卷调查、统计参观人数、销售利润、有奖问答等多种方式来进行该项工作。

10.4.3 展销会中公共关系人员的职责

举办展销会是一项比较复杂的工作。公共关系人员在展销会中的基本职责有四项。

1. 协助筹备会议

即协助主办单位或本单位负责人筹备展销会。主要包括:确定主题和目的,确定参展单位、参展项目和展销会的类型,明确参观者类型,选择展销地点,培训工作人员,设计展览结构和大纲,并据此搜集实物和有关资料,撰写展览脚本,物色合适的设计师、美工人员和其他工作人员,按照脚本实施展销方案等。

2. 精心布置展销会场

展销会是一门综合艺术。公共关系人员应掌握这门艺术,精心布置会场。

展销会应该是一篇"大文章",有前言、主体部分和结束语。在这篇"大文章"中,有解说词、图片、图表、实物、模型和影视资料等。构思展销全局时应考虑各种媒介相互配合。展销的版面设计应讲究美观、通俗,尽量多用形象的、立体的材料,少用文字表述。讲解员要熟悉内容,举止大方,解说清楚,语言生动,与展品和谐地形成一个有机整体。一个展销会应当明确一个基本主题和基调,作为统揽全局的纲领,应把所有实物、图片、图表以及文字等有机地组合、排列在一起,从而给参观者留下美观、形象、鲜明、深刻的良好印象。

3. 做好协调工作

在展销活动中,公共关系人员要主动做好各方面的协调工作,主要包括开幕式剪彩人员的邀请和接待；各路贵宾的接待、安排；征求各方意见，测定展销效果，收集反馈信息，如参观人数、各种留言题词、销售情况、新闻媒体反应等，为展销结束后撰写总结报告做好准备。

4. 联系新闻媒体

这是公共关系人员一项最重要的职责。首先应考虑是否成立新闻办公室，为新闻记者提供便利。在预演时应主动邀请记者来采访，使新闻界朋友事先有充分的思想准备。电视台、广播电台记者如想现场报道，可提前打好腹稿。

邀请记者参加开幕式、剪彩典礼之前，应提供一份特写文章之类的新闻稿，材料要求详尽，提供给记者、编辑作参考。展销过程中应随时提供具有新闻价值的信息；有重要进展或变更时，应及时举行记者招待会，统一发布信息。如条件许可，可自备录像设备，为电视记者采访、编辑新闻时提供工具，同时也为本单位留下具有历史意义的影像资料。

10.5　新闻发布会

新闻发布会是指社会组织把自己的最新信息或重要方针政策告知给新闻媒体的一种特殊会议形式，是组织传播信息，让公众快速、真实地知晓信息的一种有效手段。政府、企业、社会团体等各类组织都可以公开举行新闻发布会。

社会组织召开新闻发布会可以达到两个目的：一是传播本组织的重要信息、谋求新闻界对某一事件的客观报道；二是与新闻界保持一种密切的联系。由于新闻发布会成本较高，对发言人、主持人的要求很高，并且将占用编辑、记者较多的时间，切不可随意召开新闻发布会。

10.5.1　新闻发布会的筹备

1. 确定新闻发布会的主题

主题是贯穿新闻发布会的中心，是组织新闻发布会的依据。组织要从新闻媒体和社会公众的角度出发，确定发布会的主题。再进一步考虑这个主题是否非常重要，是否具有新闻价值，能否对公众产生重大影响。

2. 选择会议地点和举办时间

召开时间和地点是影响新闻发布会效果的两个变量。适宜的时间和地点能为发布会招来更多的记者并能促使会议取得圆满的结果。新闻发布会应选在交通方便、设施良好、档次稍高的地点举行,给记者创造各种方便采访的条件。通常会选在宾馆或新闻中心等地举行,但有时为了增强效果也可选择主办者单位或某一事件发生的现场。

选择新闻发布会时间时,应考虑社会和记者两个方面的因素。要尽量避免节假日、重大社会活动和其他重大新闻发布的日子,以免记者不能参加。会议时间一般在上午10:00或下午15:00举行为宜,最好控制在一小时以内,对无关或过长的提问应有礼貌地予以制止,会议应有正式结尾。

3. 选择会议主持人和发言人

由于记者的职业习惯,提问大都尖锐深刻,有时甚至很棘手,这对主持人和发言人提出了很高的要求。新闻发布会的主持人和发言人应该熟悉传播的理论与技巧,具有敏捷的反应能力和较好的语言表达能力。此外,主持人若能与各方记者比较熟悉,更能使发布会收到比较理想的效果。

4. 撰写发言稿和报道提纲

公关人员在会议召开前应在组织内部统一口径,组织专门小组负责起草主持人的讲话提纲、发言人的发言稿、答记者问的备忘提纲,全面认真收集有关资料,写出准确、生动的发言稿,为会议的主持人和发言人提供有益的参考提示。

5. 准备宣传辅助材料

新闻发布会的目的是将组织有关信息及时准确地传递出去,为了增强传播效果,材料的形式应多样,有口头的、文字的、实物的、照片和模型等。这些材料的准备要根据会议主题和内容的具体要求而定,在会议举行现场摆放或分发,以增强发言人的讲话效果。如果是新产品发布会,还可直接请记者试穿、试用、试尝。如果有外国记者参加,辅助材料还应翻译成外文。

6. 确定邀请对象

应根据新闻发布会的主题,有选择地邀请有关的新闻记者参加,应邀记者的范围应视问题的性质及影响范围而定。邀请的记者覆盖面要广,不仅要有报纸杂志记者,还要有电台、电视台的记者,不仅要有文字记者,还应有摄影记者。

邀请记者的形式有两种,一种是亲自送请柬,当面邀请;另一种是发函邀请。无论是当面邀请还是发函邀请,都应于新闻发布会召开前 7~10 天进行,以使应邀记者有所准备。发布会召开前三四天,应与应邀记者进行电话或其他方式的联系,进一步落实记者出席情况。

7. 组织参观和宴请的筹备

新闻发布会后,可围绕主题组织记者参观、看录像、聚餐,让记者进一步深入采访,这样常常会产生具有重大价值的新闻报道。参观应有专人接待,介绍情况,实地采访所需的灯光、电源、音响等设施应提前准备好。如果财力允许,可以在发布会后和参观活动结束后,邀请记者参加午餐或晚宴。利用这种非正式交谈相互沟通,融洽与新闻界的关系,解决新闻发布会没有解决的问题。

8. 预算会议费用

根据所举行新闻发布会的规格和规模做出可行的经费预算,并留有余地,以备急用。费用项目一般有:场租费、会场布置费、印刷品费、邮费、电话费、交通费、住宿费、音像器材费、相片费、茶点或餐费、礼品费、文具用品费等。

9. 做好接待工作

组织人员要提前布置好会场,包括横标、发言人席、记者座位等。周围环境要精心设计、安排,营造一种轻松、自然、和谐的会场气氛。培训接待人员和服务人员,要穿戴整洁、适宜,精神饱满、愉快,体现出组织的风格。安排会议的记录、摄影、摄像工作,以备将来的宣传和纪念之用。

10.5.2 新闻发布会的程序

新闻发布会要安排得紧凑、井井有条,避免出现冷场和混乱局面。一般来说,新闻发布会应包括以下程序。

1. 迎宾签到

记者和编辑到达发布会现场后,在前台接待员的引导下,在签到台的媒体名录上签字。此时，一般要准备一个盘子，上面铺好方巾，用来盛放媒体记者和编辑的名片或者让来宾在签到簿上签上自己的姓名、单位、职业、联系电话等。

2. 分发资料

记者和编辑签好字后，会议工作人员应将写有姓名和新闻机构名称的标牌发给与会记者，并将会前准备好的资料有礼貌地发给到会的每一位记者。此时，最好由公司的媒介经理或者与记者、编辑很熟的人员担任接待员。

3. 主持人讲话

主持人介绍新闻发布会内容时，应讲清召开新闻发布会的主旨、举办新闻发布会的原因、所要公布的信息或发生事件的简单经历，为发言人的讲话做一番铺垫。主持人要充分发挥主持和组织作用，以庄重的言谈和感染力活跃整个会场气氛，并引导记者踊跃提问。当记者的提问偏离会议主题太远时，要善于巧妙地将话题引向主题。会议出现紧张气氛时，要能够及时调节缓和，控制好预定的会议时间而不要随意延长。

4. 发言人发言

会议发言人的发言是新闻发布会的中心和重点。发言人在发言前要熟悉发言稿，发言时力求吐字清晰、语言生动、重点突出。如果是发布新产品或新技术，还应该请有关专家发言并出示鉴定资料；如果是对组织发生的重大事件加以澄清，则应请公共关系负责人出场对事件原委加以说明。

5. 答记者提问

新闻发布会召开之前，会议主持人和发言人应就记者可能提出的问题做精心研究并设计出理想的答案。对于需要部分回答的问题，发言人不要和盘托出；对于需要保密的问题或不好回答的问题，发言人不能简单地以"不清楚""无可奉告"来搪塞，而应选用回避式应答技巧、利用式应答技巧予以扭转；对于不便于直接回答的问题，发言人应婉转地向记者解释清楚，一般来说，记者是会尊重组织者意见的。即使记者的提问带有偏见，发言人也不能随便打断记者的提问，也不要以各种动作、表情和语言对记者表示不满，而应该以平静的话语和确凿的事理给予解释和纠正。

6. 安排会后活动

会议结束后还应由专人陪同记者参观考察、看录像、宴请、馈赠等紧扣新闻发布会主题的活动，给记者创造实地采访、摄影、录像等机会，增加记者对会议主题的感性认识。如果有条件，组织还可举行茶会和酒会，以便记者能够单独提问，并能融洽组织和新闻界的关系。

会后，公关工作人员应与记者和编辑等自由交流，建立私人关系，增加了解和信任；整理会议记录材料和现场物品，给聘请人员发放报酬等。

10.5.3 新闻发布会的效果检测

新闻发布会结束之后，组织特别是其内部公关部门应及时搜集反馈信息，评估会议效果，为以后开展类似活动提供经验和依据。

1. 检查媒体记者的反应

收集记者及其他与会代表对新闻发布会的反应，了解接待、安排、提供方便等方面的工作是否欠妥，对照会议签到簿，检查是否应邀记者都出席了会议，到会记者是否都发了稿件，应邀而未出席者有什么特殊原因。对于发稿的记者，组织应面谢或打电话致谢；对于没发稿件的记者，不要提及或追问此事，更不要责备。同时，收集与会记者在报刊、电台、电视台上发表的新闻报道，对这些报道的内容及倾向做定性与定量的分析，检查是否达到了新闻发布会的预定目标。

2. 总结经验教训

新闻发布会结束后，组织应尽快整理出新闻发布会的记录材料，对会议的组织、布置、主持和回答问题等方面工作的经验和不足做出评价和总结，并将总结材料归档备查。

10.6 参观活动

10.6.1 参观活动的定义

参观活动是指组织为了让公众更好地了解自己，或为消除对本组织的某些误解，邀请公众参观本组织的工作场所或工作程序的活动。它可以让公众亲眼看见组织整洁的环境、先进的工艺、现代化的厂房设备、科学的管理制度、高素质的人员以及对社区和社会所做的贡献，还可以通过厂史、校史等资料向公众立体、全面地展示组织的过去、现在和未来发展前景。参观的公众可以是员工家属、新闻工作者、主管部门领导人、学校师生和其他对组织感兴趣的公众等。

10.6.2 参观活动的筹划

1. 确定参观日期

在确定参观日期时，应注意不要和重要节日或组织的重要活动发生冲突。因为在重要节日，大部分公众都有自己的安排；在组织举办重要活动期间，参观者一方面看不到日常工作场面，另一方面也会给接待工作带来较大的负担。此外，还应该考虑有关负责人是否能参加。

2. 成立专门机构

组织对外开放参观活动应成立一个专门机构来统筹安排，专门机构中至少有一名决策层的人来做总协调人，应有相关部门的负责人和具体的工作人员。

3. 宣传准备工作

应充分重视这类活动的宣传工作，首先是通知新闻部门，利用新闻媒体来扩大影响。同时，也应对组织内部的全体员工做好宣传工作，使每个人明了对外开放参观工作的意义与目的，人人自觉地参与这项活动。

4. 确定对外开放参观的内容

对外开放参观的内容一般分为现场观摩、介绍、实物展览三种。一般的程序是事先准备好深入浅出、图文并茂、印刷精美的宣传手册，现场分发给参观的公众，配合口头讲解和现场观摩，让公众参观工作现场，以实物或员工的实际行动来说明社会组织的内在面貌。最后是实物展览，以资料、模型、样品的陈列等对公众作补充说明。

5. 选择参观路线

参观路线的选择以引起参观者的兴趣与保证他们的安全，并且对组织的正常工作干扰较少为目标。参观路线应有明确的路标，在参观活动开始之前，需要事先采取安全措施。安全人员应在必要的地方设置警告牌或路障，以防发生意外。

6. 做好解说和接待工作

对解说人员，应事先进行认真的选择和培训，使他们熟练掌握参观活动中每一个参观点的解说内容。解说员应该佩戴标志明显的胸牌，有礼貌地向参观者说明工作情况，耐心认真地回答参观人员提出的各种问题。对参观者，应热情周到地做好接待工作，安排合适的休息场所。休息场所应有招待人员、茶水等。

7. 做好欢送工作，收集参观者意见

参观结束后，要做好欢送工作，并认真听取他们对组织的看法和建议，注意收集参观者的意见，整理分析后提交有关部门。有些意见还应在企业予以采纳并确定相应措施后给予答复。

8. 对待所有参观者一视同仁

组织要以真诚的态度对待参观者，不论其地位高低，均应热情相待，接待的态度、对参观者意见的反应，不能因人而异。

10.7 宴会

中国自古就有"民以食为天"的形象表述。中华饮食文化源远流长，餐饮礼仪成为饮食文化的重要组成部分。中国的餐饮礼仪始于周公，有"夫礼之初，始于饮食"（《礼记·礼运》）的记载，历经千百年的积累、发展和实践，形成了今天为大家普遍接受的餐饮礼仪。

10.7.1 宴会概述

众所周知，宴会一直是人际交往中的重要形式。人们在摆席设宴中，大到菜单的制订、位次的安排，小至餐具的使用，都有诸多讲究。稍有不慎，就会影响宴会举办的效果，达不到预期目的。在各种餐饮活动中，以宴会的礼仪规范最讲究、最周全。掌握宴请礼仪，使宾至如归，从而达到彼此沟通、深化了解、活跃气氛、增进友谊的目的，是每个设宴者的最终目的。

1. 宴会的含义

所谓宴会，是指以宴请为形式的一种重要的社交应酬。宴会的表面形式是吃饭，其实质则是交际。交际是宴请的核心内容。千百年来宴会形式发展花样翻新，层出不穷，但无不是为更好地达到交际目的，产生最大交际效果，或说达到最大收益。

2. 宴会礼仪的基本原则

（1）5M原则。5M原则是指：费用（money）、菜单（menu）、举止（manner）、音乐（music）和环境（mode）。它的主要含义是在安排或者参与宴会活动时，必须事先对费用、菜单、举止、音乐和环境五个方面的问题加以高度重视，并力求使自己在这方面的所作所为符合律己敬人的行为规范。它是目前在世界各国广泛受到重视的一条礼仪原则。

（2）适量原则。在宴请活动中，不论活动的规模、参与人数、用餐的档次，还是宴请的具体数量，都要量力而行，要从实际需要和实际支付能力出发，进行力所能及的安排，务求节约、高效。切忌虚荣好强，炫耀攀比，铺张浪费。实质上，宴请适量原则所提倡的，正是厉行节约的风气，是做人务实、不图虚荣的境界。

3. 宴会的种类

在社会交际活动中，人们往往根据不同的宴请目的、对象、人数，选择不同的宴请形式。根据举办的时间，有早宴、午宴、晚宴之分。一般认为，晚宴最为隆重正式。根据举办的规格，又有国宴、正式宴会、便宴和家宴之别。

（1）国宴。国宴是本国国家元首或政府首脑为国家庆典或欢迎外国元首、政府首脑而举行的规格最高的正式宴会。其由国家元首或政府首脑主持举行，招待应邀的国家元首或政府首脑，有国家其他领导人作陪，并邀请驻外使团和有关人士参加。

国宴主体跟客体都有特定对象。如主席宴请总统，总理宴请首相，双方外交场合地位对等，其主角是国家领导人。

宴会厅内要悬挂国旗，并由乐队演奏国歌和席间乐。国宴由国家元首或政府首脑主持，席间由主人和主宾致辞、祝酒。国宴宴会厅的布置、桌面设计及菜肴、点心、酒、饮料以及水果等食品，应具有本国特色。国宴的礼仪要求最为严格，参加国宴者必须着正装，座次按礼宾次序排列。

（2）正式宴会。正式宴会的规格仅次于国宴，除了不挂国旗、不奏国歌以及出席人员的规格不同外，其余的安排大体与国宴相同。正式宴会的礼仪要求也比较严格，宾主按身份排席次和座次，往往还在请柬上注明对客人的服饰要求。因为服饰体现着宴会的隆重程度。席间一般也有致辞和祝酒，有时会安排乐队演奏席间乐。正式宴会对服务人员的装束、仪表以及餐具、酒水和菜肴的道数、宴会厅的布置陈设等，均有严格的规定。

正式宴会的特点有以下几个。第一，人员确定。正式的大型宴会，不仅到场人员数量有限制，且各个桌子坐的嘉宾姓名、服饰、位次都有讲究。主桌和来宾席各有讲究，一般桌子上要放桌签，一号桌、二号桌、三号桌……另外每把椅子上要放姓名签，让大家对号入座。第二，菜单确定。各个餐桌上上菜道数都有讲究，提前要拟定菜单，是"四冷八热"还是"四菜一汤"，应书写打印。餐桌上人手一册。其优点是：首先表示主人郑重其事，其次是让宾客心中有数，吃饭时可以"抓住重点"。第三，时间确定。一般情况下，大型正式宴会往往是晚宴，个别情况是午宴。比如婚宴一般是午宴，因为中国民俗一般第一次结婚应该是中午，朝阳午日，阳光灿烂。但商务宴请、社交宴请往往是晚宴。因为中午大家事情多，时间紧，不利于交流，晚宴相对比较放松。

(3) 便宴。便宴不属于正式宴会，故比较亲切、随便，更适合于日常友好的交往。便宴形式简便，偏重人际交往，而不注重规模、档次。可以不排座次，不做正式讲话、致辞，菜肴的道数亦可酌减。通常包括冷餐会、酒会、茶话会、工作餐等形式。

①冷餐会。又称冷餐招待会、自助餐，是一种方便灵活的宴请形式。冷餐会的基本特点是以冷食为主，站着吃。一般不设正餐，但可以有热菜，不排席次，规模有大有小，通常在餐厅中设立一个大型餐台，上面摆设各种菜点、酒水和饮料连同餐具，由客人自取，也可由服务员端送。一般不设主宾席，也没有固定座位，但也设一些散座，供年长者、妇女使用。

这种宴请形式，一是客人可以自由活动，边走边吃；二是便于接触交谈，广泛交往；三是可容纳较多的来宾。根据宾主双方身份，冷餐会的规格隆重程度可高可低，还可视财力情况掌握丰俭，举办时间一般安排在中午12:00或下午17:00，每次进行两小时左右。用餐时要掌握"一次少取，多次取用"的原则，注意社交形象。须知，参加冷餐会，吃是次要的，与人交谈才是主要任务。

②酒会。又称鸡尾酒会，也是一种宴请形式，它以供应鸡尾酒为主，辅之以酒水和饮料，一般不用烈性酒。该种酒之所以称为"鸡尾"，是因为经过调配之后，有些饮品会变

得五颜六色，有如鸡尾。食品多为各色面包、三明治、小泥肠、炸春卷、小串烧、炸薯片等，以牙签取食。酒水和小吃由招待员用盘端送，也可置于小桌上由客人自取。鸡尾酒会和冷餐会一样，对主人、客人都很方便，不需排座次，早来、迟来、早走、迟走、交际、拜会都很随意。酒会不设座椅，宾主皆可随意走动，自由交往。鸡尾酒会可单独举行，也可在正式宴会前举行。

这种形式比较活泼，便于广泛接触交谈。举行的时间亦较灵活，中午、下午、晚上均可，持续时间两小时左右。在请柬规定的时间内，宾客到达和退席的时间也不受限制，可以晚来早退，亦可早到晚走。一般来说，鸡尾酒会多是大型活动的"前奏"，因此，可以利用这个机会进行社会交际和公关活动。

③茶话会。又称茶会、茶宴，是一种以茶待客的聚会形式。在中国，它始于两晋时期，盛于唐宋，经明清至今而不衰。

茶会是一种简单、经济、宽松的社交集会。它之所以能够存在并得以发展，与酒会相比较，有其独有的长处。茶能清神明志，饮之能使思路清晰，谈吐合礼，行为中矩，宾主相得之余，还能达到行礼养性的效果；茶会多佐以清雅果品，备办容易，所费不多，完全符合中华民族的俭德精神。茶会集礼俗、节俭、健康为一体，既可充分表示礼仪，又可陶冶人们的性情，净化社会风气。用淡雅脱俗的茶宴，来表达亲友同事之间的纯真情意，有利于进一步发展友谊。

茶会多在上午10:00或下午16:00举行，时间可长可短。通常设在客厅或会议室，也可设在室外，一般不在餐厅。可放置一些桌子或茶几及座椅，不排座次。若是专为某位贵宾举行，入座时就应有意识地将他与主人安排在一起，其他客人可随意就座。茶会对茶叶、茶具的选择较为讲究，一般用陶瓷器皿，不宜用玻璃杯，也不宜用热水瓶代替茶壶。除茶水之外，还可适当备些清淡素净、外形整齐、食用方便的果品、糕点，自制糕点（举办家庭茶会时）更能表明主人的一番情意。茶会为人们交谈创造了宜人的条件，侍应工作和吃喝活动应尽可能不使谈话中断。

④工作餐。也称商务聚餐或餐会，指在商务交往中具有业务关系的合作伙伴，为进行接触、保持联系、交换信息或洽谈生意，借用餐的形式所进行的一种商务聚会。正规的工作餐既不同于正式宴会，也不同于亲友们会餐。在一般情况下，工作餐通常具有六个方面的显著特点。

其一，重在创造一种氛围。同正式的宴会相比，工作餐所强调的不是形式与档次，而是有意于以餐会友，重在创造出一种有利于商务人员进一步进行接触的轻松、愉快、和睦、融洽、友好的氛围。

其二，具有某种实际目的。商务人员讲究的是务实，工作餐自然也如此。同亲友之间的会餐相比，工作餐是以另外一种形式所进行的商务活动。换言之，它只不过是一种权且以餐桌充当会议桌或谈判桌所进行的非正式的商务会谈而已。

其三，要求较小规模。就参加者的人数而言，因其重在处理实际问题，为了防止众口难调，或是难以确保人人畅抒心曲，故工作餐的实际参加人数往往较少。一般来说，工作餐大都不是多边性聚会，而是以双边性聚会为主。参加工作餐的总人数，以不超过10人为宜。与事无关者、配偶、子女等，均不宜到场。

其四，通常是在午间举行。宴会与会餐，大都选定在晚上举行，并且往往举行于节假日或是周末。这是为了使参加者在时间上方便安排，同时也是一种社交惯例。可工作餐的时间选择与此不同。为了合理地利用时间，不影响参加者的工作，工作餐通常被安排在工作日的午间，利用工作的间歇举行。所以，它在欧美往往被叫作工作午餐，或是午餐会。

其五，可以随时随地举行。在举行工作餐之前，主人不必向客人发出正式的请柬，客人也不必为此而提前向主人正式进行答复。一般而言，只要宾主双方感到有必要坐在一起交换一下彼此的看法，或是就某些问题进行磋商，大家都可以随时随地举行一次工作餐。时间不必早早商定，地点也可以临时选择。它可以由一方提议，也可以由双方共同决定；可以提前若干天约好，也可以当天临时决定。举行工作餐的最佳时间，通常被认为是中午的12:00或下午13:00左右。若无特殊情况，每次工作餐的进行时间以一个小时左右为宜，最多不应当超过两个小时。当然，若是要事尚未谈完，而大家一致同意，适当地延长一些时间也未必不可。总之，只要有关各方同意参加，工作餐即可举行。

其六，由提议者出面做东。根据惯例，无论工作餐举行于何处，哪一方首先提议举行工作餐，即应由哪一方出面做东。而东道主一方出席工作餐时的行政职务最高者，便是理所当然的主人。

（4）家宴。所谓家宴，就是把人请到家里来吃饭，家宴重在参与，强调气氛的温馨和随和。家宴往往由主妇亲自下厨烹调，家人共同招待客人，显得亲切、自然，让客人产生

"宾至如归"的感觉。家宴往往能融洽气氛，密切关系。西方人士喜欢采用这种方式，以示友好、融洽。

10.7.2 宴会礼仪

宴会是现代社会中交际应酬的一种最普遍的形式，恰到好处的宴会，会为双方的友谊增添许多色彩。公关从业人员必须具备举办宴会和出席宴会的礼仪知识，以充分利用这种交际形式为本组织建立良好的社会联系。

1. 举办宴会的礼仪

宴会既有正式与非正式之分，也有中式与西式之别，应根据实际情况来决定其形式。宴客之道在于缜密准备，事先做好计划，席间招呼得当，做到处处周到、事事留心，力求人人满意。一般来说，举办正式宴会更讲究礼仪礼节，主要有以下几方面。

（1）提前发出请柬，以示诚心与郑重。正式宴会的请柬，一般在宴会前三个星期发出。太早了，对方容易忘记；太迟了，对方又由于过于仓促难以安排工作而来不了。同时，请柬上必须注明主办人、被邀请者、时间、地点、宴请种类及出席服装要求等。其中，确定宴会时间和地点时，要以方便一般客人能前来参加为原则。

（2）确定客人名单。在确定客人名单时，不要有所遗漏，也不要邀请正在闹纠纷的人同时参加，尽可能使出席的人数为偶数，男女客人数量最好相等，以方便安排座席。

（3）做好宴会前的迎接工作。作为宴会的主人，第一任务是热情待客。宴会开始前，主人要组成迎宾线（通常安排在最临近入口的地方）迎接来宾。迎宾线的人数最多不要超过6个人，人员的排列顺序，应按宴会的性质来安排。如纯属社交性质，可女前男后；如属官方或事务性聚会，则男前女后；如属机关团体的组织活动，应按职位高低从高到低排列。假如宴会的规模较大，且有众多不熟悉的人士参加，则可安排一些人站在迎宾线稍远些的地方，负责询问来宾的姓名、身份，然后清晰地报告给迎宾线前端的人，让他们做好迎宾工作。值得注意的是，主人应对所有来宾一视同仁，热情欢迎，不能厚此薄彼。

（4）席位和座次的安排。正式宴会，因人数较多，一般要事前安排好客人的席位，在客人入门时即行告知；或者，在餐室内列出一个席位表，让客人对号入座。安排席位的依据，主要是礼宾次序。按照国际上的习惯，桌次高低以离主桌的位置远近而定，右高左低。席位高低以离主人的座位远近而定,也是右高左低。在席位的安排上,首先要决定上座与下座。在西式房间,上座背向壁炉,而离入口近的地方为下座;如是中式房,面朝庭院,背后为墙的是上座,背朝庭院的为下座。一般情况下,主人坐上座,然后按来宾的身份遵循右高左低的习惯依次排开。如遇主宾身份高于主人,也可为表示尊重,把主人和主宾的位置对调。

关于男宾与女宾的席位排列,按外国习惯是间隔安排;按中国习惯则是按各人的职务、身份来考虑。如果宴会主人的夫人出席,可在请柬上也注明邀请对方夫妇出席。这时,在席位安排上,通常要根据桌次的多少和来宾的身份等考虑。除婚宴外,一般是避免夫妇坐在相邻的位置和面对面的位置。具体是:男主宾坐在女主人的右侧,女主宾坐在男主人的右侧;第二男宾坐在女主人左边,第二女宾坐在男主人左边;以下按顺序左右交叉排列。如餐桌为数张圆桌时,男女主人最好分开坐,不坐同一桌上。如宴会主人的夫人不出席,可请其他身份相当的妇女做第二主人,或者把主宾夫妇安排在主人的左右两侧。如果宴会主人是女子,则应把男主宾安排在对面的座位上。另外,桌子两端的座位尽可能由举办方的男子来坐。男女人数不等时,应尽量使男女客人穿插开落座。还有,安排桌次时,应考虑到客人的年龄、身份、兴趣、语言是否相通、关系是否融洽等因素做适当的安置。一般是把年龄相仿、身份大体相同、专业相近、语言相通的人安排在一起,而把那些意见不同、关系不那么融洽的人分开来安排。

(5) 宴会席间的礼节。宴会开始后,当服务员已端上菜肴时,主人应及时请客人品尝,说声"请用菜",或者说"来,大家起筷品尝品尝"。如果主人不首先邀请,客人一般是不好意思抢先品尝的。另外,在宴会上,如备有酒水或饮料,那么主人应是第一个敬酒的人,一般是在欢迎词或祝酒词后。敬酒时可依次逐一进行,如碰到一些不喝酒的客人,不要勉强,碰碰杯意思一下即可。千万注意,敬酒只是一种表达敬意的热情好客的仪式,不是喝酒比赛,不要为了制造热闹气氛而频频敬酒,弄得一些客人因喝醉而洋相百出。

(6) 欢送宾客的礼节。宴会将近结束时,主人应先行离席,并客气地对来宾说"各位慢慢吃"。然后走到门口站立,与一些已经吃完并准备离去的宾客握手告别。必须注意,主持宴会的人应把主要精力放在如何招呼客人和关照客人方面,而不能自顾自地大吃大喝。

2. 赴宴的礼仪

既然有宴请,必定有赴宴。作为宴会的客人,要想在宴会过程中给人留下一个好印象，不可不讲究赴宴的礼节。

（1）当接到正式请柬时，能否依时出席，要尽早答复对方。一般情况下，均要愉快地接受邀请。如因特殊情况不能出席，也应回电或回信表示感谢与歉意。尤其是当初答应要参加宴会，但临时有急事又不能如期赴宴时，则要立即去电告知对方，并婉言道歉。

（2）出席宴会时，首先要注意仪容和穿戴，这是对主人和其他客人尊重的表示。一般是沐浴更衣，梳理头发，男士要剃须，女士要适当化妆。尽量做到仪容整洁，穿戴雅观大方。穿戴不求名贵华丽，但要合身得体。

（3）不要过早抵达宴会厅，以免给正在紧张筹办宴会的主人增加负担。最好是在宴会开始前几分钟抵达。当然，也不要迟到，迟到是对主人的不尊重。万一因故迟到了，则要向主人道歉。

（4）到达宴会地点后，要主动跟主人打招呼，自觉地服从主人的安排。见到其他客人，不管认识与否，都要笑脸相迎，点头致意。如被主人介绍给别人认识时，则要表现出高兴、亲切、随和，并主动向人问好，做到互不见外，情同一家。

（5）就座进餐时，要注意对号入座。坐定后要主动跟邻座的客人打招呼、谈话；当主人敬酒时，要起身回敬；吃东西要文雅，不要放纵食欲。好东西要让老人、女士先尝；对美味可口的佳肴要适当赞扬，并对服务员说上几句表示感谢或表扬的话。

（6）喝酒要适度。一般以本人平时酒量的 1/3 为适，不要求一时高兴，强迫别人喝酒。如果发现有人喝醉了，要协助主人把他照顾好。一旦被喝醉酒的人无意损伤了自己的尊严，要采取谅解克制的态度。

（7）注意进餐速度。既不要个人"埋头苦干"，自己匆匆吃完；也不要不顾同桌的人已经吃完，自己仍在慢悠悠地吃。这都是不礼貌的表现。

（8）宴会进行中要注意文明礼貌，一切言行举止均要中规中矩。比如，要遵守"女士优先"的原则，主动帮邻座的女士搬开椅子、夹菜、斟饮料等。不要当众解开衣扣和脱衣服，如要脱衣服，可到洗手间。一般不要中途离座，万不得已时应向邻座说明："对不起，我要离开一下"并把餐巾留在座椅上，等等。

（9）宴会上不可高声谈笑，应与更多的人交谈，不可在席上对某人评头品足，也不要说一些与宴会主题无关的事。

（10）用餐完毕。要等主人宣布散席方可轻轻离开座位。在离去前要向主人道谢和握手告别。

总之，赴宴期间的礼节，要遵循三原则：不要在众人面前出洋相；避免给他人不愉快的感觉；吃饭不是目的，关键是在吃饭的过程中推销自己的形象。

本章习题

一、单选题

1. （　　）有益于组织与社区、政府搞好关系，也可以向社会表明其所承担的义务和责任，更能体现组织对社会公益事业的关心，这类赞助人情味最浓、商业味最淡、最容易博得公众的好感。

    A. 教育赞助　　　　　　　　B. 体育赞助
    C. 社会文化赞助　　　　　　D. 社会慈善赞助

2. 通过记者招待会形成舆论效果是一种（　　）。

    A. 大众传播方式　　　　　　B. 人际传播方式
    C. 两级传播方式　　　　　　D. 媒体传播方式

3. 策划新闻成功的关键在于（　　）。

    A. 主题的适宜　　　　　　　B. 适时
    C. 新闻题材的价值　　　　　D. 创新

4. 正式宴会上，安排席位的依据，主要是（　　）。

    A. 礼宾次序　　　　　　　　B. 随意安排
    C. 客人要求　　　　　　　　D. 女士优先

5. 按照国际上的习惯，桌次高低以离主桌的位置远近而定，右高左低。席位高低以离（　　）的座位远近而定，也是右高左低。

    A. 主人　　　　　　　　　　B. 客人
    C. 官员　　　　　　　　　　D. 长辈

二、多选题

1. 赞助是一种技术性和政策性很强的公共关系宣传活动，开展赞助活动必须遵循以下

（　　）基本原则。

  A. 社会效益原则   B. 合法原则

  C. 量力而行原则   D. 相关原则

  E. 企业利益中心原则

2. 庆典活动一般包括（　　）。

  A. 开幕庆典   B. 闭幕庆典

  C. 周年庆典   D. 特别庆典

  E. 节庆活动

3. 宴会的种类包括（　　）。

  A. 国宴   B. 正式宴会

  C. 便宴   D. 家宴

  E. 晚宴

三、名词解释

1. 赞助活动　　2. 庆典活动　　3. 特别庆典　　4. 展销会　　5. 新闻发布会

四、简答及论述题

1. 何谓公共关系专题活动？它有哪些作用和特点？
2. 公共关系主题活动的策划技巧主要有哪些？
3. 新闻发布会的目的是什么？
4. 试论述庆典活动的前期策划。
5. 试论述策划赞助活动的公关意义。

案例讨论

2018年俄罗斯世界杯上的"中国军团"[①]

  2018年俄罗斯世界杯开赛，在这届与中国时差相对合适的世界杯中，中国企业在世界杯赞助商体系中也迎来"最强阵容"，包括万达、蒙牛、海信、vivo、雅迪、VR科技公司

---

① 资料来源：百度百家号。

指点艺境、帝牌共 7 家中国企业现身本届世界杯赞助商队伍,并涵盖从顶级到区域赞助的三级赞助级别,创世界杯赞助体系创新数量和赞助金额的新高。

市场研究公司 Zenith 的数据显示,2018 年俄罗斯世界杯期间,各国企业投入的广告费用共 24 亿美元。其中,中国企业世界杯期间的广告支出达 8.35 亿美元(约合 53 亿元人民币),超过美国的 4 亿美元,远高于东道主俄罗斯的 6400 万美元,全球排名第一。

尽管中国足球队无缘亮相,但在世界杯期间的俄罗斯,处处可见中国元素——中国品牌占据顶级和二级赞助商的三分之一,加上赞助球队及球星的企业,以及来自中国的小龙虾、吉祥物、纪念币等,几乎涵盖世界杯期间的吃喝玩乐。

思考讨论题

1. 体育赞助的具体形式有哪些?
2. 中国企业赞助俄罗斯世界杯具有哪些重要意义?

第 11 章
公共关系社交礼仪

本章导读

公共关系礼仪是公共关系工作人员或其他人员在公共关系活动中为了树立和维护组织的良好形象，构建组织与内外公众和谐合意的理想型关系所应当遵循的规范或准则。在组织与社会各界的交往过程中，礼仪是重要的公关手段。本章主要讲述礼仪的产生与发展、中外不同文化下的礼仪差异、公共关系礼仪的含义及特点、公共关系礼仪的原则，介绍称呼礼仪，介绍礼仪，握手礼仪，交谈礼仪，名片礼仪，电话礼仪，赠礼、受礼和拒礼礼仪等常用的公共关系礼仪。

知识结构图

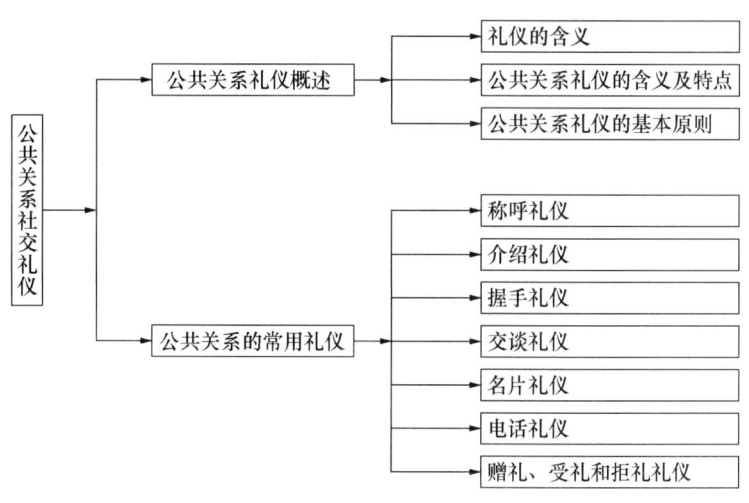

【开篇引例】　　　　　　好客的主人

待人接物的礼节中,有一个重要的条件,那就是使对方感到轻松愉快。如果违背了这一前提,即便你的出发点是好的,也可能让对方觉得勉强、拘束甚至受罪。

某公司的业务员小陈有一次去北方的一个城市出差。事情谈完后,对方在城内一家有名的餐厅请小陈吃饭。小陈一进餐厅,主人便殷勤地将他带到"上座"。保守的主人认为将客人安排在"上座"是他义不容辞的最大礼貌与义务。然而时值炎热的夏季,此"上座"是离冷气最远的座位,小陈为了满足主人招待周到的愿望,不得不坐在"上座"忍受着热的煎熬。

很快酒菜上来了,这里的人招呼客人有劝酒的习惯。像北方很多地方一样,只要主人敬酒,你就不能不接受,不管客人的酒量如何,凡是有敬就必须喝,才算是符合传统的礼节。酒量是因人而异的,过量人就受不了。小陈一再解释自己不会喝酒,却挡不住热情的主人,不得不一杯又一杯,忍受痛苦喝下去。足足半斤白酒下肚后,小陈刚一出餐厅的门口,就趴在路边的栏杆上,胃里的白酒"喷涌而出"。小陈回去后休息了好几天才缓过劲来。之后回想起这段经历,小陈感觉就是活受罪,虽然主人很好客,但他的这种热情让小陈没有一丝好感。

11.1　公共关系礼仪概述

在礼仪是在人际交往活动中,以一定的、约定俗成的方式来表现律己敬人的过程。从个人修养的角度看,礼仪是一个人内在修养和素质的外在表现。从交际的角度看,礼仪是人与人交往中的一种交际方式或交际方法,是一种艺术,是尊重他人、友善待人的好习惯。从传播的角度看,礼仪是在人与人交往中相互沟通的方法和技巧。

11.1.1　礼仪的含义

所谓礼仪,简单地讲就是礼的规范化、制度化、系统化和条理化,即礼仪是人们在社会交往中形成的行为规范准则,具体表现为礼貌、礼节、仪表、仪式四个方面。

（1）礼貌。礼貌是人们在交往时相互表示敬重和友好的行为规范，主要通过礼貌语言和礼貌行为来表现对他人的谦虚和恭敬。在日常生活中，礼貌表现在人们的举止、仪表、语言上，表现在服务的规范、程序上，表现在对客人的态度上。一个微笑，一个鞠躬，一声"您好"，一句"祝您旅途愉快"，都是礼貌的具体表现。

从道德、社会风尚方面来研究礼貌，可以将它分为三类：一是各种公共场合最起码的行为准则；二是个人交往中最起码的礼节；三是个人私生活中最起码的行为习惯。礼貌的主要内容包括：遵守秩序，言必有信，敬老尊贤，待人和气，仪表端庄，讲究卫生。礼貌的内容既是社会公德的核心内容，也是商务职业的基本规范。

（2）礼节。礼节是礼貌的具体表现形式，是礼貌在语言、行为、仪表等方面的具体规定。礼节是人们在日常生活中，特别是在交际场合相互表示尊敬、祝愿、问候、致意、哀悼、慰问，以及给予必要协助和照料的各种惯用形式。从形式上看，它具有严格的仪式；从内容上看，它反映着某种道德原则，反映着对他人的尊重和友善。例如，在某人生日那天，他的朋友、同事对他说一句"生日快乐"，或送上生日贺卡、鲜花、生日蛋糕等，是礼节的表现；参加宴会时，服务员按照先宾后主、先女宾后男宾的程序送茶、斟酒、上菜、送毛巾等，也是礼节的表现。

（3）仪表。仪表是指人的外表，包括容貌、姿态、服饰、个人卫生等。孔子就非常重视对学生仪表方面的教育，他要求学生衣冠整齐，走有走的样子，坐有坐的姿势，为人处世要彬彬有礼，温文尔雅。

（4）仪式。仪式指在比较大的场合举行的、具有专门规定的、程序化的行为规范和活动，如颁奖仪式、签字仪式、开幕仪式等。凡是为表示敬意而隆重举行的仪式，均可称作礼仪。

此外，礼仪还表现为礼仪器物。礼仪器物是指能表达敬意、寄托情意的一些物品，如过去的礼器、少数民族的哈达、锦旗、奖杯、纪念勋章以及一些具有特定含义的物品。

11.1.2 公共关系礼仪的含义及特点

1. 公共关系礼仪的含义

公共关系礼仪是公共关系工作人员或其他人员在公共关系活动中为了树立和维护组织

的良好形象，构建组织与内外公众和谐合意的理想型关系所应当遵循的尊重公众，讲究礼貌、礼节，注重仪表、仪容、仪态、仪式等的规范或准则。它是公共关系从业人员精神风貌、素质水准的集中体现，也是组织形象的有机组成部分。

随着现代公关活动的普及和发展，公关礼仪成为公关人员应该具备的基本知识和素养，是直接塑造公关人员自身形象、间接塑造社会组织形象的基本条件，也是公关人员获得自尊与自信、社会组织获得理解与支持的重要手段。

2. 公共关系礼仪的特点

公共关系礼仪与一般礼仪相比具有以下显著特点。

（1）以学识为基础。公共关系人员应具备一定的人文科学知识，特别是公共关系学方面的学识；还应有广泛的兴趣爱好，力求做一名"杂"家。只有这样，才能认识到公共关系礼仪的重要性，感悟各种礼仪规范和程序的内在含义，对社会文化和社会关系达到一定层次的认识和理解。

（2）以长远为方针。公共关系人员的公共关系礼仪修养可以为组织带来经济利益，但不是直接的、立竿见影的，其礼仪表现和由此带来的经济效益的出现总有一定的时间差。所以，有远见的领导人或公共关系人员在处理各种关系时，应以长远为方针，注重长时效，切不能只看眼前的利益而错过发展的契机。

（3）以公众为对象。现代社会是信息高度发达的社会，每个社会组织都有很大的开放度和透明度，特别是在市场经济条件下，每个社会组织不仅面对市场的考验，而且要经受公众的评价。因此，现代社会组织为塑造组织的良好形象，应在所有显在或潜在的公众面前注重自己的仪表仪态、礼节礼貌。

（4）以美誉为目标。公共关系礼仪主要以树立组织良好形象、获得公众美誉为目的。公共关系人员由于社会组织中的特殊地位，其言行举止都将影响组织的声誉和形象。

（5）以自觉为桥梁。公关人员的公共关系礼仪修养要有一定的理论学识做基础，也需要接受一定的理论和实践的专门训练。但是，整个礼仪的规范和程序都离不开公共关系人员的主体自觉性或主观能动性，即用心学习、钻研、感悟、实践各种礼仪规范和程序，通过自觉、不懈的努力，持之以恒地朝着实现公共关系礼仪的美誉目标而努力。

（6）以灵活为原则。《孙子·虚实篇》中讲："水因地而制流，兵因敌而制胜。故兵无常势，水无常形，能因敌变化而取胜者，谓之神。"公共关系礼仪的规范既是具体的、严肃的，又是可变的、灵活的。任何公共关系礼仪都不是僵死的教条，需要根据时间、地点、场合、对象的不同而灵活运用。

（7）以诚信为信条。公共关系礼仪对于公共关系活动的目的来说，虽然只是形式和手段，但应当成为公共关系人员情感的真诚流露与表现。公共关系礼仪的核心在于从根本上体现公共关系人员对公众的真诚尊重与关心、理解与重视，并不在于追求外在形式的完美。如果没有这种真诚，一切礼仪都将变成毫无意义的装饰，甚至会引起公众的反感。海尔集团的"真诚到永远！"不仅是一句口号，还是海尔人实实在在地对公众服务的理念、对公众的关心和重视。

11.1.3　公共关系礼仪的基本原则

1. 尊重的原则

相互尊重是指与人交往中既要自重又要尊重对方，尊重可以体现在利益、权利、责任、人格、观念、情感、意向及选择等方面。美国营销员肯·狄克以前向厂家寄出问卷，回收率只有8%，经人指点后达50%，且长达两三页，这是因为他在每份问卷的开头都写了这么一句话："能否请您帮我一个忙？"因此，对别人的尊重关键是真诚，且要学会用商量的口吻和别人交谈，要学会给别人留有余地。敬人之心常存，不要伤害别人的自尊，更不能侮辱别人。

2. 平等的原则

不论社会学将人分为几个社会阶层，我们都要坚信人与人是平等的。对于一件事情或一个人，我们对它或他/她的肯定与否更多的是来自我们自己的判断与需要。假如我们是以欣赏的眼光去观察整个社会、去面对他人，也许我们会更加的快乐或充实。艺术家罗丹曾经说过：世界并不缺少美，而是缺少一双发现美的眼睛。

3. 自信的原则

自信才能走向社会，才能塑造出不卑不亢的形象。有一个例子可以说明自信的重要性。有一个大学生在帮助企业推销产品的时候，他没有很多的时间了解市场的情况，每天所看到的就是自己的产品介绍，看得多了他果然认为自己卖的产品是最好的，结果一年下来成了这个城市销售量最多的推销员。当他成了一名专职的推销员时，他了解了太多的同类产品的情况，他终于发现，自己的产品其实不是最好的，但为了工作、报酬、奖励，他同样这样去做，但是销售业绩却直线下降，因为他已经失去了那份淳朴的能够打动别人的自信心。

4. 自律的原则

这是一种对别人宽容的心理意志力的表现，要求约束自己的言谈举止，这本身就是礼仪的基本境界，因为忍耐就是一种优雅。容忍是一种伟大的思想，是创造和谐人际关系的法宝，也是争取朋友的最好手段。要学会经常地自我反省、自我控制、自我约束。

5. 信用的原则

信用原则是指对待任何已经做出的承诺都应该竭尽所能地去做到，即所谓的"言必行，行必果"。

6. 文化差异的原则

由于政治、历史、文化、经济、民族的差异，世界各地的人在交往中会产生价值观、行为准则、生活方式、招待方式等方面的矛盾或冲突。针对这些差异性，自然会产生公关理念和相关礼仪，对此公关人员都必须有充分的心理准备和技术准备。

案例 11-1　　　　　　　　一次漏洞百出的接待

小张大学毕业后刚到一家外贸公司工作，经理就交给他一项任务，让他负责接待一下最近将来公司的一个法国谈判小组。经理说这笔交易很重要，让他好好接待。

小张想这还不容易，大学时经常接待外地同学，难度不大。于是他粗略地想了一些接待顺序，就准备开始工作。小张提前打电话和法国人核实了一下来的人数，乘坐的航班以及到达的时间。然后，小张向单位要了一辆车，用打印机打了一张A4纸的接待牌，还特地买了一套新衣服，到花店订了一束花。小张暗自得意，一切都在有条不紊地进行。

到了对方来的那一天，小张准时到达了机场，谁知对方左等不来，右等也不来。他左右看了一下，有几位老外也在焦急地等人。他想，该不会是这几位吧？于是向他们举了举手中的接待牌，但对方没反应。等到人群散去很久，小张仍然没有接到法国客人。于是，小张去问讯处问了一下，问讯处说该国际航班飞机提前15分钟降落。小张怕弄错了，赶紧打电话回公司，公司回答说没有人来。小张只好接着等，周围只剩下那几位老外了，他想问一问也好，谁知一问，就是这几位，小张赶紧道歉，并献上一束玫瑰花，对方的女士看看他，一副很好笑的样子接受了鲜花。小张心想，有什么好笑的。接着，小张引导客人上车，客人们便大包小包地上了车。

　　小张让司机把车直接开到公司指定的酒店，谁知因为旅游旺季，酒店早已客满，而小张没有预订，当然没有房间。小张只好把他们一行拉到一个离公司较远的酒店，这家条件要差一些。至此，对方已露出非常不快的神情。小张把他们送到房间，一心将功补过的他决定和客人好好聊聊，这样可以让他们消消气。谁知在客人房间待了半个多小时，对方已经有点不耐烦了。小张一看，好像又吃力不讨好了，非常不解。于是小张告辞，并和法国客人约定晚上七点在饭店大厅会合，公司经理准备宴请他们。

　　到了晚上七点，小张在大厅等待客人，谁知又没等到。小张只好请服务员去通知法国人，就这样，七点半人才陆续来齐，到了宴会地点，经理已经在宴会大厅门口准备迎接客人，小张一见，赶紧给双方作了介绍，双方寒暄后进入宴会厅。小张看了眼宴会桌，不免有些得意：幸亏我提前作了准备，把他们都排好了座位，这样该万无一失了吧。谁知经理一看对方的主谈人正准备坐下，赶紧请对方坐到正对大门的座位，让小张坐到刚才那个背对大门的座位，并狠狠瞪了小张一眼。小张有点莫名其妙，心想：怎么又错了吗？突然，有位客人问："我的座位在哪里？"原来小张忙中出错，把他的名字给漏了。法国人都露出了一副很不高兴的样子。

　　好在经理赶紧打圆场，神情愉快地和对方聊起一些趣事，对方这才不再板面孔。一心想弥补的小张在席间决定陪客人吃好喝好，频频敬酒，弄得对方有点尴尬，经理及时制止了小张。席间，小张还发现自己点的饭店的招牌菜——辣炒泥鳅，老外几乎没动。小张拼命劝对方尝尝，经理露愠色地告诉小张不要劝，小张不知自己又错在哪里。好在谈锋颇健的经理在席间和客人聊得很愉快，客人很快忘记了这些小插曲。

　　资料来源：百度文库。

7. 从简实效的原则

随着人类社会的进步，公关礼仪也在发生变化，有些社会生活方式及建立在其之上的一些礼仪规范也应当自动淘汰。古老礼仪中曾有过于烦琐、不实用的内容，如跪拜礼是封建社会中尊卑贵贱等级制的重要礼仪表现形式，在正式场合中已废除。

11.2 公共关系的常用礼仪

公关人员是组织形象的代表，从公关人员身上就可以看出组织的素质。良好的个人礼仪是一切公关活动的起点，是一切社交场所必备的"通行证"。因此，公关人员具有的良好礼仪知识和素质，是其成功的关键，也对一个组织公关活动成功起着决定性作用。作为公关人员，必须熟悉公共关系的常用礼仪。下面主要介绍称呼礼仪，介绍礼仪，握手礼仪，交谈礼仪，名片礼仪，电话礼仪，赠礼、受礼和拒礼礼仪等。

11.2.1 称呼礼仪

称呼是交际活动的"先锋官"，称呼语使用得恰当与否，直接关系到人际交往的成功与失败。正确、适当的称呼不仅反映着自身的教养，也体现着双方关系达到的程度和对对方尊重的程度。

1. 称呼礼仪的基本要求

称呼礼仪的基本要求可概括为八个字，即"称谓得体，有理有序"。

称谓得体，就是称谓应符合身份。包括职务尊称，如"某经理""某厂长""某校长"等；职称尊称，如"某教授""某工程师"等；职业尊称，如"某老师""某导演""某医生"等；学衔尊称，如"某博士"等；声望尊称，如"钱老""陆老"等；辈分尊称，如"某大爷""某大叔"等；一般尊称，如"小姐""先生""夫人""太太""同志"等。

当清楚对方身份时，既可以对方的职务相称，也可以对方的身份相称；当不清楚对方身份时，可以性别相称"某先生""某女士"；当称呼年长者时，务必要恭敬，不应直呼其名，可敬呼"老张""老王"等；当尊称有身份的人时，可将"老"字与其姓相倒置，如"张老""王老"；当称呼同辈时，可称呼其姓名，有时甚至可以去姓称名，但要态度诚恳、表情自然,体现出真诚;当称呼年轻人时,可在其姓前加"小"字相称,如"小张""小李",或直呼其姓名,但要注意谦和、慈爱,表达出对年轻人的喜爱和关心。

有理有序,就是称谓应有原则、有顺序。一般而言,可按人们的年龄、身份、性别等来排列称呼顺序,即先长后幼、先上后下、先女后男、先生后熟。如先称呼女性,会使女性感受到尊重,其他男性也不会见怪;先称呼长者,会使长者感到你对他的恭敬,其他年轻人也会心中坦然。

2. 称呼礼仪的禁忌

(1) 避免使用错误的称呼。常见的错误称呼是误读或误会。误读即念错被称呼者姓名。为了避免这种情况的发生,对于不认识的字,事先要有所准备,必要时要谦虚请教。误会,主要是对被称呼者的年龄、辈分、婚否以及与其他人关系做出了错误判断。比如,将未婚妇女称为"夫人",就属于误会。

(2) 避免使用绰号称呼。以绰号作为称呼,甚至自作主张给对方起外号,既显得过于随便,也是不尊重他人的表现。

(3) 避免使用低级庸俗的称呼。有些称呼在正式场合不适合使用。例如,"兄弟""哥们儿""姐们儿""死党"等一类的称呼,虽然听起来亲切,但显得档次不高。

(4) 避免使用行业性的称呼。有的称呼,仅仅适用于某一特定的行业,如果超出了这一范围,便会显得不伦不类。如学生互称为"同学",军人经常互称为"战友",工人之间可以称呼为"师傅"。但如果用这些来称呼跨行业的其他人,会让对方产生自己被贬低或很奇怪的感觉。

(5) 避免使用地域性称呼。有些称呼具有一定的地域性,比如山东人喜欢称呼"伙计",但在南方人听来认为是"打工仔"。中国人把配偶称为"爱人",在外国人的意识里,"爱人"是"情人"的意思。

(6) 避免使用职务职称简称。如在职务职称前面冠以姓,再省略掉后面一些字,如"牛厅""范局""马总""王工"等,平时叫起来很顺口,但在正式社交场合不适宜。

11.2.2 介绍礼仪

介绍就是通过沟通使双方相识或发生联系。相互介绍是社交中常见而重要的一环。介绍的礼节虽不必严格遵守，但了解和掌握这些礼节就等于掌握了一把通往社交之门的钥匙。特别是对商务人员来讲，经常要与陌生人打交道，了解了这些礼节，有利于更好地进行社交活动。介绍时所处的环境不一样，介绍的方式方法也不一样。

1. 正式场合

在正式、庄重的场合，有两条通行的介绍规则：一是把年轻的人介绍给年长的人；二是把男性介绍给女性。在介绍过程中，先提某人的名字是对此人的一种敬意。假若女方是你的妻子，那你就应先介绍对方，后介绍自己的妻子，这样才能不失礼节。再如，把一位年纪较轻的女同志介绍给一位德高望重的长辈，则不论性别，均应先提这位长辈，可以这样说："李老师，我很荣幸能介绍张华来见您。"在介绍时，最好是姓和名并提，还可附加简短的说明，比如职称、职务、学位、爱好和特长等。这种介绍方式等于给双方提示了开始交谈的话题。如果介绍人能找出被介绍双方的某些共同点就更好了。如甲和乙的妹妹是同学，甲和乙是老乡等，这样无疑会使初识的交谈更加顺利。

2. 非正式场合

如果是在一般的、非正式的场合，则不必过于拘泥礼节，若大家又都是年轻人，就更应以自然、轻松、愉快为宗旨。介绍人说一句"我来介绍一下"，然后即做简单的介绍，也不必过于讲究先介绍谁后介绍谁的规则。最简单的方式恐怕莫过于直接报出被介绍者各自的姓名，也不妨加上"这位是""这就是"之类的话以加强语气，使被介绍人感到亲切和自然。在向众人介绍一个朋友时，说句"诸位，这位是李娜"也就可以了。

在非正式的聚会上，可采取一种"随机"的方式为朋友做介绍："张华，你见过李娜了吗？"然后把张华引见给李娜。即便张华是你的好友，也不应在做介绍时过于随便："张华，过来见见李娜。"或者说："张华，过来和李娜握握手。"这种介绍让人听起来觉得缺乏友善和礼貌。在聚会中，友好、愉快的气氛比什么都重要。做介绍时，一般不要称其中某人为"我的朋友"，因为这似乎暗示另外一个人不是你的朋友，显得不友善，也不礼貌。除非特殊情况，人们一般都不习惯毛遂自荐，主动地自报姓名。如果你想知道某人的名字，最好是先找个第三者问一问："那位穿西装的是谁呀？"其后在你和这位穿西装的张华见面时就可以说："你好，张华。"无论如何，都不要莽撞地问人家："你叫什么名字？"这显得唐突。如果万不得已，也应说得婉转一点："对不起，不知该怎么称呼您？"

3. 自我介绍

在许多社交场合，往往为了多结交一些朋友，需要主动上前向对方介绍自己，这就是自我介绍。"你好，我叫张华，我们曾在成都见过一面。"或者是："你是李娜吧，我是张华，你哥哥的朋友。"如果能找出你和对方的某种联系作为介绍时的简注，是再好不过了。即使素昧平生也没什么关系，只要你能彬彬有礼，对方自然也会以礼相待。介绍时，要注意选择好自我介绍的时机，把握好自我评价的分寸，尽量给人一种镇定、自信又不失谦虚的感觉。在作了自我介绍之后，对对方的自我介绍以及随后的交谈要表示出耐心与兴趣，尽量多谈一些对方感兴趣的事情。不要把对方当成一名听众，只顾自己侃侃而谈。以礼待人的态度要始终如一。

11.2.3 握手礼仪

握手礼仪是日常生活中最普遍的见面礼节。据说，握手礼起源于中世纪的欧洲，那时人们见面时，无敌意的双方为了证明自己的友好，就放下手中的武器，伸开手掌让对方摸摸手心，这种习惯逐渐演变成现代的握手礼。

握手礼可以表达欢迎、友好、祝贺、尊重、感谢、慰问、致歉、惜别等多重复杂的情感。关于握手的礼仪规范，有以下四个方面。

1. 握手的顺序

握手礼仪一般应遵循"尊者决定"的原则，即由社会地位高、职务高、年长者、女士、已婚的人做出选择，社会地位较低、职务较低、年幼者、男士、未婚者不应主动伸手，当尊者伸手后应立即伸出手与之相握，方为知礼懂礼。

在接待来访者时，前面的"谁先伸手"的规则则不再适用。作为主人，当客人抵达时，应首先伸出手与客人相握，表示欢迎；而在客人告辞时，主人则不能先于客人起身或伸手，否则有逐客之嫌。

如果需要和多人握手，握手时要讲究先后次序，由尊及卑，即先职位高者后职位低者，先年长者后年幼者，先长辈再晚辈，先女士后男士，先已婚者后未婚者。

此外，如果人数较多，也可以只跟相近的几个人握手，向其他人点头示意，或微微鞠躬就行。

应当强调的是，上述握手时的先后次序不必处处苛求于人。如果自己处于尊者地位，而位卑者抢先伸手时，最得体的表现就是立即伸出自己的右手，进行配合，而不要置之不理，使对方当场出丑。

当你在握手时，不妨说一些问候的话，可以握紧对方的手，语气应直接而且肯定，并在强调重要字眼时，紧握着对方的手，来加强对方对你的印象。

2. 握手姿势

握手时，距对方约一步远，上身稍向前倾，两足立正，伸出右手，四指并拢，拇指张开下滑，虎口相交，与受礼者相握。

不同手位带给他人的感受是不同的。掌心向下的手位，显示着一个人强烈的支配欲，无声地告诉别人，他处于高人一等的地位，是一种普通人应尽量避免的傲慢无礼的握手方式。相反，掌心向上握手显示一个人的谦卑与毕恭毕敬。如果伸出双手，更是谦恭备至了。平等而自然的握手姿态是两手的手掌都处于垂直状态。

3. 握手时间

愉快的握手坚定有力，传递出你的信心和热情，但不宜太用力，且时间不宜过长。除了关系亲近的人可以长久地把手握在一起外，一般握两三下就行。不要太用力，但漫不经心或用手指尖"蜻蜓点水"式握一下也是无礼的。一般握手时间应控制在三五秒钟之内。如果要表达真诚和热烈，也可较长时间握手，并上下摇晃几下。

4. 握手礼仪禁忌

我们在行握手礼时应努力做到合乎规范，避免下述失礼行为的发生。

——忌用左手相握，尤其是与阿拉伯人、印度人交往时更要牢记，因为在他们看来左手是不洁的象征，有轻蔑之意。

——忌交叉握手。在信奉基督教的西方人心目中，交叉握手有十字架暗示，是对上帝的不敬，是不吉利的。

——忌在握手时另外一只手插在衣袋里或拿着东西。比较符合礼仪规范的做法是握手前先把手中的东西放下。

——忌在握手时戴着手套或墨镜。戴着手套或墨镜握手，是对交往对象的极大不尊重，但女士在社交场合所戴薄纱礼服手套不用摘掉。

——忌在握手时面无表情、一言不发或长篇大论，点头哈腰，过分谦恭。

——忌在握手时仅仅握住对方的手指尖，好像有意与对方保持距离。

——忌拒绝握手。如确有不便,要主动向对方说明不握手的原因,以避免产生误会。

11.2.4 交谈礼仪

1. 声音与姿态

谈话的表情要自然,语言和气亲切,表达得体。谈话时切忌唾沫四溅。参加别人谈话要先打招呼,别人在谈话,不要凑前旁听。若有事需与某人说话,应待别人说完。第三者参与谈话,应以握手、点头或微笑表示欢迎。谈话中遇有急事需要处理或离开,应向谈话对方打招呼,表示歉意。交谈时,无论是坐是站,身体不要太拘谨,但也不能太放松,显得懒散松垮,对人不尊重。说话时可适当做些手势,但动作不要过大,更不要手舞足蹈。稳健、优雅、端庄、大方的姿态,加上敏捷、准确、得体的动作,会给人以美感,增加交谈的成功率。要保持相应的热情,在谈话时,你若对某一问题没有倾注足够的热情,那么对方会马上失去谈这个问题的兴趣。

【阅读资料11-1】　　　　　　小丽能被录用吗?

一次某公司招聘文秘人员,由于待遇优厚,应聘者很多。某"985"大学中文系应届毕业生小丽同学也前往面试。在众多应聘者中,小丽的背景是最好的。大学四年,小丽在各类刊物上发表了数万字的作品,题材涵盖小说、诗歌、散文、商务策划等。业余时间,小丽积极参加社会实践,为多家公司撰写过庆典方案。此外,小丽在大二上学期就通过了大学英语六级考试,英语读写流利,而且中英文书法也很有功底。小丽面容姣好,皮肤白皙,身材高挑、匀称。正是因为自身条件出众,小丽对这次面试是志在必得。

面试这天,小丽精心打扮了一番。她双唇涂满鲜红的唇膏,上身穿着时下最流行的露脐装,下身穿着超短的迷你裙,遮不住的雪白大长腿使小丽显得更加性感妩媚。

面试官对小丽的求职简历非常感兴趣,第一个安排她面试。小丽难掩激动的心情,轻盈地走到一位考官面前,不请自坐,随后跷起了二郎腿,急切地等着对方问话。谁知三位面试人员仔细打量了她一番,互相交换了一下眼色,谁也没有提问与应聘相关的话题。沉寂了片刻,主面试官说道:"小丽同学,你的简历我们已经看过,真的很优秀,待我们讨论下给你回复。请回去等通知吧。"小丽喜形于色,说声"好!"便挎起小包飞奔出去。

2. 学会听的艺术

外国谚语道："用 10 秒钟的时间讲，用 10 分钟的时间听。"听有两个要求，首先要给对方留出讲话的时间，可简单插话，如"原来如此""你说得对""是这样""请继续说下去"等，鼓励对方说下去。其次要"听话听音"，如对方首先讲话，你不可打断对方。应做好准备，以便利用恰当的时机给对方以响应，鼓励对方讲下去。不能认真聆听别人谈话的人，也就不能"听话听音"，更不能机警、巧妙地回答对方的问题。记住：不论是社交场合，还是在工作中，善于听乃是一个人应有的素养。聆听他人谈话时，眼睛应该有礼貌地注视对方，并适当地点点头，以示专心。要避免不良的动作和姿态，如玩弄手中的小东西，用手不时地理头发、搅舌头、清牙齿、掏耳朵，或盯指甲、天花板或对方身后的字画等，这些动作都有失风度。

3. 话题

选择一个好的话题，能使交谈双方找到共同语言，活跃谈话气氛，丰富谈话内容，拉近彼此距离。中国人民大学的金正昆教授提出商务人员须知的基本职场交谈忌语"六不"：①不能非议国家和政府；②不涉及秘密；③不涉及交往对象的内部事务；④不在背后议论领导、同事和同行，来说是非者必是是非人；⑤不谈论格调不高的问题；⑥不涉及私人问题，特别是在国际交往中。职场交往有私人问题"五不问"：第一，不问收入（痛苦来自比较）；第二，不问年纪（特别是临近退休者和白领丽人）；第三，不问婚姻家庭；第四，不问健康状态；第五，不问个人经历（英雄不问出处，重在现在）。

4. 礼貌用语

交谈时应注意使用礼貌用语。与人打招呼时说"您好"，对他人提出要求时说"请"，得到别人帮助时说"谢谢"，给人添麻烦时说"对不起"或"打搅了"，别人向自己致歉时说"没关系"，分别时常说"很高兴与你相识，希望再有见面的机会""再见，祝你周末愉快""晚安，请向朋友们致意""请代问全家好"等。初次见面时说"久仰"，好久未见时说"久违"，请客人来时说"光临"，表示祝愿时说"恭贺"，表示等候时说"恭候"，要早离开时说"失陪"，返回勿送时说"留步"，送客回家时说"请慢走"，让人费心了时说"打扰、有劳"，请人让路时说"借光"，请人帮助时说"劳驾、费心"，请求批示时说"请教"，请示主意时说"赐教"，请求原谅时说"包涵"，请求修改文章时说"斧正"，赞美别人的主意时说"高见",还物时说"奉还",问年龄时说"高寿"(问老人)、"贵庚"(一般人),问姓名时说"贵姓、宝号",回答姓名时说"免贵姓"……

中国人民大学金正昆教授提出向交往对象表示尊重和友好的三大途径:①Accept,接受对方宽以待人。不要打断别人;不要轻易补充对方;不要随意更正对方。得罪人往往不是在大是大非的原则问题上,而是让人难堪下不了台。②Appreciate,重视对方。不提缺点;善于使用尊称;记住对方,实在记不住哪怕点点头也不要张冠李戴。③Admire,赞美对方。要善于发现并欣赏对方的长处,注意要点,实事求是;要夸到点子上。

11.2.5　名片礼仪

名片起源于中国古代,汉代称之为"谒",后称之为"刺"。名片发展至今,已是当代交往中一种最为实用的介绍性媒介。作为自我的"介绍信",它具有使用方便、易于保存等特点,而且不讲尊卑、不分职业、不论男女老少,均可使用,因此颇受欢迎。在交往中,要正确地使用名片,使名片交换的时机、交换的要点及名片的存放等合乎礼仪规范。

在讲述名片礼仪之前,让我们先来看看如下一个小案例。

情景:A男士和A女士两秘书在门口迎接来宾。一辆小轿车驶到,一位男士下车。A女士走上前,道:"王总您好!"呈上自己的名片。又道:"王总,我叫李月,是××集团的秘书,专程前来迎接您。"王总道谢。

A男士上前:"王总好!您认识我吧?"王总点头。A男士又问:"那我是谁?"王总尴尬不堪。

请分析以上情景中人物做法的正误。做法不对的错在哪里?应该怎么做?

1. 名片交换时机

当与某人第一次见面时,一般都要赠送一张名片,这是十分得体的礼仪。交换名片通常标志着初次见面的结束。出示名片,表明你有与对方继续保持联络的意向。

在宾客较多的场合,一开始就接受名片,可帮助你及早了解来客的身份。例如,会议上来了许多代表,而你对他们的姓名、职务都不太清楚,那么在会议开始前就应向他们索要名片,然后可采用日本人的习惯,把它们摆放在桌上当座位图使用。

去拜访某人时,如果主人没有出示名片,客人可在道别前索要。如果主人的名片就放在桌上的名片盒中,应征求同意后再取出一张。你可以递上两张名片,一张给主人,另一张给秘书。当然，你也可以索要两张名片，一张存放在你自己的名片夹里，另一张钉在客户卷宗里。

用餐时不要出示名片，而应等到用餐结束。在私人宴会上，除非有人索要，否则不要散发名片——那样会混淆商务与社交的界线。在参加社交活动时，可随身携带名片，需要时便可出示，但不可把花园聚会变成推销会。

2. 名片交换时的要点

双手食指和拇指执名片的两角，以文字正向对方，一边自我介绍，一边递过名片。对方递过来的名片，应该用双手接过，以示尊重。如果双方同时递名片，自己的应从对方的稍下方递过去，同时以左手接过对方的名片。接过名片后，要看上几秒钟，以示尊重。对方人较多时，应从领导开始交换名片。收到名片不要立刻放进包里，应放在面前桌上，谈话时用得着。

当你想出示名片时，可说："这是我的名片，如果有其他的问题，尽管打电话给我好了。"或者可以说："寄信请用这上面的地址，希望能尽快听到你的消息。"如果你想给一位长期客户赠送名片，可以说："您有我的名片吗？"或"我一直想给您一张名片。"当你的职位或通信方式有变化时，你可以说："这是我的新名片。"当某人向你索要名片时，直接拒绝是不太礼貌的，但是你可以这么说："对不起，我的名片都用光了。"或"我忘带了。"接受名片时要说"谢谢"，并略为注视再放好。还可以边看边稍加评论，如"你们公司总部在青岛，那儿是不是正在举行第一届啤酒节？"

3. 名片的存放

随身所带的名片，最好放在专用的名片包、名片夹里，也可以放在上衣口袋内，不要把它放在裤袋、裙兜、提包、钱夹里，这样做既不正式，也显得杂乱无章。在自己的公文包以及办公桌抽屉里，也应经常备有名片，以便随时使用。在交际场合，如需要名片，则应事先预备好，不要在使用时临时翻找。接过他人名片看过之后，应将其精心放在自己的名片包、名片夹或上衣口袋里，切勿放在其他地方。

11.2.6 电话礼仪

在日常工作中，使用电话的语言很关键，拨打、接听电话的礼仪也是公共关系礼仪的重要内容。通过电话，我们也能粗略判断对方的人品、性格。因此，掌握正确的、礼貌的打电话和接电话的方法是非常必要的。公关人员都应该有一个明确的"电话形象"意识，即注重通话时空的选择、通话态度及通话内容的把握，塑造文明有礼、办事高效的良好职业形象。

电话礼仪可分为拨打电话、接听电话和代接电话三个方面。

1. 拨打电话

（1）通话准备。首先，应确认对方有几部电话，把所有电话号码准备好后再开始拨打。应先拨打对方固定电话再拨打对方手机，这既是从安全角度考虑（手机辐射远大于固定电话），也是遵循公事公办的原则。其次，应在通话前列出沟通提纲或重点，并在通话中按照从重点到一般的原则，先讲重点内容。

（2）通话时间选择。早7点之前和晚上10点之后是他人休息时间，切忌打扰。此外，在一日三餐、周末休息时，应尽量不要因公事干扰侵占他人私人时间。公务电话，尽量在办公时间解决。与身处不同时差的人交流时，应选择对方方便和合适的时间。

（3）通话长度选择。作为电话发起一方，更有责任控制电话长度，一般没有长时间沟通的必要时宜把通话长度控制在3分钟内，遵守"打电话不超过3分钟原则"。

（4）通话内容要简明扼要。长话短说，直奔主题，力戒讲空话、说废话、无话找话和短话长说，树立简洁凝练、精干高效的职场形象。

（5）通话语言要文明。通话之初，应先向受话方恭敬问候并确认是否为要找的部门和人员，如"您好，请问是××集团销售部吗"，在得到对方明确答复后迅速进行自我介绍并简要阐明打电话的事由，使对方第一时间了解与之通话人的情况。

2. 接听电话

接听电话也应尽力使自己的所为符合规范，具体来说，应注意以下四点。

（1）及时接听。及时是电话接听礼仪的首要要求。电话铃响起，应立即停止手头工作，尽快接听。不要轻易请人代劳，尤其是事先约好的电话。一般铃响两次拿起话筒为最好时机，最好不要让铃声超过五遍。一些跨国公司对此所做的规范要求是：当铃声响起，手迅速在电话听筒上方就位待命，铃响两声迅速接听并做自我介绍，迅捷、规范。如果因故出现延误接听的问题，第一句话应该是"对不起，让您久等了"，以表歉意。

（2）自我介绍。接听公务电话时，应首先自报家门。部门人员接听应在问好后报单位和部门名称，个人专用电话应直接报姓名。接听电话时人们往往习惯第一句话说"喂"，该词没有实际意义，只能使对方产生"不够干练""缺少专业素养"等不好印象，应直接以"您好"或"你好"开始通话。

（3）做记录。当电话内容涉及问题重大或内容较多时，应该做好记录。公务人员应在身边随时准备好电话记录的纸笔，对重要电话涉及的重要内容如时间、地点、联系事宜、需解决的问题等做较为详细的记录。

（4）重复要点。当电话内容重要或涉及较多内容时，受话人应在通话结束前向对方重复通话要点或指示内容，以方便对方对相关内容进行最后确认，纠正通话内容中可能存在的错误，为之后的工作奠定基础。

3. 代接电话

在为他人代接、代转电话的时候，也要注意以礼相待，尊重隐私，记忆准确，传达及时。具体要求如下。

（1）以礼相待，讲究技巧。在接听电话时，当对方所找的人不在时，应友好告知"对不起，他不在"，再问是否需要代为转告、对方是谁、有什么事，而不应在问清对方是谁、有什么事后再说他要找的人不在。

（2）尊重隐私。代接电话时，不要询问对方与其所找之人的关系。当对方希望转达某事给某人时，应为其保守秘密，不能随意把相关情况散播给其他人。别人通话时，不要旁听，更不要插嘴。

（3）替人转接电话，确认对方姓名时，尽量要用褒义词语。不要用习惯用语去确认对方的姓名，比如"您姓孙，是孙子的孙吗？""您姓冷，是冷淡的冷吗？"诸如此类，让对方听了感到不快。其实可以改成"是《孙子兵法》的孙吗？""是冷热的冷吗？"在记录对方电话号码时，则一定要重复，以免记错。

（4）准确记录。代接电话时，对方要求转达的具体内容，要准确记录，以免误传。可遵循"5W1H"技巧，即按何时、何人、何事、何地、为什么（原因）、如何进行等项记录清楚。

（5）传达及时。当代人接听电话并答应对方代为传话后，应遵守承诺尽快落实，不要轻易把自己转达的内容托转他人转告，这样不仅容易使信息失真走样，而且有可能会耽误时间，给当事人带来损失。

无论接打电话一方身处何位，都存在一个谁先挂电话的问题，此问题应遵循"尊者决定"的原则，让地处尊位的一方先挂电话以示尊重。无论是位尊者还是位卑者，无论是先挂还是后挂，都应轻轻放下听筒，而不应因放听筒声音过重让对方产生不好的猜想和不必要的误解。

无论是接听还是拨打电话，都应该端正姿态。打电话者的姿态是否端正，对方可以从通话者的声音、语气中判断出来，工作中带有倦意的声音会给人不重视、不礼貌的感觉，绝不能边接打电话边喝水、吸烟、吃东西，即使看不到对方，也应该当作正在面对对方，尽量保持谦恭有礼。

11.2.7 赠礼、受礼和拒礼礼仪

中国是礼仪之邦，讲究礼尚往来，无论是组织还是个人，迎来送往及喜庆宴贺的活动不可避免。如何挑选适宜的礼品，接受礼物时应注意哪些礼仪，如何拒收别人送来的礼物，是每一个人都可能面临的问题。这些问题处理得好，不仅给人留下大方得体的印象，树立良好的个人形象或组织形象，还可以增进彼此的感情。

1. 赠礼礼仪

赠礼的目的在于给他人带来快乐，以有限的物质形式表达自己无限的感情。赠礼礼仪一般应注意选择适当的时机、合适的礼品，掌握赠礼技巧及禁忌。

（1）选择适当的时机。一般来说，礼品可以随时送给对方，但有些礼品如果选择好赠送时机，就会有更好的效果。

①喜庆嫁娶。乔迁新居、过生日做大寿、结婚生子等亲友喜庆日子，应考虑备礼相赠，以示庆贺。

②欢庆节日。中国传统节日为春节、元宵节、端午节、中秋节、重阳节等，还有西方的圣诞节、情人节、母亲节等，都可作为送礼的时机。

③探望病人。去医院或家中探望病人应带上礼物表示慰问。

④亲友远行。亲友远离家乡去外地求学、工作，可送上一份礼物表示美好的祝愿和惜别之情。

⑤拜访、做客。登门拜访或做客时，准备一份礼物，一方面对打扰对方表示歉意或对对方的热情款待表示感谢，另一方面是向对方表示自己的问候。

⑥酬谢他人。当自己在生活工作中碰到困难或挫折时，亲朋好友同事对你伸过援助之手，事后应表示酬谢。

⑦还礼。接受过对方的礼物，可在事后类似的场合亦向对方送上一份礼品，或者在对方送礼离开时附上自己的一份礼物送给对方。

（2）选择合适的礼品。不同的场合、不同的对象要选择不同的礼品。

①公司庆典一般送鲜花。

②慰问病人可以送鲜花、营养品、书刊、水果。

③朋友生日送卡片、书籍、影集、笔记本、蛋糕等。对女孩子，还可以考虑送小巧的皮革制品、漂亮的围巾、各种手工艺品、鲜花等。

④节日庆祝送健康食品、当地特产。

⑤旅游归来送人文景观纪念品、当地特产。

⑥走亲访友送精致水果、糖酒食品。

还可以通过了解受赠对象的兴趣爱好来赠送，如给书法爱好者送"文房四宝"，给音乐爱好者送乐器，给收藏爱好者送一些有收藏意义的东西等。总之，选择礼品应因时因地因人而异，切忌千篇一律。

（3）不宜赠送的礼品。

①不送现金和有价证券。送现金、有价证券、金银珠宝等过于贵重之物，有行贿的嫌疑。

②不送有碍对方民族习俗、宗教禁忌和个人禁忌的物品。讲究礼仪，首先要了解人、尊重人，人家忌讳的东西，一概不能送。

③不送药品、营养品。中国的习俗是缺什么补什么，若非亲朋好友，送这类东西有多管闲事之嫌疑。

④不送有违社会公德的物品，如山寨机、盗版光盘等。烟酒（烈性酒）之类的东西也不要送，因为吸烟喝酒有碍健康。与社会公德不符的东西，送人往往涉嫌害人。

⑤不送带有明显的广告标志的物品和宣传用语的物品。广告就是付费的宣传，跟外商、公司企业、政府官员打交道，一定要避免使用带明显广告标志和宣传用语的公关礼品。

(4) 赠礼的注意事项。

①谨记"己所不欲,勿施于人"的古训。选择的礼物,你自己一定要喜欢,连自己都不喜欢的东西,一般不要送。

②必须考虑接受礼物者的职位、年龄、性别等。

③选择精美的包装。赠送的礼品要有精美的包装,不要把一堆没有包装的礼品放在一起,随便用提包一装就给人送去,这是不尊重对方的行为。

④慎留礼品单据。礼品上写有价钱的标签要及早去除。但对一些有保修期的电器商品,可以附上发票和保修单,以备日后保修或退换之用。

⑤仪态大方。送礼的时候,要面带微笑,自然得体,同时讲一些客气话。但不要过分客套,俗话说"礼轻情义重",不必贬低自己的礼物,也不要畏畏缩缩、偷偷摸摸把礼物搁在某个角落。

⑥了解送礼禁忌。在国内,应避免过时送礼或事后补礼;给长辈送礼,不要送钟,因"钟"与"终"谐音;探望病人,不能送梨一类的水果,"梨"与"离"谐音,是不吉利的;还有,乌龟虽然长寿,却有"王八"的俗称,也不宜作为礼品相送。在中国港台风俗中,丧事后以毛巾送吊丧者,非丧事一律不能送毛巾;不送剪刀,剪刀是利器,含有"一刀两断"之意;不送甜果,甜果是祭祖拜神专用之物,送人会有不祥之感。

国外风俗中赠礼也有很多讲究。在北美商业圈中,应注意礼物不能奢侈,以免有贿赂的嫌疑;礼物通常为纪念品,还可以是带有公司标识的礼物;赠送礼物一般宜在娱乐场所进行。赠送礼物在日本的文化中是根深蒂固的,因此去日本人家里做客时一定要带上礼品,不要拒收礼品;而且礼物要用彩色纸包装;避开数字"4"和"9",因为它们与"死"和"苦"同音,故一些日本医院是没有4楼和9楼的;不能给日本人送刀,这意味着让他自杀;送礼时必须双手呈送礼品并微微鞠躬。西方人喜欢单数却忌"13"。俄罗斯人送鲜花要送单数,忌讳送钱,他们认为这意味着施舍和侮辱。美国女性认为送香水、化妆品、衣物等是看不起她。印度人认为牛是神圣的,故不赠送饰以牛皮的产品。

(5) 赠花礼仪。现代生活中,用花卉作为礼品馈赠亲朋好友来表达丰富的情感已逐渐成为一种社会时尚。以鲜花为礼品是一门颇具内涵的艺术,融入了许多人生哲理,可表现丰富多彩的意境和情趣。只有了解花的寓意及送花常识,才能在送花时送出品味、送出个性,达到事半功倍的效果。

①了解花语。要把握花艺的真谛，首先要了解花语、花意。经过长期演化，人们赋予各种花卉一定的寓意，用以传递感情，抒发胸臆。如康乃馨象征母爱，花语是"健康长寿"；红玫瑰象征爱情，花语是"我爱你"；百合花象征纯洁，花语是"百年好合"；菊花象征清逸，花语是"优雅不俗"；梅花象征傲俗，花语是"气节清高"；兰花象征清正，花语是"正气清远"；荷花"出淤泥而不染"，花语是"人品高洁，情操高尚"。

②送花对象不同，需选择不同的鲜花来组合配送。给老人祝寿，宜送长寿花或万年青，长寿花象征着"健康长寿"，万年青象征着"永葆青春"；热恋中的男女，一般送玫瑰花、百合花，这些花美丽、雅洁、芳香，是爱情的信物和象征；给友人祝贺生日，宜送月季和红掌、麒麟草、满天星，象征着"火红年华，前程似锦"；祝贺新婚，宜用玫瑰、百合、郁金香、香雪兰、非洲菊、红掌、天堂鸟等，新娘手上捧的花，适当加几枝满天星，会更加华丽脱俗；节日期间，看望亲朋好友，宜送吉祥草、百合、郁金香，象征"幸福吉祥"；夫妻之间，可互赠百合花，百合花象征着百年好合，顺顺意意，长相厮守；朋友远行，宜送剑兰、红掌，寓意一路顺风，前程似锦；拜访德高望重的老者，宜送兰花，因为兰花品质高洁，又有"花中君子"之美称；新店开张，公司开业，宜送月季、红掌、黄菊、天堂鸟等，这类花花期长，花朵繁茂，寓意"兴旺发达，财源茂盛"。

③送花禁忌。不同的习俗，对于同一品种花的寓意有不同的理解。选送花的时候一定要注意民俗寓意，不能弄巧成拙。比如：中国人喜欢菊花，而在西方，黄菊代表死亡，只能在丧葬活动中使用；中国人赞赏荷花"出淤泥而不染"的性格，并喜欢它，但在日本，荷花却表示死亡；在广东、海南、港澳地区，金橘、桃花表示"吉""红火"的意思，而梅花、茉莉和牡丹花却表示"霉运""没利""失业"的意思。

不同的习俗，对于花的色彩也有不同的理解。比如在中国，我们都喜爱红色的花，特别是结婚时，送红色的鲜花才算吉利和得当。而西方人认为把白色鲜花送给新娘，才是最合适的。

不同的习俗，对于花的数量要求也有所不同。在中国，喜庆活动中送花要送双数，意思是"好事成双"；在丧葬上要送单数花，表示"祸不单行"。因为读音的原因，在中国特别是沿海地区，不可以送4枝花给别人，因为4的发音和"死"相近。而在西方国家，送花讲究单数，送1枝花表示"一见钟情"，送11枝表示"一心一意"，送99枝表示"天长地久"等。但"13"这个数字是不可以用的。

给病人送花，有很多禁忌。探望病人时不要送盆栽的花，以免病人误会为久病成根；香味浓郁的花对手术病人不利，易引起咳嗽；颜色太浓艳的花，会刺激病人的神经，激发烦躁情绪。看望病人宜送兰花、水仙、马蹄莲、百合、剑兰等，或选用病人平时喜欢的品种，有利于病人怡情养性，早日康复。

2. 受礼礼仪和拒礼礼仪

首先，收到礼品时，应双手捧接，并立即表示感谢。中国人收礼后一般要等客人走后才打开；外国人则习惯当着客人的面打开包装，所以在涉外交往中，如果外国客人或其他客户送给你的礼品带有包装的话，一定要当面打开看一看，表示喜欢和欣赏，说上几句赞美礼品的话。如果收到的礼品不合心意，也不应该流露出不满意的情绪，而应当像接受自己所喜欢的礼品一样，说上几句感激对方和赞美礼品的话。其次，接受馈赠后，要想办法回礼才合乎礼貌。中国人崇尚"礼尚往来"，外国人同样如此。如果在接受馈赠时无法马上回礼，那么可在事后准备礼物回赠对方。

生活中经常会出现这样的情况，人家送礼，可是自己不能收，或者不方便收，那么该怎么办呢？其实，拒绝收礼也要注意分寸、讲究礼仪。一般情况下，不应该拒绝收礼，但是碰到以下三种情况是可以拒收的。一是并不熟悉的人送的非常昂贵的礼品；二是隐含着发生违法乱纪行为的礼品；三是接受后可能会受到对方控制的礼品。

如何谢绝礼物？以下做法可供参考。首先，要婉言相告。先表示感谢，然后用委婉、礼貌的语言，向赠送者暗示自己不能接受对方的礼品。其次，可以直言相告，即直截了当地向赠送者说明自己之所以难以接受礼物的原因。在公务交往中拒绝礼品时，此法尤其适用。比如，拒绝别人所赠的大额现金时，可以讲："我们有规定，接受现金馈赠一律按受贿处理。"如果是比较贵重的礼品，可以这样说："按照有关规定，您送我的这件东西必须登记上缴，您还是别破费了，事情能办我会尽力的。"再次，可采取事后归还法。有时，在大庭广众之下拒绝他人所赠礼品会使赠送者难堪。遇到这种情况，可采用事后退还的方法加以解决。但是一定要使包装保持完好无损，如果其中包括一些易坏的食品，最好别往回送，或者给人家买点新鲜的送回去，或者以价值相当的礼物回赠人家。事后归还应该尽快把礼物送回去，时间不能拖太久，一般要在24小时之内把礼品送还对方。

本章习题

一、单选题

1. 四大文明古国中，唯有（　　）有"礼仪之邦"的美誉。

   A. 古代印度　　　　　　　　B. 古代中国

   C. 古代埃及　　　　　　　　D. 古代巴比伦

2. （　　）的内容既是社会公德的核心内容，也是商务职业的基本规范。

   A. 礼节　　　　　　　　　　B. 仪式

   C. 礼貌　　　　　　　　　　D. 仪表

3. 在公关礼仪中，（　　）原则表现为对别人宽容的心理意志力，并要求约束自己的言谈举止。

   A. 尊重　　　　　　　　　　B. 自信

   C. 自律　　　　　　　　　　D. 信用

4. 在正式、庄重的场合，有两条通行的介绍规则：一是把年轻的人介绍给年长的人；二是（　　）。

   A. 把女性介绍给男性　　　　B. 把官员介绍给下属

   C. 把男性介绍给女性　　　　D. 把老师介绍给学生

5. 作为电话发起一方，更有责任控制电话长度，一般没有长时间沟通的必要时宜把通话长度控制在（　　）分钟内。

   A. 2　　　　　　　　　　　　B. 3

   C. 5　　　　　　　　　　　　D. 10

二、多选题

1. 礼仪是人们在社会交往中形成的行为规范准则，具体表现为（　　）等方面。

   A. 礼貌　　　　　　　　　　B. 礼节

   C. 仪表　　　　　　　　　　D. 仪式

   E. 礼物

2. 我们在行握手礼时应努力做到合乎规范，避免下述失礼行为的发生（　　）。

   A. 用左手相握

B. 交叉握手

C. 在握手时另外一只手插在衣袋里或拿着东西

D. 在握手时戴着手套或墨镜

E. 在握手时面无表情、一言不发

3. 在日常交往中,赠送礼仪应注意选择适当的时机,以下情况可以赠送礼物(   )。

   A. 欢庆节日   B. 探望病人

   C. 拜访、做客   D. 酬谢他人

   E. 还礼

三、名词解释

1. 礼仪   2. 公共关系礼仪   3. 礼貌   4. 礼节   5. 仪式

四、简答及论述题

1. "礼"的含义主要包括哪几个方面?
2. 礼仪的地位和作用是什么?
3. 公关礼仪的特点是什么?
4. 试论述称呼礼仪的基本要求。
5. 试论述握手礼仪禁忌。

案例讨论

称呼不当引外宾不满[①]

一天,有位斯里兰卡客人来到南京的一家宾馆准备住宿。前厅服务人员为了确认客人的身份,在办理相关手续及核对证件时花费了较多的时间。看到客人等得有些不耐烦了,前厅服务人员便用中文跟陪同客人的女士解释,希望能够通过她得到对方的谅解。谈话中他习惯地用了"老外"这个词来称呼客人。谁料这位女士听到这个称呼,立刻沉下脸来,表示了极大的不满。原来这位女士不是别人,而是客人的妻子,她认为服务人员的称呼太不礼貌了。见此情形,有关人员及这位服务人员随即赔礼道歉,但客人的心情已经大受影

---

① 资料来源:豆丁网。

响，并且始终不能释怀，甚至连带着对这家宾馆产生了不良的印象。

❓ 思考讨论题

1. 前厅服务人员该如何称呼这位外国人较为得体？
2. 请结合案例谈一下称呼礼仪的重要性。

第 12 章　公共关系危机管理

本章导读

俗话说:"天有不测风云,人有旦夕祸福。"处于当今复杂、多变的社会环境中,任何组织都可能遇到风险和危机。在防范、应对风险与危机的整个过程中,公共关系活动发挥着极为重要的作用。本章主要讲述公共关系危机的含义、类型,分析危机产生的原因,介绍危机处理的理念、原则和程序,重点是阐述公共关系危机的处理策略和艺术。

知识结构图

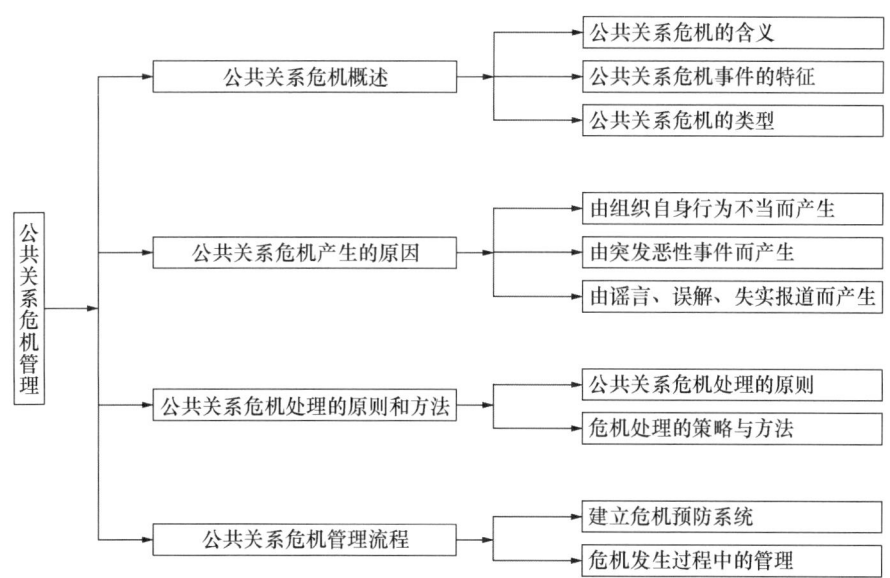

【开篇引例】　　　　　西安奔驰女车主维权事件

2019年2月,奔驰女车主在西安利之星奔驰4S店购买了一辆奔驰车,然而车子还没开出店就发现车辆发动机存在漏油的问题,4S店表示不能退款也不能换车,只能更换发动机,女车主与其沟通无果,被逼开始维权,最终西安利之星被有关部门罚款一百万元,并和女车主达成了补偿换车的协议。

在西安工商部门宣布介入事件后,奔驰公司才发布了官方声明,并没有做到及时地、正确地处理企业危机公关,且处理危机公关的态度十分消极,最终让企业陷入了更糟糕的境地。如果在事件发生后奔驰公司能及时反应,引导正面舆论,或许能减少甚至消除漏油事件对企业的负面影响。

12.1　公共关系危机概述

当今社会,组织所面临的生存环境瞬息万变,动态复杂的环境不可避免地会为组织带来一定的风险与危机。我们应充分发挥公共关系的多重职能,尽可能有效地预测危机、成功化解危机,力求将这种危害降至最低。

12.1.1　公共关系危机的含义

公共关系危机一般是社会组织在经营管理过程中由于内外各种因素而引发的危及组织利益、形象乃至生存的突发性或灾难性的事故与事件。组织应高度重视危机事件,其巨大的破坏性往往可以轻而易举地使组织苦心经营多年的根基毁于一旦。著名的三株口服液常德事件就是非常典型的案例。

案例12-1　　　　　　　　　三株口服液事件

1996年6月,湖南常德汉寿县退休老人陈伯顺在喝完三株口服液后去世,其家属随后向三株公司提出索赔,财大气粗的三株则拒绝给予任何赔偿,坚决声称是消费者自身问题。遭到拒绝后,陈伯顺家属一张状纸将三株公司告上法庭。1998年3月,法院一审宣判三株败诉后，20多家媒体炮轰三株，引发了三株口服液的销售地震，4月份（即审判后的第二个月）的三株口服液销售额就从上年的月销售额2亿元下降至几百万元，15万人的营销大军被迫削减为不足2万人，生产经营陷入空前灾难之中，总裁吴炳新也被重重击倒。据三株公司介绍，官司给三株造成的直接经济损失达40多亿元，国家税收损失了6亿元。

1999年3月，法院终审判决三株公司获胜，但此时三株帝国已经陷入全面瘫痪状态：三株的200多个子公司停业，绝大多数工作站和办事处全部关闭，全国销售基本停止。创造中国保健品奇迹的三株公司，在危机应对中的表现极其不成熟：就事论事，陷于局部谁是谁非，与消费者争论不休却忽视危机公关。最终，三株为其忽视公众利益、不愿主动承担责任而付出巨大代价。

三株的教训可谓刻骨铭心，假如不是危机处理不当，正如日中天的三株绝不会就这样轻易倒下。

12.1.2 公共关系危机事件的特征

对社会组织而言，危机事件一般具有如下特征。

1. 危机事件具有突发性

危机无处不在，有时防不胜防，尤其在当今网络社会，信息瞬时传递，公众获取的信息几乎与危机同步，这往往会使得组织所采取的所有解决措施都显滞后。应对突发事件危机，需要组织果断的行动和高超的智慧。

2. 危机事件具有高度的不确定性

危机事件所带来的后果往往很难预计，一些意外事件往往会使危机无限放大。例如2003年"非典"时期，由于某些地方相关部门信息披露不完整，对谣言平息不够及时，导致群众产生了恐慌心理，不少人开始疯抢板蓝根和各种抗病毒药物，甚至口罩、白醋、大米、面粉也成为抢购的对象。后来，尽管某些地方政府组织专家召开了新闻发布会，通报了"非典"疫情的情况，但是由于传播中诸多因素的失控，新闻发布会并未收到预想的效果。

3. 危机事件的实质是非程序化决策问题

危机事件易受大量随机因素的影响，很少重复出现，常常无规律可循，对危机事件的处理属于非程序化决策。这类决策问题的解决一般没有固定的模式和规则，而是有赖于决策者的洞察力、判断力、知识及信念。

12.1.3 公共关系危机的类型

根据不同的划分标准，公共关系危机可以分为多种类型。常见的划分标准有按危机形成的诱因分类、按危机的表现形态分类以及按危机的严重程度来划分等，下面分别予以介绍。

1. 按照危机形成的诱因可分为内部危机和外部危机

内部危机是指由于组织自身原因造成的危机，危机主要由该企业的成员直接造成，危机的责任主要由该企业内部的成员承担。外部危机是指由于外部环境发生不利变化而带来的危机，如1979年的第三次中东战争给全球带来的石油危机，2004年的东印度洋海啸给当地旅游业造成的危机等。

2. 按照危机的表现形态可分为有形危机和无形危机

有形危机主要是指那些给组织带来明显的、可以观察到的危机，如房屋倒塌、厂房失火、商品遭到消费者抵制等。无形危机是指给企业带来的损失不明显的危机。给任何一个企业的形象带来损害的危机，皆属于无形公关危机，如果不采取紧急有效的措施阻止，受损害的企业形象将使企业蒙受更大的损失。

3. 按照危机的严重程度可分为一般危机和严重危机

一般危机指常见的仅对组织或其公众产生局部或轻微影响的危机。这类危机常因为危害程度较小，往往容易受到组织的忽视。但如果对一般危机坐视不管或是处理不当，也有可能导致更大的危机出现，因此组织应该对此类危机保持一定的警惕，并适时采取有效的公关措施，遏制其进一步发展。

严重危机是指对组织或其公众产生严重影响的危机。这类危机往往使组织形象和利益受到严重损害，甚至可能会危及组织的存亡，必须引起高度重视，否则将遗患无穷。

此外，按照危机发生的状态可分为现有危机和未来危机；按照危机影响范围的不同可分为局部危机和全局危机等。这些危机的划分并没有严格的界限，如严重的地震、海啸给组织所带来的危机既属于外部危机，同时又属于严重危机。

12.2 公共关系危机产生的原因

公共关系危机产生的原因主要有三种。一种是组织自身的原因，是由组织自身行为不当而产生；另外两种危机产生的原因是外在的，又可分为由突发恶性事件而产生危机和由于谣言、误解或失实报道而产生危机。

12.2.1 由组织自身行为不当而产生

组织在自身发展过程中有很多不完善的地方，如管理水平低、工艺落后、企业公关意识淡漠等。但无论哪一种情况，都是由于组织的原因而产生的危机。这类危机会对组织形象产生极大的破坏作用，最易激起公众和社会舆论的强烈抨击。

12.2.2 由突发恶性事件而产生[①]

突发恶性事件引起的危机是指由于非预见性、外在因素所引发的、导致组织形象受损的危机。其主要表现有：由自然灾害等不可抗力导致的重大伤亡事故、敌对行为等外来事故引起的危机等。突发恶性事件之所以能够给组织带来危机，究其原因，主要有以下几点。

（1）由突发恶性事件引发的危机会给社会组织造成较大的利益损失，对组织的冲击较大，出于保护自身利益的考虑，公众会远离受到破坏的组织，从而导致组织失去公众、失去市场。

（2）突发恶性事件造成的损害较大，常给组织造成很大的损失，有时甚至会导致一个组织的生存环境被破坏，这种情况下，公众会对组织功能的恢复失去信心。

（3）危机产生的后果会导致公众的逃避情绪和消极行为，从而导致对组织的信任度下降、顺意公众流失，进而影响组织的正常工作。

---

① 张践：《公共关系学》，中国人民大学出版社 2011 年版，第 192～193 页。

（4）由突发恶性事件产生的危机影响面较大，容易引起媒体的广泛关注，特别是经过新闻媒体报道后所赋予的特殊地位和迅速产生的影响，这种负面效应也会影响组织的形象和未来的发展。

12.2.3 由谣言、误解、失实报道而产生

谣言主要是指由于不了解真相而偏听偏信，或由于理解问题的角度、出发点不同而产生的对组织及其行为的错误理解。失实报道则主要是指新闻媒体发布的与事实不符或出入较大、主观色彩浓厚的报道。这类危机产生的主要原因有以下几点。

（1）谣言往往是通过小道消息的形式传播的，而有时人们更相信小道消息，而小道消息一旦传播，会在公众的心目中产生强烈的影响，使公众对组织产生怀疑，从而影响到组织的稳定。

（2）每个人在其成长过程中认识世界的出发点、途径和角度各不相同，理解问题的角度也不尽相同，而且，其理解问题的角度一旦形成，在短时间内很难改变。因理解不同而导致人们对问题的观点、处事的方法也存在差异。因此，一旦出现误解，如果不能得到消除，也会给组织带来麻烦，导致组织与公众之间产生不必要的摩擦，从而影响组织的发展。

（3）新闻报道在广大群众心中有较高的信任度，公众一般不会相信报道也会失实，加之公众对一些专业性的知识掌握不多，面对某一时期出现的社会问题又有一种痛恨的心理。因此，一旦某一组织的行为被错误报道，便会给组织带来长期的、大范围的不利影响，而这种影响一旦形成，在很长时期内都很难消除。

12.3 公共关系危机处理的原则和方法

对组织而言，不少突发的危机事件往往是防不胜防，处理起来非常困难。但无论境况如何凶险，组织都要保持镇定，争取主动，积极采取措施平息风波，尽可能地挽回。

12.3.1 公共关系危机处理的原则

在危机处理过程中，组织应该遵循以下几点原则。

1. 积极主动的原则

当危机来临时，无论危机的性质如何，也无论危机的责任在何方，组织都应该积极主

动地承担责任，并妥善处理危机。即使主要责任不在己方，组织也不应首先追究他人责任，而是积极采取行动化解危机。否则，只会不断加剧危机，不利于问题的解决。三株口服液常德事件就是典型案例。

2. 真诚原则

在危机发生之后，公众不仅会关注事件本身的真相，而且会关注当事人处理事件的态度。事实上，绝大多数危机的恶化都是因为当事人的态度冷漠、傲慢，行为敷衍或是拖延等造成的。组织发生危机事件，会损害公众和社会的利益，给受害者带来损失和痛苦，公关人员在与公众接触时一定要表现出积极解决问题的诚意。组织要站在受害者的立场上表示同情和安慰，主动通过各种媒体表示愿意承担责任。在听取公众意愿时，应让其倾吐不满，接受其情绪的发泄。这种积极地与公众心理的沟通，可有效地平息公众的不满，进而找到处理问题的有效途径。

3. 真实性原则

当危机事件发生后，组织应第一时间主动与新闻媒体联系，发布事实真相，积极与公众进行有效沟通。在发布消息时，一定要坚持真实性的原则，绝不能刻意隐瞒，颠倒是非，欺骗公众。否则，必将弄巧成拙，从而引发更大的危机。三鹿奶粉事件充分证实了这一点。三鹿奶粉添加三聚氰胺事件曝光后，不积极主动承担责任，而是动用各种关系，百般抵赖，矢口否认，最后也难逃董事长锒铛入狱、企业关门破产的命运。

4. 快速反应原则

对危机公关来说，时间意味着一切。由于危机事件往往具有突发性的特点，组织往往猝不及防。而此时，事件真相伴随着各种小道消息、谣言，四处传播，尤其是在互联网时代，失控的信息犹如江河决堤，一发而不可收。面对这样的不利局面，组织的第一反应就应该是迅速研究、制定对策并果断采取行动。

5. 公众利益至上原则

在处理危机事件过程中，组织一定要树立公众利益至上的原则，因为利益是公众关心的焦点所在。在危机事件处理过程中，公关人员应该以公众利益代言人的身份出现，要做公众利益的保护者、争取者，这样才可能为有效地处理危机奠定良好的基础。

12.3.2 危机处理的策略与方法

1. 了解危机事件的基本情况

了解基本情况是解决危机的关键。当公关危机发生时,组织要保持清醒的头脑,临危不乱,迅速查明危机事件的基本情况。

2. 成立危机处理机构,公布危机事件真相

在了解危机事件基本情况的基础上,组织要立即设置处理危机的专门机构,制定处理危机事件的基本方针和对策,确定一套完整的危机处理方案。必须把事件发生的原因、经过和组织对策告知内部公众,使他们了解实情,同心协力,共渡难关。同时,组织要向外界公布危机的真相,绝不可刻意隐瞒,知情不报,否则只会引起更大的危机。

3. 根据危机产生的根源,迅速采取有针对性的措施

例如,如果是由产品问题引发的危机事件,应立即收回问题产品或立即组织检测队伍,对问题产品提出召回或补偿措施,并通知立即停售该类产品,然后详细追查原因,立即改进;假如是由于外界误解或人为破坏造成严重的产品、组织信誉危机,要第一时间通过新闻媒体澄清事实,反驳谣言,消除误解;如果在危机事件中给公众的生命和财产带来了损失,要立即着手善后和补偿事宜,要本着负责到底的精神妥善处理。

4. 及时公布危机事件的处理结果

在危机事件处理之后,组织应通过各种媒体渠道及时公布事件经过、处理方法和今后的预防措施,必要时组织还要利用有影响的媒体刊登致歉广告,唤起公众的同情和理解。

12.4 公共关系危机管理流程

科学的公共关系危机管理流程是解决问题的基本保障。根据国内外管理实践经验,此流程主要包括建立危机预防系统和危机的过程管理。

12.4.1 建立危机预防系统

建立危机预防系统实际上是对公共关系危机的预先控制,其目的在于防患于未然。虽然危机事件不可能完全预防，但即使危机不期而至，因为有了危机预防系统，组织也能做到临危不乱、处变不惊，能够按照事先计划果断采取有效措施，将危机所造成的损失降至最低。

1. 建立组织全员正确的危机意识

组织要时刻教育和提醒全体员工要"居安思危"。要告诫组织内部公众：每个人的行为都与组织的形象密切相关，任何个人的不当行为都有可能使组织形象受损，危机的预防有赖于组织全体员工的努力。在这方面，华为公司的做法值得我们学习。

2001年3月，正当华为发展势头良好、利润已居全国电子百强首位的时候，任正非在企业内刊上发表了一篇《华为的冬天》，大谈危机和失败，至今在业界广为流传。这篇力透纸背的文章不仅是对华为的警醒，还适合于当下的整个行业。"现在是春天吧，但冬天已经不远了。""冬天"一词自此超越季节，成为危机的代名词。

2. 建立灵敏的信息监测系统

组织是一个开放的系统，内外部环境的不断变化影响着组织的生存与发展。因此，必须要建立高度灵敏、准确的信息检测系统，随时收集各方面的信息、监控环境的变化，并对信息加以分析和处理，以便把危机隐患消灭在萌芽状态。

下面以企业为例，介绍组织信息监测系统是如何建立的。

一是注意随时收集公众对企业产品的反馈信息，发现问题后立即跟踪调查，及时加以解决。

二是掌握相关政策、法律环境变化的信息，并根据这些信息研究调整企业的发展战略和经营方针。

三是及时了解企业产品和服务在公众心目中的形象信息，并收集公众对企业的组织机构、管理水平、人员素质的评价信息，一旦出现负面变化或倾向，必须高度重视，并采取对策。

四是关注竞争对手的变化，收集相关信息，做到知己知彼，并根据竞争对手策略的变化制定相应的对策。

五是收集和了解企业内部的信息，并进行自我诊断和评价，从中发现问题，并积极采取措施加以解决。

3. 成立危机管理委员会

危机管理委员会是组织应对危机的一个专门机构，其人员一般不是专职，而是由不同部门的人员兼任。危机管理委员会的职责主要包括：对组织的各种危机进行预测；制定处理危机的有关策略和计划；监督危机公关活动的开展情况；在危机发生时，对危机公关活动提供全面的指导和支持。

4. 制订危机管理计划

危机管理计划是对未来危机公关活动的预先筹划。组织应该根据可能发生的不同类型的危机制订出相应的危机管理计划，以便能够将危机管理工作有条不紊地进行下去。

5. 做好危机传播方案

公关专家帕金森认为，危机中传播失误所造成的真空，会很快被颠倒黑白、胡说八道的留言所占据。"无可奉告"的答复尤其会产生类似问题。过时的消息会引起人们的猜疑，并导致不正确的报道。更糟糕的是，它还会令人指责企业采取了不光彩的掩盖手段。只有进行有效的传播管理，才能进行有效的危机管理，因为外部公众对危机的看法主要依赖于他们的所见所闻[①]。

6. 建立处理危机的信息沟通网络

组织应该根据可能发生的危机，预先建立与危机相关的信息沟通网络，以便危机出现后能够进行及时、有效的沟通，最大限度地降低危机对组织形象的损害。

12.4.2　危机发生过程中的管理

再好的危机预防系统也无法阻止突发事件的发生。一旦危机暴发，组织就必须启动危机处理系统。此时，组织需要做好如下工作：第一，成立临时的专门机构，人员组成包括组织高层领导、公关人员和有关部门负责人。这对于顺利处理突发事件至关重要。第二，对危机事件进行调查。这需要深入了解危机事件产生的原因，并形成调查报告，从而为处理危机提供可靠的依据。第三，对危机事件进行深入分析，制订消除危机公关的具体方

---

① 龚荒：《广告关系——原理·实务·案例》，清华大学出版社、北京交通大学出版社2009年版，第268页。

案。第四，各部门分工协作，积极组织力量实施公关方案。

危机发生过程中的管理，同样要遵循危机管理中的主动、真诚、真实和公众利益至上的原则。当危机发生之后，一味地隐瞒真相、一次次欺骗公众，只能是搬起石头砸自己的脚，会使组织陷入更深的泥潭之中。

组织在公共关系危机解决之后，需要对整个危机管理系统进行反馈控制。根据暴露出的问题，组织对危机管理系统进行重新构建，使之更加科学化、合理化。

本章习题

一、单选题

1. 危机事件的处理，对新闻界的策略一般是（　　）。
   A. 各抒己见　　　　　　　　B. 有结论再与新闻媒体联系
   C. 统一发言口径　　　　　　D. 封锁消息

2. 在危机处理过程中，首要遵循的原则是（　　）。
   A. 积极主动原则　　　　　　B. 真诚原则
   C. 真实性原则　　　　　　　D. 公众至上原则

3. 公共关系危机和其他危机的主要区别是（　　）。
   A. 形象受损　　　　　　　　B. 经济有损失
   C. 有形损失和无形损失　　　D. 组织财产损失

4. 危机的内部成因的关键是（　　）。
   A. 管理者公关理念淡薄　　　B. 人员及财产设备管理不当
   C. 员工素质低下　　　　　　D. 媒体关系不佳

二、多选题

1. 在危机处理过程中，组织应该遵循的原则有（　　）。
   A. 积极主动原则　　　　　　B. 真诚原则
   C. 真实性原则　　　　　　　D. 公众至上原则
   E. 快速反应原则

2. 危机防范对策包括（　　）。
   A. 成立危机处理小组　　　　B. 分析可能发生的危机形态
   C. 进行模拟危机训练　　　　D. 与媒体保持良好的沟通关系
   E. 危机训练
3. 按照危机发生的状态可分为（　　）等。
   A. 全局危机　　　　　　　　B. 局部危机
   C. 现有危机　　　　　　　　D. 社会危机
   E. 未来危机

三、名词解释

1. 公共关系危机　　2. 严重危机　　3. 内部危机　　4. 谣言

四、简答及论述题

1. 公共关系危机产生的原因是什么？
2. 为什么谣言会引发危机？
3. 试论述由突发恶性事件而产生危机的原因。
4. 试论述危机处理的策略和方法。
5. 试论述组织信息检测系统的建立。

案例讨论

三星 Note7 召回事件①

三星 Note7 智能手机"爆炸门"持续发酵，2016 年 10 月 11 日，三星宣布永久停产这款手机，三星（中国）投资有限公司向国家质检总局备案了召回计划，决定自当日起，召回在中国大陆地区销售的全部 SM-N9300Galaxy Note7 数字移动电话机，共计 190984 台。

Note7 自推出以来，在全球出现的电池燃烧事故已上百起。纵然三星已于 10 日要求所有运营商和零售合作伙伴在调查期间停止销售和置换 Note7，同时要求该手机用户关机并停止使用，亦已启动调查，然而，三星在"爆炸门"中所失去的消费者信任和品牌信誉已

① 资料来源：网易财经。

经回不来了。

除了产品本身的问题之外,三星在处理"爆炸门"过程中的危机公关策略堪称公关界反面教材,几乎每一个节点都作出了最糟糕的选择。2016年8月份Note7全球开售,当月24日即发生首起爆炸,当时三星认为是用户操作不当,结果一周后再传爆炸,9月1日三星即承诺无偿维修和更换电池。此时已累计有35起爆炸事件,可同日晚中国区国行版仍如期发行。次日,三星启动全球置换计划,将爆炸归咎于电池供应商,保证国行版使用的是不同供应商的安全电池,并声称置换计划里换的也是和国行版一样的电池。由于爆炸不断,2016年9月12日,全球已经有多个国家的交通部门和航空公司对Note7下禁令;9月18日,被称"不会有问题"的国行版Note7还是炸了,三星态度强硬称国行版电池没问题,更怀疑消费者外部加热并欲起诉;9月29日三星公开向中国消费者道歉。10月,全球置换计划接近尾声,三星保证置换后的安全版不会有问题,结果10月5日又炸了。直至10月10日,韩媒报道Note7全面停产。

品牌危机公关,喜欢使用"拖字诀",用时间稀释噪声,但这种策略在安全问题上很多时候并不适用。安全是最基本的,一旦出问题就很危险,当出现产品安全隐患,应该做的是全面检查确保产品安全,再竭尽所能让消费者相信是安全的,并将问题型号和其他款型进行切割,证明这是个别事件;而如果检查后发现确实存在设计上的安全问题,就不能心存侥幸,诚恳道歉、即时召回是最好的方法。

而三星完全背道而驰。在调查过程中,其不断否认产品本身有问题,结果一边否认一边爆炸不断。三星更错的一步,在于更换了所谓的安全版电池,结果还是接连爆炸,这不仅让消费者对企业的产品产生怀疑,更会质疑其诚信。

Note7"爆炸门"随着全面召回告一段落,三星此后是彻底衰落还是东山再起,此事都为所有企业敲响了警钟。安全问题是产品的根基,也是消费者的基本诉求,再华丽的说辞、再高超的公关手段都无法遮盖,诚实面对就是最好的策略。

思考讨论题

1. 在此次危机事件中,暴露出三星危机公关中的哪些问题?
2. 结合本案例,谈谈诚实守信在解决公共关系危机中的重要意义。

第 13 章

公共关系的 CIS 战略

本章导读

CIS 是公共关系的核心内容之一，是企业为了塑造或提升自身形象，将企业经营观念与精神文化运用整体的传达识别系统传递给内外部公众，并使公众对企业产生一致的认同感和价值观的一种战略性活动，是塑造企业组织形象的重要手段，也是现代组织管理的重要方法。本章主要介绍 CIS 的含义、功能、基本特征；CIS 的构成内容、CIS 的设计开发以及 CIS 的导入等内容。通过本章的学习，能够对公共关系 CIS 战略有较为全面、深入的认识和理解，并为今后从事相关工作奠定一定的理论基础。

知识结构图

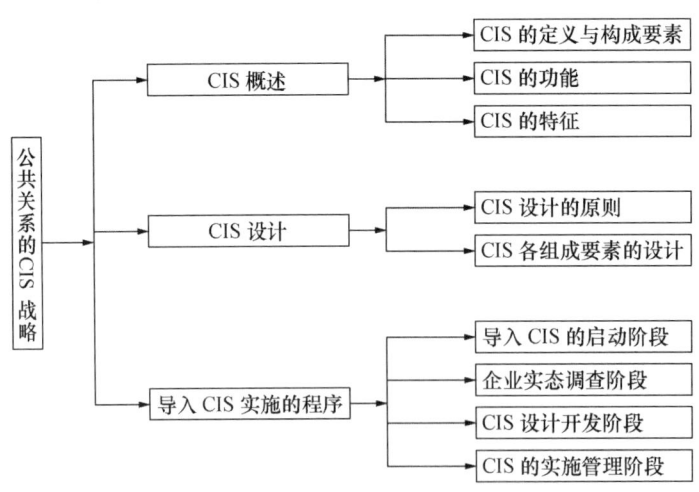

【开篇引例】 杉杉集团的 CIS 导入

依托于中国驰名商标、中国名牌——"杉杉",中国杉杉集团通过与国际著名公司合作,例如日本伊藤忠大东纺织,法国高级时装公司克里斯汀·拉夸,美国杜邦、卡拉威等,不断提升其产品的品位和质量,并且进军国际市场,以不同的风格和品牌来满足不同文化背景下的消费者。

"杉杉"这一品牌得益于成功的 CIS 导入,其导入的模式是:"杉杉"同时作为杉杉集团的企业、商标和品牌形象,对其中任何一个的宣传都可以提升其他两个的影响力,从而实现了"1+1>2"的效果。

"杉杉"的标志经历了几次的"整容手术"之后变得更加形象和具有吸引力。在认真分析企业现状和未来发展的基础上,杉杉集团分别于 1985 年、1991 年、1993 年对其 VI(视觉识别)进行了升级,以提升标志的视觉冲击力及其所蕴含的文化内涵。杉杉集团目前的 VI 标志是由两条蓝色的小河和一颗绿色的杉树组成的标志。

两条蓝色的小河来源于"杉杉"的拼音"Shan Shan"中的两个大 S,绿色的杉树则来自"杉"字,这一标志极易让人们联想到"杉杉",获得了良好的视觉冲击效果。同时,这一标志也具有丰富的文化底蕴:两个大"S"似阴阳曲线拓展变化,意味着杉杉集团的多元化发展道路;绿色的杉树形象给人一种欣欣向荣、充满活力的感觉,意味着杉杉从传统走向现代,正在茁壮成长。而标志中使用的主色调——蓝色和绿色,则表明杉杉对环境保护的重视,对人类生存环境的重视,这符合当今环保的大趋势,同时造就了杉杉健康亲和的形象。

杉杉集团总裁郑永刚说:"CIS 的导入无疑给企业品牌工程的发展注入了一股新鲜的血液,使杉杉品牌再次以全新面目冲击市场。"杉杉的 CIS 走出了纯商业化的圈子,在 CIS 导入过程中走出了一条差异化道路,这使得品牌的附加值不断地递增。

资料来源:夏洪胜、张世贤:《公共关系管理》,经济管理出版社 2014 年版,第 91~92 页。

13.1　CIS 概述

CIS（Corporate Identity System，CIS）起源于德国，兴起于美国，完善于日本，20 世纪 80 年代传入中国内地。半个多世纪以来，中国企业导入 CIS 的成功案例不胜枚举，一些企业借助 CIS 提升企业整体形象和管理水平，促进了经济效益和社会效益的双丰收。

13.1.1　CIS 的定义与构成要素

由于认识问题的角度不同，学术界关于 CIS 的定义并不统一。从字面意思去理解，CIS 为 Corporate（公司、企事业单位等）+ Identity（身份、个性、同一性）+ System（系统），即企业识别系统或企业形象识别系统。CIS 也常常被简称为 CI 或 CI 战略，下面列举一些有代表性的 CIS 定义。

1. CIS 的定义

日本 CIS 战略专家山田英认为 CIS 战略有两种定义：一种是以美国为主的、以视觉设计为核心的 CIS 战略，即以标准字和商标作为沟通企业理念与企业文化的工具；另一种是以日本为代表的、以企业理念和企业文化为核心的 CIS 战略，这种定义强调 CIS 战略是明确认识企业理念与企业文化的活动。显然，这两种认识有着一定的差异，分别被称为美国模式和日本模式。

综合美、日对 CIS 的认知，我们给出如下定义。

CIS 战略是企业为了塑造或提升自身形象，将企业经营观念与精神文化运用统一的整体传达识别系统传递给内外部公众，并使公众对企业产生一致的认同感和价值观的一种战略性活动。这个表达有四层含义：一是提出了 CIS 的目标，直接目标是"公众对企业产生一致的认同感和价值观"；二是揭示了 CIS 的核心是"企业经营观念与精神文化"识别，而不是其他；三是指明 CIS 的手段，即"统一的整体传达识别系统"，同时还反映了 CIS 的系统性特点；四是 CIS 是一种战略性的活动。

2. CIS 的构成要素

完整的 CIS 应由三个子系统组成，分别为企业理念识别系统（Mind Identity System，MIS）、企业行为识别系统（Behavior Identity System，BIS）、企业视觉识别系统（Visual Identity System，VIS）。这三个要素是相互联系的统一整体，其中企业理念是企业的核心和灵魂，是企业活动的基本方针。企业行为识别是在企业理念的指导下，企业生产经营活动各个方面的行为所呈现出的总体态势。企业视觉识别是 CIS 中最直观、最外显的部分，由于人们接受外界刺激的 83% 来自视觉，因此企业视觉识别设计显得十分重要。

（1）理念识别系统（MIS）。理念识别系统是指得到社会公众普遍认同的、体现企业自身个性特征的、为促使并保持企业正常运作及长期发展而构建的，并能反映企业明确的经营意识的价值体系。

MIS 是企业的基本精神所在，是企业文化在意识形态领域中的再现，是 CIS 最基本最核心的内容，也是企业导入和实施 CIS 战略过程的原动力和重要组成部分。一般来说，一个企业的 MIS 主要由企业哲学、企业精神、企业道德、企业目标、企业宗旨与企业作风等要素构成。MIS 是 CIS 的根本，它使企业从经营观念上与其他企业相区别，并指导和规范着 BIS（行为识别系统）和 VIS（视觉识别系统）。

MIS 在现代企业的发展中起着不可低估的作用。企业理念的实施过程，实质上是理念识别渗透企业与员工行为及视觉标识的过程。理念识别的实施目的在于，将企业理念转化为企业共同的价值观及员工的心态，从而树立良好的企业形象。这种作用主要体现在如下三个方面。

第一，统一思想作用。MIS 是企业 CIS 的核心，是企业开展活动的行为指南。树立良好的企业形象，首先要统一全体员工的思想，使全体员工同心同德、齐心协力。这就要求 MIS 不仅是企业领导者的思想，而且应在企业内部全体成员中达成共识或认同。先进企业的 MIS 就具有统一全体员工思想的作用。

第二，心理定式作用。企业 MIS 是形成和决定员工群体心理定式的主导意识，员工一旦形成群体的责任感、自觉性与荣誉感，他们就能够按照企业精神和价值观所规定的行为准则，积极主动地修正自己的行为，关心企业的前途，维护企业的声誉，为企业的发展贡献力量。

第三，行动导向作用。MIS 贯穿于企业经营活动的各个方面，尤其体现在企业的目标、宗旨和社会责任等重大问题的决策上，这对企业行为起导向作用，进而对企业生产经营管理起到积极的推动作用。

企业理念构成要素的设计主要是企业哲学、企业精神、企业道德、企业目标、企业宗旨与企业作风 6 个方面的设计。企业理念实施的方法主要有反复法、翻译法、环境法、游戏法和英雄式领导法。企业理念的设计和实施，可以为企业的行为识别系统和视觉识别系统提供可靠的依据。

（2）行为识别系统（BIS）。行为识别系统是指企业在经营理念、经营方针、价值观及精神指导下，在内部协调和对外交往中的一种规范性准则。它通过企业的经营管理活动及社会公益活动等来传播企业的经营理念，使之得到企业内部员工的认可和支持之后，进一步得到社会公众的接受，从而强化其品牌形象，树立一种美誉度极高的企业形象，创造更加有利于企业深化发展的内外部环境。从这一意义上讲，BIS 以企业独特的经营理念为基本前提，这就决定了 BIS 具有某些个性化的特点，并始终围绕着企业经营理念这个核心展开。

企业的 BIS 基本上由两大部分构成：一是企业内部 BIS，具体包括企业管理、员工工作环境、员工的教育培训、员工行为规范化、编唱企业歌曲等；二是企业外部 BIS，具体包括产品形象、市场调查、服务水平、领导形象规范、营销活动及社会公益活动等。

企业内部 BIS 与我们日常的规章制度相比，侧重于用条款形式来塑造一种能激发企业活动的机制，这种机制应该是自己独有的、具有创造性的，因而也是具有识别性的。现代企业应当比以往任何时候都重视人的因素，充分尊重企业内的每一个员工，鼓励员工积极创造，员工们在理解企业经营理念的基础上，把它变为一种发自内心的自觉行动。一家著名企业有一种"人才盘点"的规则，每半年盘点一次，适当调整各种岗位，破除等级观念，及时选拔一些更合适的人来担任合适的职务。同时，让各个岗位的人能多一点视角来观察企业的各种岗位，把企业看成一个整体，使上下都懂得每一个岗位都很重要，每一个岗位也都明白其他岗位的难处，以提高协作精神。

企业外部 BIS 是它的立身之本。在信息社会中，一个企业即使拥有再好的产品，再好的外观形象，如果同它打过一次交道之后就感到厌烦和难受，那么，人们宁可对它敬而远之。企业外部的行为识别是通过产品形象、市场调查、服务水平、领导形象规范、营销活动、广告活动、公关活动和社会公益活动 8 个方面，向企业外部公众不断地输入企业文化和经营理念，从而提高企业的知名度、美誉度，确立企业良好的社会形象，为企业的经营活动营造理想的外部环境。

（3）视觉识别系统（VIS）。视觉识别系统是指运用系统的、统一的视觉符号系统，对外传达企业的经营理念与信息，是 CIS 中最具传播力与感染力的要素。VIS 的基本要素包括企业名称、企业标志、企业象征图案等，应用要素包括事务用品、办公用具、招牌、旗帜、服装饰品、包装用品、产品与展示陈列等。VIS是CIS的基础，是CIS的载体。它运用视觉设计，将企业理念视觉化、规格化和系统化，将企业意识、营销策略，通过视觉再现传递给公众。

一个优秀的VIS设计对一个企业应有以下几个方面的作用。第一，明显地将该企业与其他企业区分开来的同时，又确立该企业明显的行业特征或其他重要特征，确保该企业在经济活动当中的独立性和不可替代性；明确该企业的市场定位，这是企业无形资产的重要组成部分。第二，传达该企业的经营理念和企业文化，以形象的视觉形式宣传企业。第三，以自己特有的视觉符号系统吸引公众的注意力并使其产生记忆，使消费者对该企业所提供的产品或服务产生品牌忠诚度。第四，提高该企业员工对企业的认同感，提高企业士气。因此，对于一个现代企业来说，没有视觉识别系统就意味着它的形象将消失在茫茫的商海之中，让人辨别不清；就意味着它是一个没有灵魂的赚钱机器；就意味着它的产品与服务毫无个性，消费者对它若即若离；就意味着团队的涣散和士气的低落。

企业视觉识别的基础要素一般包括企业标志、企业名称（全称或略称）、企业标准字体、企业标准色、企业造型、象征图案、企业口号及上述要素的组合。

在当前竞争日益激烈的经营环境中，要想使自身在众多的对手中脱颖而出，塑造良好的企业形象至关重要。CIS战略要求企业理念识别（MI）、企业行为识别（BI）、企业视觉识别（VI）三个要素必须高度一致。通过实施CIS战略，将企业的经营观念、个性，通过动态和静态的传播方式，引起公众的高度关注，从而使广大消费者产生对企业及其产品的信赖与好感。

13.1.2 CIS的功能

CIS的具体功能可以分为内部功能和外部功能两类，下面分别予以介绍。

1. 内部功能

（1）导入CIS有利于企业的文化建设。企业文化是企业在实践活动中形成的，并为所有成员普遍遵循的共同价值观念和行为准则。作为企业经营管理的一个重要组成因素，企业文化对企业的现在和未来都有着重大的影响。在企业文化的熏陶下，组织成员很容易拥有相同或相近的价值观和道德观，放弃一些不利于组织期望的行为和利益取向，这称为企业文化的正功能。但与此同时,企业文化对组织发展也有着潜在的负面作用。企业文化短期内很难发生大的改变,容易形成思维定式,成为组织多元化发展、组织改革、兼并收购的障碍,这被称为企业文化的负功能。而企业通过推行 CIS,有利于企业文化的更新和重换,使其不断保持青春和活力。

(2) CIS 有助于企业增强产品竞争力。CIS 通过强烈的视觉识别设计 VI(也称品牌视觉系统),使企业识别(或品牌识别)视觉化,通过企业或品牌的统一化、标准化、美观化的对内对外展示,传递企业或品牌个性,从而有利于创造名牌,建立消费者偏好,提升产品竞争力。

案例 13-1　　　　　　　麦当劳的金色双拱门

除了麦当劳叔叔以外,人们对于麦当劳最深刻的印象就是那标志性的 LOGO——黄金双拱门"M"了。

麦当劳取"M"作为标志,颜色采用金黄色,看上去就像是两扇打开的黄金双拱门,象征着欢乐与美味,象征着麦当劳的"品质(Q)、服务(S)、清洁(C)、价值(V)",广大顾客通过麦当劳一系列的活动识别和视觉识别,从中领悟到麦当劳的理念,从而使其经营理念通过良好的企业形象,像磁石一般不断把顾客吸进这座欢乐之门。

麦当劳的 LOGO 以黄色为标准色,而且在任何气象状况或是时间里,黄色的辨认性总是很高的,而辅助色则采用了稍暗的红色。红色能给人以喜庆友善的感觉,这也正是麦当劳想向人们所传递的。标准字设计得简明易

图 13-1　麦当劳金色拱门

读,宣传标语是"世界通用的语言:麦当劳"。M 形的黄金双拱门设计得非常柔和,毫无突兀感。从图形上来讲,M 形状的标志是非常单纯的设计,而且非常重要的一点是,即便你站在很远的地方也能立刻识别出来。

（3）CIS 有利于节省企业销售费用。企业实施 CIS 后，广告宣传得到统一的规划，如统一的事务用品、制服设计、包装设计等，这样，不仅可以收到视觉识别的统一效益，而且可以节省制作成本，减少设计上过多的投入，并能达到既促销产品又降低销售费用的双重目的。

（4）CIS 有利于多角化、集团化、国际化经营。中国的许多企业目前正在向多角化、集团化、国际化的经营迈进，目的是使企业各个经营项目之间共同利用某些资源，产生协同效应，增强企业适应不同市场环境变化的能力，使企业运营更加稳健、安全。在这种多角化、集团化、国际化的经营中，最关键的是要取得集团各关系企业的协同，因为这种经营战略的核心便是如何利用经营资源，即如何追求协同效应，在新旧经营项目之间寻找多处资源共享的环境，使得一种资源产生多种效用，从而把各经营项目联结起来，相互助长。企业运用 CIS 战略，可以有效地使集团各关系企业互相沟通与认同，相互协作与支持，使协同效应发挥到最大[①]。

2. 外部功能

（1）有利于吸引并留住更多的优秀人才。企业的竞争归根结底还是对人才的竞争，只有一流的人才才能经营一流的企业。企业通过实施 CIS 战略，拥有良好的组织形象，必然会得到优秀员工的青睐，并在企业内部形成强大的向心力和凝聚力，从而保证企业获得优秀的人才和留住现有的员工。

（2）CIS 战略实施可以帮助企业更容易获得资金支持，扩大社会资金来源。一个企业的公众形象好坏，直接影响着投资者的选择。很显然，良好的公众形象必然会得到外部投资者的偏爱。

（3）容易获得消费者的认同。一家企业的良好形象，会让消费者感到可以信赖，让消费者在购买商品时心里踏实。海尔公司凭借良好的企业形象，在国内家电市场上取得了巨大的成功。而有些企业，甚至是一些国际知名企业，因态度傲慢、对消费者的诉求置之不理，最终付出了惨痛的代价。

（4）更容易得到社会各界的支持。通过积极的 CIS 战略，能够使企业拥有一种良好的社会关系环境，使得企业的经营更为有利。如供应商、经销商、新闻媒体、社会名流的支

[①] 周安华、苗晋平：《公共关系》，中国人民大学出版社 2010 年版，第 234 页。

持都会对企业的经营产生积极的影响。

（5）有利于企业公共关系的运转。企业导入 CIS，有助于信息传递的可信性、真实性和统一性，使企业的公共关系活动得到顺利发展。CIS 的推行，使企业信息的传播简单化、差异化，易于为公众识别和认同，从而达到最佳的沟通效果，搞好公共关系。同时，CIS 本身创造的优良企业形象，也使公共关系的运转有了坚实的基础。

13.1.3 CIS 的特征

1. 系统性

导入 CIS 战略是一项复杂的系统工程。CIS 的三个子系统——理念识别系统、行为识别系统和视觉识别系统共同组成了完整的企业形象识别系统。CIS 战略的系统性体现在，它是多学科相互渗透、相互融合的产物。CIS 战略不仅涉及传播学、市场学、设计学、广告学、公共关系学，而且还涉及管理学、心理学等相关学科知识的综合应用。因而，在导入 CIS 战略的过程中，需要相关专业人员和企业管理者的密切配合与协调。

完整而有效的 CIS 战略，应该是企业理念、文化、组织、管理、目标、发展战略、社会责任等内在因素与外在形象的结合。CIS 各部分只有在统一的形象目标指导下，才能规范化、标准化地表现出一个系统整齐划一的形象，这是 CIS 战略的核心，是 CIS 战略能否成功的关键。同时，CIS 战略要取得成功，亦与企业的内部结构、运行机制和管理水平紧密相关。策划形成的成果，要通过有效的组织机构去实施，否则即使是非常优秀的策划和设计也失去了其价值和意义。

2. 统一性

统一性是 CIS 战略得以实现的重要因素。统一性是指企业内外、上下都必须一致。如果企业的名称不能反映企业特性，就是缺乏统一性，这是自我的不一致。又如，企业有一个统一的标志，但是，同一企业的员工对标志的理解各不相同，这也是缺乏统一性。再如，企业对在各种场合出现的企业名称、标志和字体等都无统一的规定，也是缺乏统一性的表现。而作为 CIS 策划的一个重要目的，就是要确定统一的标志、标准字和标准色，并将它贯穿于产品的包装、建筑物的设计、员工的着装等所有能给人的视觉留下印象的媒体上，以显示企业内外和上下的统一性。

3. 客观性

CIS 的导入和推广必须建立在严格的市场调查和科学评估的基础之上，实事求是地从企业的实际出发，不能脱离现实凭空想象和虚构。CIS 导入产生效果的大小，在相当程度上取决于企业自身的实际状况和企业长期形成的个性形象。

4. 传播性

传播性是指 CIS 必须借助各种媒体和渠道进行传播，使企业得到社会的认同，如消费者的欣赏、政府的支持、关系企业和组织的协助等，从而达到企业实施 CIS 的目的。另外，CIS 也涉及在企业内部传播的问题，这是 CIS 实施标准化管理的前奏。而企业文化的塑造也需要企业员工通过相应的信息传播达成共识。

5. 长期性

CIS 的应用实施是一项长期性的工作，是企业长期发展战略的重要组成部分。CIS 以公司远景规划为依据，立足长远，立足公众的社会利益，而不是自身的短期利益。因此，CIS 一旦确定，不应轻易改变，即使是企业领导人更换，CIS 的基本内容也应尽可能保持一贯性和稳定性。当然，时代是变化的，市场也是变化的，CIS 系统的导入和实施不能不处在一个稳中求变的动态发展过程之中。如何在"变"与"稳"中寻求平衡点，达到内外、前后的"对应"和"同一"，正是 CIS 策划与设计的一项重要任务。

6. 社会性

企业形象只有得到社会公众的认同，才能发挥其效力。企业是社会的一分子，企业的存在和发展都要依赖和仰仗社会的理解、合作和支持。企业的根本利益和社会的整体利益是一致的。企业的宗旨和目标应有强烈的使命感和社会责任感。因此，企业的 CIS 必然有社会性的特征，以便于 CIS 在更广泛的范围内被社会认知和传播。CIS 的社会性体现在企业把社会利益、公众利益摆在首位。

7. 稳定性

CIS 战略的稳定性特征表现在：一旦 CIS 的规划形成并确立，制定成推进手册之后，就进入 CIS 的导入程序，它是一个长期的、相对稳定的过程，是不能随便改变计划的。一个朝令夕改的 CIS 不可能在社会公众的心目中塑造出正面、稳固的企业形象。此外，企业形象一经形成，在社会公众的心目中形成的固定印象是不能随便改变的，在一段时期内是比较稳定的，若要改变，则需要很长一段时间。

当然，CIS 战略的稳定是相对的，而变化是绝对的。但它必须有稳定性的一面才有利于与其他企业形成差别，才有利于社会大众的认知和识别。整个 CIS 的导入和实施，应该说是一个稳中求变的动态发展过程。在这个发展过程中，企业所处的环境、经营规模以及消费者的认知结构都会有所变化。同时，企业形象的内涵也在不断发展、充实或者发生微妙的变化。因而，如何在变与不变之中寻求平衡点，在稳定中求得不断发展，达到内外、前后的"对应"和"同一"，正是 CIS 策划与设计所追求的崇高境界。

8. 战略性

CIS 的战略性表现在：它必须从企业全局和发展的长远目标上考虑，即坚持从战略上着眼，注重长期的效益。因此，企业的 CIS 工程必须持久开展，当企业的战略目标与近期利益或眼前利益发生矛盾冲突时，企业应当把长远的战略放在首位，甚至为了长远利益牺牲或者舍去眼前利益。当企业形象价值与企业经济效益发生不可调和的矛盾冲突时，应把企业形象价值摆在第一位，以牺牲经济效益来换取企业的形象效益。

9. 动态性

CIS 战略是一项长期的战略，需要较长的时间，在这较长的周期内，企业的经营状况、组织机构、市场竞争策略等可能会发生变化，这就要不断地完善、修正 CIS 计划。即使在完成 CIS 计划后企业达到了预期的形象目标，但随着时间的推移，企业外部环境和内部情况的变化会越来越大，企业原先良好的形象和现状的差距也将越来越明显，变革过去的形象，建立新的形象又会成为企业新的 CIS 战略的任务。

13.2　CIS 设计

13.2.1　CIS 设计的原则

1. 统一性原则

为了实现企业形象对外传播的一致性，应该遵循统一设计原则。使用完美的视觉一体化设计,在各种形式媒体上传播统一的形象,有助于集中与强化企业形象,能够给公众留下强烈的印象。

2. 识别原则

识别原则就是要求容易引起注意,便于辨认和易于记忆。为了达到这些要求,在设计时就应做到:①根据视觉设计原则,讲究鲜明,图形简洁,便于引起注意和瞬间辨认,公众观后能留下深刻的印象。如上海大众有限公司的厂徽及其拳头产品桑塔纳小轿车的标志,就很容易被公众所辨认和记忆。②通过合理的图形处理,使之具有独特性,能表示企业或产品的特色。一个好的企业识别标志,其最大特点是与众不同,富有企业的个性,给人以强烈的视觉印象。③企业识别标志设计要讲究通俗。由于人们的阅历、素养、文化等方面的情况不尽相同,这就要求设计能被多种层次人群所接受,这就要使企业识别标志通俗化。

3. 客观性原则

在 CIS 的设计过程中,要始终坚持以客观事实为依据,尊重客观事实,不能随意杜撰。企图掩盖事实真相的企业形象设计,只能自欺欺人。"企业形象靠吹,吹不出来;靠捧,捧不起来。企业形象的塑造和树立,得靠一系列实实在在的设计活动。"即人们常说的要使得企业形象"看得见、摸得着、讲得出、感觉得到"。

4. 民族化原则

在 CIS 设计中坚持民族化原则,对弘扬中国悠久的文化也有着巨大的作用,并易使企业在国际化经营中树立民族特色,这对中国企业创造世界性名牌有着巨大的意义。

在 CIS 设计中,不仅理念识别、行为识别要富有民族文化个性,同时视觉识别设计也应富有民族情趣,迎合民族心理。另外,民族化和国际化并不矛盾,因为从文化上说"民族的也就是世界的"。

随着中国对外贸易不断扩大,对商品的标志,商标的名称、形象、美术设计,不仅要考虑到社会制度、民族文化、宗教信仰、风俗习惯的不同,还要考虑到不同的文化区域有不同的图案及色彩禁忌。因此在设计过程中,应慎重选择构成商标的材料及其组合,力求文字及数字的读音、谐音、韵律和译音,图案的结构、形状、色彩等具有善良美好的含义,以吸引消费者,促使其做出购买决策。

5. 差异性原则

差异性原则要求企业在进行 CIS 战略设计时，首先要充分考虑行业的特征，要突出行业的特点。如服装企业与机械工业企业的形象特征应该有着迥然的差异。其次，要突出企业独特的个性，即使是同一行业的不同企业，也要有自己鲜明的个性。如享誉世界的德国汽车三大品牌——奥迪、宝马和奔驰，无不具有别具一格的形象，个性化极强，从而有效地获得了目标消费者的认同，在竞争激烈的世界汽车市场上独领风骚。再次，CIS 设计时还应充分考虑民族文化的差异，必须弘扬企业所在国的优势文化，以便与国际上的竞争对手区别开来。

6. 动态性原则

CIS 设计是一个动态的过程，一方面企业的不断发展要求 CIS 做出相应的调整；另一方面设计 CIS 时应该考虑同一要素在不同阶段应该有不同的形态。

案例 13-2　　　　　　　　　如家酒店 CIS 设计

如家连锁酒店集团公司（以下简称"如家"）是国内经济型连锁酒店的领军品牌，创立于 2002 年。截至 2019 年底，在全国 361 个城市拥有 2300 余家酒店，自创建以来，始终满足大众多元化的住宿需求和引领未来趋势，为宾客提供工作与旅途中温馨舒适的"家"。

作为经济型连锁酒店的领军品牌，如家快捷酒店始终以人的感觉为着力点，提供标准化、干净、温馨、舒适、贴心的住宿产品，为海内外的客人提供安心便捷的住宿服务，传递着适度生活的简约生活理念。2006 年 10 月 26 日，如家在美国纳斯达克成功上市，成为中国酒店行业海外上市第一股，同时也标志着国内经济性连锁酒店步入了一个新的发展时代。这些成就很大程度上得益于如家鲜明的企业形象。

1. MI 设计

如家从建立开始就着力塑造良好的形象、鲜明的特点，强调与同行业竞争者的差异，突出独特的精神，打造适合自己的理念——"把我们快乐的微笑、亲切的问候、热情的服务、真心的关爱，献给每一位宾客和同事"。

区别于通常严肃刻板的企业理念，如家的理念显得异常的温暖。如家所制定的使命也与此契合：为宾客营造干净温馨的"家"、为员工提供和谐向上的环境、为伙伴搭建互惠共赢的平台、为股东创造持续稳定的回报、为社会承担企业公民的责任。从企业核心理念到宣传语——"不同的酒店，一样的家"，处处都有着宾至如归的"家"文化的影响。

在如家的理念识别系统中，不仅体现在顾客方面，还兼顾到了员工、伙伴、股东以及对于社会的责任。面面俱到的周密考虑，有利于企业树立良好的社会形象，扩大其知名度与美誉度。

值得一提的是，如家制定这样的企业理念，事先经过了长期严谨的市场调查研究。国内不乏星级酒店，但入住率都不高。究其原因，如家认为很大程度上是因为，对于经常出差辗转于各大星级酒店的商务型顾客，或是旅途劳顿的旅游者而言，需要的是家一样的温暖，并且追求一种便捷的体验，而星级酒店往往无法给他们这种感觉。并且调查显示，大多数客人在住店期间并没有使用酒店康乐中心等设施，于是如家也取消了这一系列使用率不高的设施，力图达到便捷、温馨。正是这些调查促成了如家现今的企业理念。如家获得成功后，不少人想要模仿，对此，如家的管理团队称，不可复制的是理念，如家最难被模仿的就是其对商业模式的理解，而这凝聚在如家管理团队的心中。纯粹的模仿是 know what，然后是 know how，再高一个层次是 know why。know why 正是如家的核心优势。

2. BI 设计

如家内部建立了一套完整而详细的管理制度，约束并规范组织和员工的行为。对于服务行业，产品的提供本身是一项比较难以约束的事。对此，其管理团队提出了"像制造业一样生产服务"，主要就是强调服务质量的标准化。"我们对待服务的质量，要像制造业的企业一样。在制造业，次品率往往低于千分之一或者万分之一才是合格品；而服务性行业，能够达到90%以上的客户满意度就非常不错了。其实说起来90%的客户满意度还是说明有10%的次品率；即使是99%的满意度还有1%的不合格产品，这是不可以的。我们现在提倡零缺陷，虽然与客户接触的服务流程环节非常多，但我们仍然要求全过程的次品率要在1%以下。要做到这一点是非常不容易的，因为服务并不是容易做到标准化的东西。需要对每个过程、每一道工序，完全能够进行控制和测量，服务的过程中，服务人员每次与客户接触，说的每一句话、客户每个不同的要求，服务人员会遇到不同的情况；达到这些要求，是很困难的一件事情。但困难并不是不可能克服。换个角度，就可以把服务像制造产品一样分解成一个个环节。能够保证按照恒定的质量标准永远重复下去，才是最为成功之处。"如家主要负责人如是说。

扩展到企业外部，如家也致力于各种社会公益活动、公共关系、营销等。比如迎接世博，推出多项绿色环保活动；赞助东方卫视全程参与《加油！好男儿!》活动；举办员工运动会、技能比拼大赛等活动；制定反舞弊政策；制定商业行为和道德规范等。如家一直以来都在通过各种行为准则的制定及实践、持续的媒体活动策划，打造充满活力、管理高效、热心公益、注重人文关怀的形象，使品牌在大众中的知名度、美誉度和特色度不断得到提升，树立了良好的动态形象。

3. VI 设计

如家的 LOGO，由红、黄、蓝三色构成，颜色鲜艳、对比强烈，可识别性高。小房子样式的设计，HOME INN 的标志，"I"做成弯月的样子，"如家"两字嵌在房门中，整体 LOGO 巧妙而简洁，给人温馨的家的感觉。

店面的设计也主要是黄、蓝两色，这样鲜艳的色调在城市中很少看到，故而识别性很高，仅这一点就为其特色度加了不少分。有很多新闻报道直接用"黄房子"来代替如家，其高识别度由此可见一斑。

酒店内部的设施亦高度标准化，棕黄色的地板、粉红色的床单、白色的窗纱、蓝色的窗帘，都意在区别于其他酒店难以接近的一片白色，营造家庭般的感觉。总体而言，如家的 VI 设计与其理念完好地契合，充分体现了"不同的城市，一样的家"。在如家的 CIS 设计中，自始至终贯穿着宾至如归的"家"文化，MI、BI、VI 三者相互融合，打造出全方位立体的企业形象。

资料来源：改编自郭亿馨：《如家酒店 CIS 案例分析》，《中国市场》2011 年第 15 期，第 48 页。

13.2.2　CIS 各组成要素的设计

1. 企业理念识别（MI）设计

在整个 CIS 中，MI 处于绝对的核心地位，其主要功能在于向公众描述企业的经营理念、发展策略、愿景，力图让公众能从抽象的概念中了解组织的核心意识。进行 MI 设计时一定要认识到：虽然 MI 是一种观念、一种意识形态，是无形的，但必须通过有形的载体将其表现出来。常见的表现形式有两种，一是观念的形式，二是文字的形式。

（1）企业理念的观念形式。这主要包括经营宗旨、经营哲学、行为准则、经营方针、经营策略以及企业价值观等。下面简单予以介绍。

①经营宗旨。经营宗旨是指企业经营活动的主要目的和意图，包括企业长期的发展方向、目标、目的、自我设定的社会责任和义务。企业的经营宗旨，本质上应反映企业的核心思想和价值观。

②经营哲学。经营哲学是企业在经营管理活动中所依据的基本政策和价值取向，是企业理念的浓缩，是企业文化的重要表现形式。也可通俗地理解为企业为了实现自己的使命准备"怎么做"的问题。

③行为准则。行为准则是规定企业内部员工应当具备的心理素质和行动的原则。在 MI 中，行为准则属于"不许做"的问题，是明确的组织行为的戒律。

④经营方针。经营方针是企业运行的基本准则，是指以企业的经营思想为基础，根据实际情况为企业实现经营目标而提出的一种指导方针。

⑤经营策略。经营策略是指企业为了达到自己的目标而采取的具体经营战术，是更加具体的企业经营哲学和方针。

⑥企业价值观。企业价值观是指企业全体成员所拥有和接受的共同观念，它是整个企业理念系统的基石。企业理念的诸多构成要素，归根结底都要受到企业价值观的约束。

（2）企业理念的文字形式。表达企业理念的文字形式主要有以下几个方面。

①口号。这种方式是指把企业精神和经营理念的主要内容用高度概括的语言凝练出来。例如海尔公司的口号就有"敬业报国、追求卓越""要么不做，要做就做第一""真诚到永远"等。这些标语式的口号张贴在企业的四周，使员工随时都可以看见，以起到警示和激励作用。

②训词。有些企业把理念提炼为一句训词，把企业精神作为规则、文件在企业内予以公布。下面是大明宫家居城·鑫源店的训词，我们可以从中感受一下训词的含义。

我是大明宫人，诚信自律、勤奋工作、爱岗敬业、精诚团结，我为大明宫而自豪！

我们都是大明宫人，一言一行树企业形象，一心一意为顾客服务，大明宫因我们而骄傲！

有情有义，同心同德。团结奉献，求实创新。

我们满怀激情，创造未来。我们追求卓越，永远辉煌！

③歌曲。企业的歌曲也是一种很好的企业理念承载形式。有些企业歌曲因曲调悠扬、歌词唯美被广为传唱，起到了极好的传播效果。

（3）企业理念设计应注意的问题。在整个 CIS 设计的过程中，最为关键的就是 MI 的设计，因为只有 MI 定位准确，才能顺利进行 BI 和 VI 的设计。因为 MI 的无形性特点，使得 MI 的定位与设计非常困难，需要设计者具有高度的概括和抽象思维能力。在进行 MI 设计时，应特别注意两个方面的问题。一是要实事求是，切勿脱离企业实际，空谈无益；二是要真正突出企业的特性。中国不少企业的 MI 流于形式，人云亦云，缺乏个性。如"质量第一、用户第一、服务第一""团结、奋进、求实、开拓、创新"等，这些空洞的口号，难以给人留下深刻的印象。

2. 企业行为识别（BI）设计

BI 的设计需要从企业内部和外部两个方面来进行。

（1）企业内部识别系统。企业内部识别就是对全体员工的组织管理、教育培训以及创造良好的工作环境，使员工对企业理念认同，形成共识，增强企业凝聚力，从根本上改善企业的经营机制，保证对客户提供优质的服务。

①工作环境。工作环境的构成因素很多，主要包括两部分内容：一是物理环境，包括视觉环境、温湿环境、嗅觉环境、营销装饰环境等；二是人文环境，主要内容有精神风貌、合作氛围、竞争环境等。一个良好的企业内部环境，不仅能保证员工身心健康，而且是树立良好企业形象的重要方面。企业要尽力营造一个干净、整洁、独特、积极向上、团结互助的内部环境，这是企业展示给社会大众的第一印象。

②员工的组织管理和教育培训。实施 CIS 战略，需要企业全体员工的协作，员工是将

企业形象传递给外界的重要媒介，如果员工的素质不高，将损害企业形象。所以 CIS 战略的推行，必须对企业员工加强组织管理和教育培训，提高每位员工的素质，使每位员工认识到自己的一言一行都与企业整体形象息息相关。只有通过长期的培训和严格的管理，才能使企业在提供优质服务和优质产品上形成一种风气、一种习惯，并且得到广大消费者的认可。

员工教育培训的目的是使其行为规范化，符合企业行为认识系统的整体性的要求。员工教育分为干部教育和一般员工教育，两者的内容有所不同。干部教育主要是政策理论、法制、决策水平及领导作风教育。一般员工教育主要是与日常工作相关的一些内容，如经营宗旨、企业精神、服务态度、服务水准、员工规范等。

③员工行为规范化。行为规范是企业员工共同遵守的行为准则。行为规范化，既表示员工行为从不规范向规范的过程，又表示员工行为最终要达到规范的结果。它包括的内容有：职业道德、仪容仪表、见面礼节、电话礼貌、迎送礼仪、宴请礼仪、舞会礼仪、说话态度、说话礼节和体态语言等。

④企业文化活动。企业文化活动在企业发展中对外具有宣传、对内具有增进凝聚力的功能。一方面，企业通过开展一些喜闻乐见的文化活动，向员工宣传和传播价值观；另一方面，作为组织开展企业文化建设的一种实践形式，涉及与外界的接触，传递的信息代表公司形象，能否给外界造成企业员工热爱组织、积极参与、团结一致、蓬勃向上的深刻印象是企业文化活动开展成败的重要因素。企业文化活动包括企业运动会、共青团组织的青年活动、党支部组织的党员活动及其他文体活动等，形式丰富、内容多样，能有效调动员工的积极性和参与性。

（2）企业外部识别系统。对外行为系统是企业动态的识别形式之一，是指企业通过市场营销、公共关系活动、社会公益活动等，向消费大众、销售通路、金融界、政府主管部门、社区公众的信息传播行为，以求得到社会大众的认同，为企业的经营创造理想的外部环境。

在企业外部行为方面需要做好四个方面的工作。

①市场调查。企业要生产出适销对路的产品，就必须进行市场调查，以求得与消费需要的一致性，在此基础上进行新产品设计和开发。特别是要通过市场调查搞好市场定位，即根据市场的竞争情况和本企业的条件，确定本企业的产品和服务在目标市场上的竞争地

位,从而为产品创造一定的特色,赋予一定的形象,以适应顾客的一定需要和爱好。

②服务形象。服务是直接与社会公众打交道,优良的服务最能博得消费者的好感。服务活动就内容而言,包括三个阶段的内容——售前、售中和售后服务。服务活动对塑造企业形象的效果如何,取决于服务活动的目的性、独特性和技巧性。服务必须以诚信为本,言必信、行必果,给客户带来实实在在的价值增值。

虽然服务并不能完全以量化的客观标准加以衡量,但它最终必须以消费者的满意为标准。一般来说,迅速、热情、方便、诚意、亲切、独特是优质服务所共同具有的,也是消费者所共同要求的。

③广告活动。广告可分为产品广告和企业形象广告。对 CIS 系统,应更加重视形象广告的创造,以获得社会各界对企业及产品的广泛认同。企业形象广告的主要目的是树立商品信誉,提高企业知名度,增强企业内聚力。产品形象广告不同于产品销售广告,它不再是产品本身的简单化再现,而是创造一种符合顾客追求和向往的形象,通过商标、标志本身的表现及其代表产品的形象介绍,使产品给消费者留下深刻的印象,以唤起社会对企业的注意、好感、依赖与合作。

④公关活动。任何一个企业都不是孤立地客观存在,而是一个由各种社会关系包围着的社会存在。通过公关活动,可以提高企业的信誉度、知名度,可以消除公众的误解,免除不良影响,取得公众的理解和支持,为企业创造一个良好的发展环境。

案例 13-3　　　　　　　　　　**日立公司的 BI 设计**

　　日本日立制作所的员工很多,每到上班时,通往公司的路上轿车如蚁,汽车排放的大量废气加重了当地空气污染。在实施 BI 时,公司认真研究了这一情况,作出规定:居住地距公司三公里以内的人,经批准,才可以开车上班。公司的规定得到广大员工的支持,不久三公里以内的员工不开车上班,连四公里远的员工也自觉地骑自行车上班。日立公司全体员工的环保诚意深深地感动了周围的住户。这一做法不仅得到普遍理解,而且使公司的形象在群众中得到了提升,加上口碑的传播,给日立带来了很好的社会效益和经济效益。

---

3. 企业视觉识别(VI)设计

在全部 CIS 中,视觉识别是最有效的识别方式。据统计,人类所接受的外界信息中,视觉信息所占的比量在80%以上，所以，视觉识别系统是CIS的关键，也是塑造企业形象必不可少的部分（早期欧美企业的CI系统仅仅指VI部分）。

VI是企业理念在视觉媒介上的表现，即通过标志、标准色、标准字体及企业的环境、建筑、服装、交通工具、产品、包装、广告、办公用品等形成的视觉上的企业形象。VI是CI静态的识别符号系统，它包括基本要素系统（企业标志、标准字体、标准色及其相互组合排列的标准与规范）和应用要素系统（企业内部应用要素一般包括产品、包装、环境、建筑、服装、交通工具、办公用品等，企业外部应用要素一般包括企业对外宣传、广告、营销等）。在视觉感知上，VI具有具体、准确、形象、鲜明的特点，其设计内容涵盖了企业内外所有与人接触的工具和媒介。随着CIS设计理念的发展，VI设计理念也在发生变化。VI的设计必须以MI和BI为基础，其宗旨是将MI和BI形象化，以便于向外界传达。

VI设计的内容主要如下。

（1）企业标志。企业标志一般称之为标徽。企业标志集中代表了企业理念，是企业理念在视觉上的表达。企业标志的创意以企业MI为出发点，从企业形象的定位上发现和展开。企业标志设计的要求是定位要准、构思要奇、形式要新。企业标志既是一个让公众记住的信息符号，同时又承担着传达企业理念、企业文化，树立企业形象的使命。企业标志的形式既要充分考虑视觉生理和心理联想的科学性，又要充分照顾在应用中的广泛适应性。所以，一个成功的企业标志设计，不仅是停留在稿纸上的设计，还应该是经受社会与市场考验的设计。

（2）企业标准字。企业标准字一般是企业名称或企业名称缩写的字体经过设计而成为企业自己专有的符号化字体。从功能上看，它已不单纯是企业名称的文字符号，而是如同企业标志一样，是企业形象在视觉上的基本要素之一。它的形态风格特点直接受到企业标志的影响，也是传达企业理念的媒介符号。企业标准字一般采用简练的字体造型，字体应当具备企业形象所要求的造型风格和个性特点，同时又要符合国家语言文字工作委员会、国家标准局公布的文字要求，在国内使用标准的简化字。由于企业的内容和企业的形象定位不同，也使得字体造型风格各异。企业的标准字为了追求个性化的风格，需要字与字之间的并列、相接、相叠、相容等组合，以充分体现这些企业在塑造形象时借助标准字传播视觉信息的媒介作用。

（3）企业指定字体。企业指定字体是企业专用字体的主要组成部分，是企业在所有与社会沟通信息的活动中所规定的字体。

（4）企业标准色。企业标准色是根据企业 MI 的要求，将特定的颜色作为企业的专用色。指定的专用色可以是一种或几种颜色的组合，并成为企业在所有 VI 中规定使用的标准颜色，是企业视觉形象中最基本、最重要的元素之一。色彩的使用，使企业形象的塑造和感染力的加强为其他视觉符号所不及。企业标准色在应用时，应做出严格的配色规范。除此以外，涂料和油墨的色彩配合、不同材质的色彩使用，也应有其规定。

（5）企业象征图形。企业象征图形是具有企业象征意义的一种专用图形，在企业的标志、字体和空间构图中，在企业的应用要素中，为了加强视觉效果和丰富视觉表现力而设计的图形。它大大弥补了企业 VI 中的基本要素因自身形态的限制而造成的不足，尤其在特殊比例的空间构图里，企业的象征图形以其灵活的处理，适应了构图的多种需要。

（6）企业标识系统。企业标识系统是企业建筑物上及室内外环境中设置的信息识别系统，包括企业形象和名称识别、企业建筑和部门识别、企业有关规定识别等。这部分识别系统在功能上属于公共图形符号的性质。在建筑物的屋顶、墙壁和入口处设置的企业标志、企业名称或简称，可以在城市空间中明确地表示企业的存在，并不断地传递出企业形象信息。在企业的建筑和设施指示上，比如入口、出口、门牌、楼号、楼层、单位等设立标识，这些标识的功能是信息传递的视觉符号，明快、醒目，造型风格应与企业 VI 的特征协调。此外，企业标识系统还有企业的环境平面示意图与各种公共图形符号，它有着企业独特的风格。整个企业标识系统的设计，既考虑白天的视觉效果，也要保证夜间的功能和形象需要。

（7）企业办公用品识别。企业办公用品识别是企业 VI 应用要素的重要组成部分，是从名片、信函、票证、稿纸到明信片、公文袋、夹子、奖状、证书等所有的办公用品的系列化、标准化设计。这类用品在企业中种类多、数量大，并长期使用，所以它们既是日常的媒介，又能够体现企业的形象和管理水平。如果有一套设计精良的办公用品，会给人以美感和信赖感。

（8）企业产品与包装识别。CI 战略中的产品与包装系列是企业形象识别的主体，是企业整个 CI 战略的基础。在产品系列附属物如产品说明书、合格证、防伪标签、保修卡及包装在市场中已不仅仅是保护和介绍产品，而是企业形象识别的重要工具，是企业与社会公众信息沟通的媒介。在 CI 战略中，它以企业形象的统一化和识别性的信息而成为重要的应用要素。造型与构图应是企业的标志、标准字及标准色的规范使用。

（9）企业服装识别。企业服装识别是 CI 战略中穿在企业员工身上的"企业外衣"。它对外可以充分展示企业的形象，对内可以激发企业员工的荣誉感和向心力。通过企业服装的应用，不但能加强企业员工的参与意识，而且能通过职工与外界的日常接触扩大企业影响。

（10）企业车辆识别。企业车辆作为交通工具和运输工具，是人们经常接触及使用的视觉媒介。所以，把企业车辆的识别设计纳入 VI 系统中是很有必要的。它们既是交通运输的工具，又是企业传达形象信息的工具。

13.3　导入 CIS 实施的程序

CIS 的实施是一项系统的工程，必须要有长期的规划。尽管不同企业的 CIS 战略有所不同，但在导入 CIS 时均需要遵循共同的原则和作业流程。一般来说，CIS 的作业流程可以划分为如下四个阶段，即"导入 CIS 的启动阶段→企业实态调查阶段→CIS 设计开发阶段→CIS 的实施管理阶段"。下面分别进行详细的介绍。

13.3.1　导入 CIS 的启动阶段

这个阶段包括导入动机的确认、导入时机的确认、组织导入计划的领导机构、安排日程、编制预算、完成 CIS 提案书。

1. 导入动机的确认

在考虑导入 CIS 时，必须明确导入的动机。一般而言，组织导入 CIS 的动机分为组织的内部需要和外在压力两个方面。

（1）组织的内部需要。组织的内部需要表现为：吸收人才，确保发展；激励士气，增强动力；增加好感，提高信心；提升形象，增加价值；加强管理，提高效率；统一设计，节省成本。

（2）市场经营外在的压力。由于来自竞争厂商的直接对立、消费大众的购买习惯、物料成本的管理运用等各方压力，使得企业面对艰难的经营环境。其中，最令企业感到挑战的至少包括：成本的挑战、竞争的挑战、传播的挑战、顾客的挑战、消费主义的挑战等。

一般来讲，企业导入 CIS，旨在树立企业形象，谋求长远的发展，提案者必须根据企业的现状，确认导入 CIS 的目的。CIS 的导入不外乎分为长期、中期、近期目标。长期目标：建设企业统一标准化的识别系统，提高企业的社会知名度；中期目标：树立企业个性，增强市场竞争力，创立国际国内名牌；近期目标：统一识别、鼓舞士气、扩大市场占有率，提高商品的知名度，增加销售额。

2. 导入时机的确认

CIS 导入时机选择的是否合适，关系到组织形象塑造的成败。一般说来，组织导入 CIS 的时机主要有八种：新公司成立时；企业面临重大改组；企业经营业务扩大化与多元化；企业开发国际市场的需要；企业形象落伍；一直缺少统一的标志；企业知名度较低；企业经营发生危机。

3. 组织导入计划的领导机构

在提案的准备阶段，组织的一项重要工作就是建立导入计划的领导机构。导入 CIS 是关系到组织前途和命运的重大决策，必须由组织的领导机构来决定。为了使领导机构有权威性，组织的主要领导应当参加。由公共关系部门的负责人具体组织策划，有关部门的领导共同参与。这样既可以保证领导小组的成员有一定的专业性，又能使其得到有关方面的积极配合。

4. 安排日程

CIS 导入是一项长期、复杂的系统工程，大型商务组织的 CIS 导入一般需要 1~2 年的时间，中小商务组织可以酌情减少。为了使 CIS 导入工作高效有序进行，在工作开始之前应制定一份详细的作业时间表，规定在哪一段时间完成哪一项任务。

5. 编制预算

CIS 导入是一项回报潜力很大的软性投资，组织应当对其高度重视，编制科学、合理的预算。CIS 导入的费用包括：调研与计划费用，视觉形象设计开发费用，实施与宣传费用，各项机动费用。

6. 完成 CIS 提案书

提案准备阶段的最后一项工作就是编写 CIS 提案书，详细说明 CIS 导入的动机、时机、基本方针、时间安排、计划与费用等。

这里需要重点提及的是，正确的导入时机是 CIS 导入成功的关键。对于一些条件尚不具备的企业，切不可急于求成。可行的策略是先确立良好的企业理念，在此基础上建立健全企业行为规范，做好企业标识设计、宣传以及广告宣传等工作，待条件成熟后再系统导入。

13.3.2　企业实态调查阶段

此阶段的主要任务就是把握企业现状、分析企业实际状况、审查视觉表现要素、确定 CIS 导入所要达到的目标及所要解决的问题。而要完成这一任务，必须要进行企业实态调查。

所谓企业实态调查，是指通过综合运用各种调研方法和手段，准确地了解企业目前的状况，客观地评价企业形象，详细地审查企业视觉表达系统的意义及其作用，从而为下一阶段的 CIS 策划奠定基础。企业实态调查包括企业内部调查、经营环境调查和企业视觉表达系统审查三个部分。这三部分调查缺一不可，是 CIS 导入前不可或缺的内容。

1. 企业内部调查

这一部分的调查内容主要包括：企业的经营理念是否得到了全体员工的积极认同，企业的经营方针和经营战略是否完整、明确，企业组织结构是否能够适应环境的变化；员工的工作积极性如何，现有的激励机制是否适用，企业的激励体系是否充分反映出企业的经营理念，企业员工对企业持有什么样的看法等。

企业内部调查的方法主要有两种，一是访谈，二是问卷调查。二者的调查对象不同。访谈法调查主要是针对企业的最高管理层，而问卷调查法主要针对的是企业的员工。之所以要对最高管理层进行访谈调查，是因为企业最高经营主管最了解企业的经营现状，对企业的经营理念理解也最深刻。此外，一个企业的 CIS 导入是否成功，很大程度上取决于企业最高管理层的重视程度和支持力度。与企业最高管理层的沟通与交流至关重要，不仅可以了解现状，发现问题，而且还能够在访谈过程中向企业高管传递导入 CIS 的重要意义，以便获得他们的理解和支持。对员工的问卷调查主要是了解企业员工对企业的看法与态度，包括员工对企业的忠诚度、归属感等。对员工进行问卷调查应该注意两点：一是调查问卷的水平要高。因此在问卷设计时，企业可以聘请有关方面的管理专家和学者参与指导。二是要得到被调查员工的理解和支持。在调查之前，企业必须向全体员工详细地说明问卷调查的意义。只有得到被调查者的理解和支持，才能提高问卷调查的可信度和有效率。

2. 企业经营环境调查

对企业经营环境的调查主要包括两个方面的内容：一是消费者市场评估，二是竞争态势分析。消费者市场评估主要是了解消费者对企业产品及企业本身的认知度和评价，从而了解企业整体形象在消费者心目中的地位，从中发现问题并找到解决问题的关键。竞争态势分析主要是了解同行业竞争对手之间在竞争策略方面的不同特点，以确定企业在细分市场上的明确定位及应当采取的竞争对策。

3. 视觉表达系统审查

视觉表达系统的审查具有重要的意义。因为 CIS 的核心在于通过企业的视觉表达向社会公众传达企业的理念及经营思想，使企业信息的传递达到统一化、标准化，从而形成具有强烈感染力和影响力的企业形象系统。企业在导入 CIS 之前，必须要对原有的视觉识别系统进行充分的调查。要对企业原有的标识、标准色、标准字、名称、设计表现的水准等进行全面的重点检查，以便确定这些组成要素的取舍和改进。

在企业实态调查的基础上，可以编写 CIS 启动报告书。它主要是针对调查结果，表达出正确的判断，进而提供有关 CIS 活动的方针和改进建议，指出未来企业应该具有的形象，并明示今后 CIS 的建设方向。

13.3.3 CIS 设计开发阶段

这一阶段的主要工作是进行 MI、BI 和 VI 的设计，鉴于本章 13.2 节已做了具体的介绍，在此不再赘述。

13.3.4 CIS 的实施管理阶段

CIS 实施管理阶段的主要内容包括发布导入 CIS 内容、编制 CIS 手册和 CIS 运作管理三个方面。

1. 发布导入 CIS 内容

CIS 的发布包括对公司内部发布和对公司外部发布两个部分。对内主要是实施内部传播与员工教育。对内培训的主要内容有：何谓 CIS、导入 CIS 的理由和意义、导入 CIS 的目标、CIS 和日常工作的衔接、CIS 计划的内容、如何开展 CIS、CIS 开发中各员工应扮演的角色等。内部培训的过程，实际上就是内部沟通的过程，内部沟通可采取自上而下的宣传、自下而上的反馈以及横向沟通等方式。对外发布 CIS 成果时，必须针对企业不同的关系对象选择与之相适应的传播媒体和手段。利用新闻发布会发布 CIS 成果，是对外发布的核心。发布的 CIS 的成果资料包括：有关导入 CIS 的新闻报道、通信；有关导入 CIS 的说明传单；新设计的宣传广告或样本；新设计应用于商品和宣传品上的照片；有关公司概况的材料等。

2. 编制 CIS 手册

CIS 手册是记录 CIS 企划的设计成果，是 CIS 实施的技术保障，是企业未来整体形象的指南。当 CIS 设计全部完成后，就要把所有设计内容和操作要求以 CIS 手册的形式记录下来，作为今后全部工作的统一化、标准化的依据。

CIS 手册主要包括 CIS 导入情况、理念设计、行为设计、视觉基本要素设计和应用要素设计五个方面的内容。

3. CIS 运作管理

CIS 的实施与传播是一个系统的、长期的工作。导入后的大型公关、传播活动非常重要，同时要保持一定的持续传播的力度。另外，要使 CIS 计划真正落到实处，还需要进行监督、评估和反馈工作，以保证实现 CIS 导入的预期效果。

本章习题

一、单选题

1. 完整的 CIS 应由三个子系统组成，这三个要素是相互联系的统一整体，其中（　　）是企业的核心和灵魂，是企业活动的基本方针。

　　A. 理念识别　　　　　　　　　B. 行为识别
　　C. 视觉识别　　　　　　　　　D. 环境识别

2. 完整的CIS应由三个子系统组成,这三个要素是相互联系的统一整体,其中(　　)是在企业理念的指导下,企业生产经营活动各个方面的行为所呈现出的总体态势。

A. 理念识别　　　　　　　　B. 行为识别

C. 视觉识别　　　　　　　　D. 环境识别

3. 完整的CIS应由三个子系统组成,这三个要素是相互联系的统一整体,其中(　　)是CIS中最直观、最外显的部分。

A. 理念识别　　　　　　　　B. 行为识别

C. 视觉识别　　　　　　　　D. 环境识别

4. (　　)是指企业经营活动的主要目的和意图,包括企业长期的发展方向、目标、目的、自我设定的社会责任和义务。

A. 经营理念　　　　　　　　B. 经营宗旨

C. 经营目标　　　　　　　　D. 经营哲学

5. (　　)是指企业在经营管理活动中所依据的基本政策和价值取向,是企业理念的浓缩,是企业文化的重要表现形式。

A. 经营理念　　　　　　　　B. 经营宗旨

C. 经营目标　　　　　　　　D. 经营哲学

二、多选题

1. 下列属于CIS内部功能的是(　　)。

A. CIS有利于企业文化建设　　B. CIS有助于增强企业产品竞争力

C. CIS有助于企业多元化经营　　D. CIS有利于吸引优秀人才

E. CIS战略容易获得消费者的认可

2. 下列属于CIS外部功能的是(　　)。

A. CIS有利于帮助企业更容易获得资金支持

B. CIS有助于增强企业产品竞争力

C. CIS有助于企业多元化经营

D. CIS有利于吸引优秀人才加盟

E. CIS战略容易获得消费者的认可

3. 下列属于MIS构成要素的是(　　)。

A. 经营哲学　　　　　　　　B. 工作环境
C. 公益活动　　　　　　　　D. 价值观
E. 企业名称

三、名词解释

1. CIS 战略　　2. 理念识别系统（MIS）　　3. 企业行为识别（BIS）
4. 视觉识别系统（VIS）　　5. 企业标准字

四、简答及论述题

1. 完整的 CIS 应该由哪几个子系统组成？
2. 企业视觉识别的基础要素一般包括哪几个部分？
3. 试论述 CIS 战略设计的差异性原则。
4. 试论述企业理念设计应注意的问题。
5. 试论述 CIS 实施管理阶段的主要任务。

案例讨论

当太阳升起的时候，我们的爱天长地久[①]

"当太阳升起的时候，我们的爱天长地久！"这首广告歌在 20 世纪 80 年代被广为传唱，太阳神也成为那个年代难以忘怀的记忆之一。

广东太阳神集团有限公司成立于 1988 年，是以生产和销售保健食品、食品和药业为主的中外合资企业。太阳神集团以振兴民族经济为己任，以提高民族健康水平为企业宗旨，在异常艰苦的条件下创业，几年间首先冲破 12 亿元销售额，成为中国保健食品行业第一个在香港联交所挂牌上市的公司。

太阳神集团在中国企业中率先导入 CIS，创立了企业、商标、产品三位一体的太阳神标志，太阳神商标在汪洋大海的同类产品中脱颖而出。集团采用别具创意及积极进取的推广策略，迅速在市场上成功树立起健康和关怀大众的企业形象，在中国建立了庞大的分销网络，全国共有 17 个专业营销公司，销售网络遍布全国各地，产品深受消费者的欢迎。1996 年《人民日报》对全国消费者市场调查国家排行前十名的品牌中，太阳神品牌在营养

---

① 何平华：《中外广告案例选讲》，华中科技大学出版社 2012 年版，第 136~139 页，有删改。

口服液市场占有量、市场竞争力、市场影响力均排行第一。

除了出色的 CIS 导入，太阳神还十分重视公共关系和媒体通路的建设和维护，两者都为太阳神的企业识别立下了汗马功劳。

下面是 20 世纪 80 年代末太阳神集团在上海营销大事的简要回顾。

1988 年 8 月 8 日，广东太阳神集团有限公司成立，把"万事达"品牌改为"太阳神"。说是集团，当时还很弱小。创始人怀汉新采取欲做事先造势的原则，1988 年教师节，太阳神出资 30 万元资助广州教育局建立优秀教师奖励基金，成为当时广州市的一大新闻。当时参加高考的学生，许多人都把生物健当成考试成功的"秘密武器"。这一年太阳神实现销售收入 523 万元。

随后，怀汉新制定首先占领长江沿岸重镇的战略，以重庆、上海、武汉为中心建立地区市场部。上海市场是保健品、药品、仪器行业公认的最难进入的市场，但也是公认效益最好的市场。怀汉新早在 1988 年初就派人进入，一直到 1989 年春季，换了两任经理，都没有真正打开局面，产品摆上货架，但就是少人问津。

4 月，怀汉新亲赴上海督战，提出了立体拉升市场的要领和方法。派出科研人员到上海各大中小学进行生物健服用效果测试，并要求上海工作人员迅速与当地专家、记者、教育局体委干部建立良好的公共关系。同时，继续努力扩大铺货范围，加强终端宣传品的覆盖。

10 月，"太阳神新空气演唱会""太阳神朱明瑛演唱会"在上海举行，迅速掀起热潮。上海人发现无论看报纸、听广播、上街都能见到太阳神。太阳神是什么东西？悬念因此而产生。

紧接着，太阳神资助举办题为"学生健康问题讨论"的专家座谈会，与会专家对学生健康提出了尖锐的批语。平时老百姓视而不见的事情，被专家们一提醒，一时极为重视，媒介也及时展开了如何改善学生健康状况的讨论。这时，报纸登出了太阳神在两所学校的产品功能测试报告，显示出太阳神口服液对学生健康许多方面的显著功能。一时间，老百姓不仅知道了太阳神是什么，而且马上产生了购买它的欲望。

10 月底，怀汉新趁热打铁，太阳神"形象牌＋产品功能片＋情感煽动片"一系列的电视广告在上海的电视台大密度播出，销量从 1988 年 8 月的不足 200 件直线拉升到 1989 年 1 月的 3200 件。

上海的成功，带动了华东三省的开发，同时也为武汉、重庆的发展提供了经验。"吸引眼球"的战术成为太阳神迅速崛起的一大法宝。此后又相继举办广州"太阳神十大奇招表演"、重庆"巴蜀绝技大赛"、武汉"楚天绝技大赛"。1990年秋季，太阳神形象广告在广东、上海、湖北、四川的电视台大密度播出，广东珠江台最高一晚播出达16次，大量的电视广告，一个接一个的大型活动，一篇接一篇的报纸广告和科普文章，使太阳神的产品和品牌在短短的时间内达到了前所未有的美誉度和认知度，为太阳神产品品牌的树立打下了坚实的基础。

由此可见，太阳神集团成功运用了多种手段：事件营销、公共关系、视觉广告、科普软文等，太阳神集团对媒体的运用可以说非常到位，在当时网络还没有兴起的年代，太阳神对报纸媒体和电视广告的综合运用已经比较成熟，有了系统的事件营销和广告投放的观念，做到了有步骤、有计划的缜密进行。在当今的视觉时代，大众受到的感官刺激前所未有的繁多，单一的手段很容易被淹没，需要将多种策略进行整合传播，才能够在人们心里留下较深的印象，对品牌形成较为立体的认识，这是太阳神早期留给我们的宝贵经验。

随着市场竞争环境日益激烈，企业所处的生存空间越来越小；而中国经济的高速发展又令市场上存在很多的发展机会；空间挤压和机会吸引的双重作用力使企业产生了战略转型的原动力。

2008年，在人们对保健品功效质疑重重的当下，太阳神集团开始以狭窄的保健品转向养生产业，挖掘中国千年养生文化，力求嫁接到国际生命科技，定位为现代养生产业。

现代养生产业主要包括三方面的内容：一是实物产品，如保健品类、现代保健品器材等；二是服务产品，主要是调养类产品；三是文化产品。目前太阳神的主打产品包括养生实物产品，如饮用水、养生功能产品等。

如何让蛰伏了十年之久的太阳神重新跃入人们的视野，需要的不是硬广告，而是一个能牵动人们情感的与品牌相关的事件。太阳神非常敏锐地发现了这一点，并付诸有效的行动。

2008年3月，实现了产业重新布局的太阳神集团碰到了与广州足坛再结缘的机会。

"太阳神怀旧对抗赛"，太阳神和怀汉新的名字又再度出现在广州足坛。《广州日报》载：2008年3月23日，广州足坛将上演一场重量级比赛——前中国国家队 VS 前广州太阳神队。值此机会，本报推出"梦幻太阳重聚首"系列报道，为广大读者回顾整理广州足球那些经典的任务和故事。

说起太阳神，很多球迷都对它旗下的太阳神足球队有着深厚的认同情结，当年的太阳神队开创了中国足坛一个又一个神话。但在2001年，太阳神退出了职业足球圈，令无数球迷感怀。

此次战略转型后的太阳神需要机会向世人再度展现自己，利用人们的怀旧心理，运用媒体通路为此做系列报道。广州电视台体育频道、广东电台体育之声、广州电台金曲广播、《广州日报》、《羊城晚报》、《南方日报》、《广州新快报》和21CN，几乎囊括了广州各大主流媒体，它们让大众在怀念太阳神经典的人与事的同时又有了重新认识太阳神的机会。

2008年是举国关注北京奥运会的日子，太阳神在此时举办"太阳神怀旧对抗赛"具有特殊的含义，符合奥运"更快、更高、更强"的精神。通过大赛有利于展现太阳神"超越自我"的体育精神，以及与奥运共辉煌的良好形象，使太阳神的品牌和产品更加深入人心，让越来越多的人喜欢太阳神。

从传播学的角度来看，公共关系是一个社会组织用传播手段使自己与公众之间形成双向交流、使双方达到相互了解和相互适应的管理活动，反映了公共关系既是一种传播活动，也是一种管理职能。无论是传统营销理论的4P中的"促销"要素，整合营销传播理论4C中的"沟通"要素，还是营销新论中的4R强调的"关系"要素，都有赖于媒体通路的建设。当下"传播即营销"的新观念，更加突显了媒体通路的重要性。由此我们可以发现一个企业形象识别传播不仅关乎CIS，还与其他多门学科有千丝万缕的关系。

思考讨论题

1. 实施CIS战略对企业有何重要意义？该如何实施？
2. 太阳神导入CIS的成功案例对中国企业有哪些启示？

参考文献

[1] 张晓其,范恪劼. 公共关系与礼仪. 北京:冶金工业出版社,2008
[2] 韩金. 公共关系. 北京:清华大学出版社,2019
[3] 倪东辉. 公共关系策划. 合肥:中国科学技术大学出版社,2011
[4] 陈先红. 现代公共关系学. 北京:高等教育出版社,2009
[5] 张践. 公共关系学. 北京:中国人民大学出版社,2011
[6] 吕维霞. 公共关系学. 北京:对外经济贸易大学出版社,2009
[7] 李道平. 公共关系学. 北京:经济科学出版社,2011
[8] 李兴国. 公共关系学. 北京:中国人民大学出版社,2004
[9] 霍丽娅,王尉. 公共关系. 北京:中国人民大学出版社,2010
[10] 鄢龙珠. 现代公共关系学. 北京:北京交通大学出版社,清华大学出版社,2011
[11] 付晓蓉. 公共关系学. 成都:西南财经大学出版社,20110
[12] 刘军. 公共关系学. 北京:机械工业出版社,2009
[13] 龚荒. 公共关系学. 北京:清华大学出版社,北京交通大学出版社,2009
[14] 关晓光. 公共关系学. 北京:中国中医药出版社,2009
[15] 胡百精. 公共关系学. 北京:中国人民大学出版社,2008
[16] 秦勇,李东进. 现代广告学. 北京:清华大学出版社,北京交通大学出版社,2013
[17] 何修猛. 现代公共关系学. 上海:复旦大学出版社,2011
[18] 吴国章. 公共关系原理与实务. 北京:北京理工大学出版社,2009
[19] 许成钦. 公共关系实务. 北京:华中科技大学出版社,2004
[20] 严成根,王学武. 公共关系学. 北京:清华大学出版社,北京交通大学出版社,2011
[21] 陈丽清,李志平. 公共关系学. 北京:经济科学出版社,2010

[22] 伦纳德·R.萨菲尔．强势公关．北京：机械工业出版社，2002
[23] 沈瑞山，裴昌永．公共关系实务．南京：南京大学出版社，2009
[24] 马凌，张宏山，毛文莉等．公共关系学．长春：吉林人民出版社，2006
[25] 蒋楠．公共关系原理与实务．北京：科学出版社，2011
[26] 司爱丽，王祥武．公共关系实用教程．北京：机械工业出版社，2010
[27] 王伟娅．公共关系论．大连：东北财经大学出版社，2010
[28] 牛海鹏．公共关系．北京：中国人民大学出版社，2011
[29] 王丽萍．旅游公共关系．北京：北京理工大学出版社，2011
[30] 何燕子，欧绍华．公共关系学．合肥：合肥工业大学出版社，2006
[31] 郭文臣，姜园华，张岩松．公共关系原理与实务．大连：大连理工大学出版社，1997
[32] 庄宗荣．文学鉴赏与应用写作．北京：北京理工大学出版社，2006
[33] 赵晓兰，赵咏梅，缪春萍．最新公共关系学．北京：中国社会科学出版社，2008
[34] 袁智忠．当代文秘写作．重庆：西南师范大学出版社，2009
[35] 陶应虎．公共关系原理的实务．北京：清华大学出版社，2010
[36] 王忠伟．公共关系学．北京：化学工业出版社，2011
[37] 邸胜男．公共关系学．哈尔滨：哈尔滨工业大学出版社，2012
[38] 任宗哲．公共关系学．西安：西北大学出版社，1999
[39] 舒永久，房桂芝．公共关系理论与实务．北京：中国农业大学出版社，2008
[40] 张岩松．现代公共关系案例教程．北京：清华大学出版社，2011
[41] 任正臣．公共关系学．北京：北京大学出版社，2011
[42] 余禾．公共关系学．成都：西南交通大学出版社，2010
[43] 杨俊．新型实用公共关系教程．北京：高等教育出版社，2008
[44] 熊卫平．现代公关礼仪．北京：高等教育出版社，2004
[45] 余伟萍．品牌管理．北京：清华大学出版社，2007
[46] 罗伟钊，胡晓阳．企划专员岗位职业技能培训教程．广州：广东经济出版社，2007
[47] 曹洪珍．公共关系学．北京：中国科学技术出版社，2010
[48] 周晓，宋常桐．公共关系与现代礼仪．北京：清华大学出版社，2011
[49] 李兴民．现代公共关系与礼仪——理论·实务·礼仪．成都：电子科技大学出版社，1994
[50] 杨瑞杰，陈荣邦．现代公关礼仪教程．郑州：郑州大学出版社，2011
[51] 李秀忠，刘桂莉．公共关系学．武汉：武汉大学出版社，2009
[52] 林国建，王天臣．现代企业形象策划学．北京：哈尔滨工程大学出版社，2007
[53] 郑逸芳，纪新青．公共关系学．北京：中国农业出版社，2007
[54] 吴光芸．公共关系学．天津：南开大学出版社，2008
[55] 杨福长，陆相欣．新编实用公共关系学．北京：河南人民出版社，1996
[56] 刘晓昆，梁诗智．公共关系学．贵阳：贵州人民出版社，2002
[57] 周安华，苗晋平．公共关系．北京：中国人民大学出版社，2010
[58] 潘红梅．公共关系学．北京：科学出版社，2009
[59] 于朝晖，邵喜武．公共关系学．北京：北京大学出版社，中国林业大学出版社，2008
[60] 张耀珍．公共关系学．北京：人民邮电出版社，2009
[61] 张洒英，巢莹莹．公共关系学（3版）．上海：同济大学出版社，2019

［62］全球品牌网．http：//www.globrand.com/special/prcases/
［63］百度文库．http：//wenku.baidu.com/
［64］中国营销传播网．http：//www.emkt.com.cn/
［65］中国公关网．http：//www.chinapr.com.cn/
［66］豆丁网．https：//www.docin.com/
［67］中国营销传播网．http：//www.emkt.com.cn/
［68］中国公共关系协会．http：//www.cpra.org.cn/
［69］MBA智库百科．https：//wiki.mbalib.com/
［70］柠檬危机公关网．https：//www.ymjrkj.cn/
［71］晋文化推广中心．http：//www.sxhdwh.com/Article/cyzc/201103/808.html

扫一扫,看答案